变革的力量

制造业数字化转型实战

沈黎钢 ◎著

中国铁道出版社有限公司

CHINA RAILWAY PUBLISHING HOUSE CO., LTD.

图书在版编目(CIP)数据

变革的力量:制造业数字化转型实战/沈黎钢著. —北京:
中国铁道出版社有限公司,2023.11
ISBN 978-7-113-30363-1

Ⅰ.①变… Ⅱ.①沈… Ⅲ.①制造工业-数字化-研究-中国 Ⅳ.①F426.4-39

中国国家版本馆 CIP 数据核字(2023)第 123840 号

书　　名：**变革的力量——制造业数字化转型实战**
　　　　　BIANGE DE LILIANG：ZHIZAOYE SHUZIHUA ZHUANXING SHIZHAN
作　　者：沈黎钢

责任编辑：马慧君　编辑部电话：(010) 51873005　投稿邮箱：zzmhj1030@163.com
封面设计：仙　境
责任校对：刘　畅
责任印制：赵星辰

出版发行：中国铁道出版社有限公司 (100054,北京市西城区右安门西街 8 号)
网　　址：http://www.tdpress.com
印　　刷：河北宝昌佳彩印刷有限公司
版　　次：2023 年 11 月第 1 版　2023 年 11 月第 1 次印刷
开　　本：710 mm×1 000 mm 1/16　印张：19　字数：234 千
书　　号：ISBN 978-7-113-30363-1
定　　价：88.00 元

推荐序

不久前,沈黎钢先生告诉我,他的新作《变革的力量——制造业数字化转型实战》即将出版,请我写篇序言。我非常荣幸地接受了邀请。

沈先生是个讲故事的高手,他的故事往往比较长,经常出现对话,对话中不断提出新的问题。这些问题都是现实中经常出现的,而大家往往习以为常。比如,会对质量缺陷习以为常,对采购不及时习以为常,对返工习以为常。大家之所以对这些问题习以为常,是因为觉得这些问题是无法避免的,是无法解决的。

这种现象的背后,是人们对现代工业的理解不深。如今,我国工业技术有了长足的进步,许多工业企业正在迈向真正的现代化。现代工业的特点之一,是追求极致的质量、效率和成本。在工业企业迈向现代化的过程中,故事中提到的各种问题,都是需要解决的。

为什么沈先生要用些比较长的故事呢?这与现代工业的本质有关。现代工业往往需要非常精细的分工,而分工就必须协作。工厂里出现的问题,往往不能归结到某个特定的环节。比如,质量问题就可能涉及研发、设计、采购、制造、检验等各个环节。这时,如果仅仅是单个环节的改进和提高,将无法完全杜绝问题的产生。许多故事的背后,就反映了这样的困境。面对这样的问题,人们可能倾向于偷懒、松懈、形式主义、互相推诿,问题就会长期存在。

我们遇到的许多问题,其他国家的先进企业也应该遇到过,也产生出可解决这些问题的管理方法。但这些管理方法,在我国往往难以真正落实。这又是为什么呢?

一个重要的原因是：我国企业往往占据中低端市场，靠的是成本优势。这时，相对落后的管理往往也能够维持企业的生存；相反，如果严格执行现代化管理方法，需要付出更多的资源和心血，对人的要求也较高，甚至可能会拉高成本。

"世易时移，变法宜矣"。我国经济社会发展到今天，企业必须做出变革，才能在未来的竞争中生存。

成功的数字化转型需要战略驱动。实现战略驱动，企业要有新的业务愿景，并用这些业务愿景带动数字化。如进入高端市场，提升快速响应能力，开拓新业务，发掘新的商业模式等。

愿景建立以后，就需要解决部门之间的协同问题，提高企业的现代化管理水平。这时，数字化技术的作用也就显现出来了。

沈先生的这本书，对企业的变革进行了系统的思考。他强调的数字化方法，是基于现代化管理的。过去，人们对各种现代化管理思想和方法的认识可能比较浅显。要变革，就必须针对企业自身的问题，深入思考这些思想和方法。为此，必须改变企业文化，以适应现代工业的需求。走向现代化的管理是需要变革的。这些变革需要战略层面的行动，也需要战术层面的举措。这些，在书中都有详细的阐述。

写好这样的书非常不容易。如果按照教科书式的逻辑去写，往往比较容易，也可以写得很顺畅。但这样的写法，往往对读者是无用的。这是因为：读者往往对数字化和现代企业有了一定的认识，不需要科普性质的知识。但这种认识往往是一知半解的，可能会让人误入歧途。为了对读者负责，让读者有所收获，必须从问题出发，让读者意识到认识的局限性。但以问题为出发点会让整本书的逻辑很难理顺。沈先生的书却很好地解决了这个问题，既易于理解又为读者带来收获，是本难得的好书。

郭朝晖

2023 年 7 月 16 日

前　言

2022 年 11 月 G20 峰会召开，主题为"共同复苏、强劲复苏"，分解出了三大优先议题：全球卫生基础设施、数字化转型和可持续的能源转型。这明确了"数字化转型"的地位，凸显其重要性。

2023 年 2 月，中共中央、国务院印发的《数字中国建设整体布局规划》指出：建设数字中国是数字时代推进中国式现代化的重要引擎，是构筑国家竞争新优势的有力支撑。加快数字中国建设，对全面建设社会主义现代化国家、全面推进中华民族伟大复兴具有重要意义和深远影响。

在宏观政策指引下，本书的目的是推动数字化转型更好落地，帮助企业"强身健体"，增加核心竞争力。

数字化转型的切实落地，需要由强大的工业门类作支撑，只有软件、硬件、装备、咨询服务等方面紧密配合，才能实现数字化转型项目的真正落地，因此这天然是一个庞大的变革过程。我国是拥有联合国产业分类中全部工业门类的国家，数字化转型的基本条件已经具备，人才和技术地基已经搭建完成，有能力引领世界范围的数字化转型。

只是，引领数字化转型不是一件容易的事情。当前的现实是，一些企业在实施数字化转型期间遭遇了失败，但有些企业蜕变成了所在行业的强者，收获了数字化转型的成功。

坚持不懈地走数字化转型道路，是前无古人的事业，开辟了一条泽被子孙的路，挑战大、规模大，必须依靠政府的支持才能真正地推动。各级政府鼓励辖区内企业进行数字化转型,以实现企业的强身健体,进而赢得竞争优势。

古代先贤告诉我们,任何事情都要"三思而后行"。我写本书,是希望广大读者在开展数字化转型前能够"三思而后行",通过本书来领悟数字化的真谛,摘得数字化转型胜利的果实。

我的上一本书是《数字化转型底层思维故事》。该书以轻松幽默的小说形式阐述了制造业数字化转型的底层业务逻辑,以一个完整的项目故事来呈现数字化转型这个革命的过程,即使是不懂技术的管理者也可以从容地知晓数字化转型的真谛,初入门者也可以树立对数字化转型的坚定信心。在讲故事的同时,该书更叙述了大量的底层业务逻辑,充分阐释了底层业务逻辑在数字化转型中的极端重要性,犹如楼之地基。

本书是《数字化转型底层思维故事》的姊妹篇,是一本工具书。两本书的区别之一是上一本书是小说中嵌入技术场景,这一本书是工具书中嵌入故事场景;区别之二是本书着重强调了在数字化转型中如何行云流水地运用第一性原理打造数字化转型,上一本书并未重点着墨于此。当然,细数还有更多,读者不妨自行体会。

在制造企业里,通常由信息部门来实施数字化转型,这是无争议的共识,优秀的信息部门会帮助企业成功收获数字化转型的甜蜜果实,而失败的企业却掉入无法自救的黑洞。为何同样的共识,会演绎出不同的结果? 是"橘生淮南则为橘,生于淮北则为枳"的水土不服呢? 还是同样的配方只是没有好好执行? 或者运气不好? 好多管理者都非常困惑,为什么明明投入了大量的资金却看不到收益呢? 请即刻阅读本书,找到答案。

由于是工具书,一定程度的制造业的管理沉淀和技术沉淀,对读懂书中的逻辑分析思路有一定帮助,当然,翻看一下内嵌的颇为精彩的故事是换换脑筋的好方法,书中有好几段故事,比如找到剪头发的需求、用第一性原理买到满意的衣服、用第一性原理提升名次等,会让读者感受到不一样的工具书。

作者深知，在数字化转型的时代，需要认清一个事实：业务部门（即数字化平台的使用部门、用户）经常会说不清楚需求或者提出的需求不合理。创新式智慧往往就体现在对需求的把握上，而不是某个点上的技术方法。找准数字化转型的需求，就成功了一大半，故本书大量着墨于对需求的把握，需求的正确把握是基于对底层业务逻辑的深度体系化思维，欠缺该思维，将导致一系列的问题，比如光喊口号不落地、流于形式的数字化需求调研、在线手工、不符合逻辑的 KPI 等，将导致数字化转型项目最终崩塌。

本书是一本数字化转型的实战工具书，叙事的方式是层层递进式，从数字化转型的宏观方法论简述到企业数字化转型遇到的典型问题场景及改善对策，从问题推导到如何以正确的方法体系化地解决问题，最后结合大型案例来印证数字化转型科学方法的正确性。

需要重点说明的是，第一性原理贯穿本书是一个显著的特色，成功运用该原理，找到数字化转型的核心、真实需求，找到需求的优先级，发掘出新的洞见。一些数字化转型从业者只是知道这个概念，却不知道如何运用。本书创造性地把第一性原理用于数字化转型，数字化转型还是要有坚实的底层业务逻辑来支撑，否则也只是喊喊口号而已，从这个层面来讲，数字化必定回归业务。

希望广大数字化转型的从业者在阅读了阐释以第一性原理打造数字化转型的本书以后，能够学以致用，真正地为数字中国建设添砖加瓦。

本书所述之案例皆为虚构，用于本书连贯性叙事，案例可认为抛砖引玉，提醒读者切不可照搬案例，本书作者不承担因照搬案例而导致损失的责任。

沈黎钢

2023 年 3 月 6 日于苏州

目　录

第一章　制造业数字化转型宏观方法论

第一节　什么是数字化转型 / 2

第二节　数字化转型的价值 / 5

一、从国家层面来看 / 6

二、从外部行业竞争来看 / 7

三、从企业内部提升来看 / 8

第三节　数字化转型的前情提要 / 8

第四节　数字化转型人才 / 12

一、数字化转型监理在制造企业中的作用 / 12

二、打造全方位数字化人才的八个维度 / 15

第五节　数字化转型实践路线 / 16

一、现场调研 / 17

二、现有流程鉴定 / 19

三、数字化流程定义 / 22

四、数字化转型项目书定义 / 23

五、甄别数字转型实施方 / 25

六、数字化转型实现过程 / 27

七、数字化转型项目验收 / 27

第二章　制造业数字化转型的典型问题及建议对策

第一节　第一层级:业务数字化常识问题及对策 / 30

第二节　第二层级:数字化管理问题及对策 / 37

　一、数字化实践制度的欠缺 / 37

　二、数字化平台的推广模式 / 39

　三、大量存在的信息部人员 / 40

　四、坚固的部门墙 / 42

　五、不符合逻辑的数字化 KPI / 46

　六、员工数字化管理方式 / 49

第三节　第三层级:立项、执行问题及对策 / 50

　一、随意立项 / 50

　二、流于形式的内部调研 / 51

　三、举步维艰的业务调研 / 53

　四、对 SOW 无敬畏之心 / 55

　五、喧宾夺主的价值汇报 / 57

　六、舍本逐末的数字化转型 / 58

第四节　第四层级:数字化项目协同问题及对策 / 62

　一、表面上的协同 / 62

　二、广泛的在线手工 / 63

　三、束之高阁的数字化转型专家 / 65

　四、漠视用户优化类需求 / 67

　五、漠视流程 / 69

第五节　第五层级:数字化转型浮夸问题及对策 / 70

　一、醉心于创造浮夸新名词 / 70

二、口号至上的数字化转型 / 72

三、无能力分解目标到模板级别 / 74

四、盲目崇拜数据 / 76

第三章 应运而生的数字化转型问题体系化解决办法

第一节 数字化项目管理制度无力保障项目成功 / 80

一、通常的数字化项目管理制度的章节展示 / 80

二、数字化项目的关键要点 / 82

三、项目立项 / 87

第二节 数字化转型实践落地制度保障项目成功 / 91

一、目的 / 91

二、适用范围 / 91

三、定义 / 92

四、职责和权限 / 93

五、流程图 / 96

六、工作程序 / 97

七、相关文件 / 118

八、相关记录 / 118

第三节 以第一性原理打造数字化转型 / 127

一、第一性原理在数字化转型中的应用 / 127

二、第一性原理在制造业生根发芽 / 136

第四节 数字化转型专家的关键作用 / 143

一、数字化转型专家的作用 / 144

二、数字化转型专家的定位 / 148

三、分阶段突出数字化转型专家 / 150

第五节　简述中小企业数字化转型方法论 / 152

第四章　战役级实战场景

第一节　数字化平台里的 KPI 取数规则参考 / 156

一、作业指导书的评审维度 / 159

二、数字化平台的 KPI / 161

三、产品开发部门 KPI 的取数规则 / 163

第二节　体系化调研数字化程度 / 166

第三节　业务数字化规划 / 175

第一步：调研 / 176

第二步：筛选 / 181

第三步：规划 / 182

第四节　精益数字化手段对制造运营的支持 / 186

第五节　数字化生产线底层逻辑设计 / 197

一、生产线设计 / 198

二、定制化装备生产线设计的八大步骤 / 202

第五章　战术级实战场景

第一节　需求不明的情况下如何开展数字化工作 / 210

一、一级主界面 / 218

二、二级总览界面 / 220

三、三级单个设备界面 / 222

第二节　思辨需求的合理性及优先级 / 228

一、背景及必要性分析 / 228

二、子项分析 / 229

三、详细解析 / 233

第三节　特例:比线上管理更高效的线下变更闭环管理 / 236

第四节　信息部如何发掘出业务部门的真实需求 / 241

第一步:常识分解 / 243

第二步:查程序文件 / 244

第三步:假设求证 / 246

第四步:对标行业标杆 / 248

第五步:演绎和归纳 / 249

第五节　平顺过渡到以终点为目标的项目二期 / 251

一、切实的现状调研 / 259

二、调研总结 / 264

三、解决对策 / 265

四、预期的收益及风险 / 266

五、总结 / 267

第六节　一线的关键战术场景解析 / 268

附录　制造业先进工业平台的部分逻辑借鉴

01

第一章

制造业数字化转型宏观方法论

随着数字化转型的推进,各行各业都涌现了大量和数字化转型业务相关的企业,有的专注于工具层面,有的专注于精益层面,有的专注于流程层面,有的专注于底层工业逻辑层面,形成了巨大的水平和垂直方向的业务网络,非常复杂。如何厘清头绪是各类企业的痛点,市场上有大量数字化转型的体系、平台、工具、方法论,导致了客户在选择数字化转型实施方时不知道如何抉择。

鉴于此,本书以我国制造业为研究标的,阐述制造业进行数字化转型的实践方法论,从底层业务逻辑梳理到业务如何数字化实现,在底层数据稳固的基础上,再实现数字化转型。

本章所述内容将推动各企业着重于底层制造方法论的研究,在底层基础稳固的基础上,再行搭建数字化平台。

第一节　什么是数字化转型

时至今日,数字化转型的概念已经深入人心,从街头巷尾的老百姓,到写字楼的高级白领,到制造工厂的操作员工,从珠穆朗玛峰到马里亚纳海沟,各个维度都已经渗透了数字化信息,数字化已经成为生活的一部分。

没有工业化,我国不可能成为世界第二大经济体,工业的变革有以下四个阶段:

工业 1.0——18 世纪以蒸汽机作为动力机被广泛使用为标志开启了第一次工业革命。

工业 2.0——19 世纪最后 30 年和 20 世纪初以电气工业的发展为标志开启了第二次工业革命。

工业 3.0——从 20 世纪四五十年代以来以原子能、电子计算机、微电子技术、航天技术、分子生物学和遗传工程等领域取得重大突破为标志开启了第三次工业革命。

工业 4.0——是以智能制造为主导的第四次工业革命,或革命性的生产方法。

制造业愿景是要实现智能制造,智能制造的前提是数字制造,数字制造的前提是数字化管理,数字化管理的前提就是优秀的底层工业逻辑,如图 1.1 所示。

在工业发展实践的过程中，制造业如何真正地达成智能制造，须按照右图金字塔路径走上去，而无捷径可言。

在当前阶段的制造业数字化转型实施的过程中，作者通常要面临来自各方面的询问，到底什么是数字化转型？

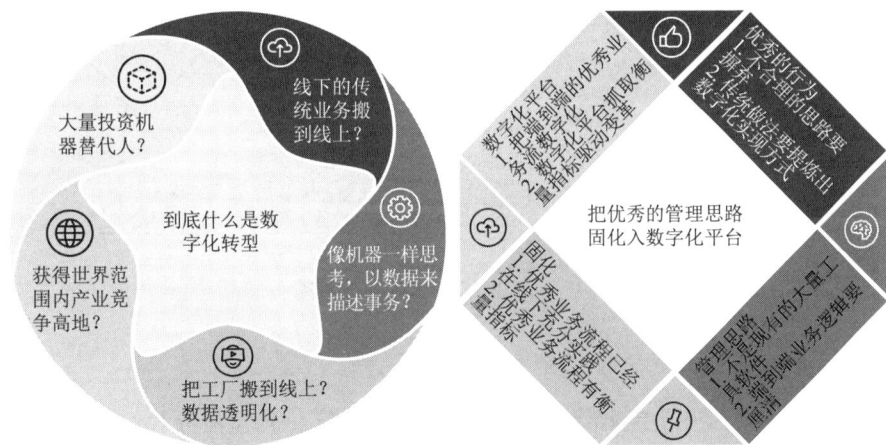

图 1.1　数字化转型的金字塔

鉴于作者长期深耕制造业，结合当前制造业态，精炼成一句话回答什么是制造业数字化转型：把优秀的管理思路固化入数字化平台。图 1.2 是形象化表达。

图 1.2　数字化转型的真谛

该结论是符合当下实际并跳一跳能够达成，不好高骛远，不妄自菲薄，理智地正确认识工业领域的实况，并给出切实有效的提升手段，才能真正地达成数字化转型。

"把优秀的管理思路固化入数字化平台"位于图1.1金字塔的第一和第二层之间,转型完成,就成功地完成了数字化管理。需要正确认识到,一些数字化转型项目其实就是一个自动化项目。在没有奠定数字工业逻辑的基础上,推行所谓的数字化转型,是无源之水、无根之木。图1.3是当前这种现象的详解。

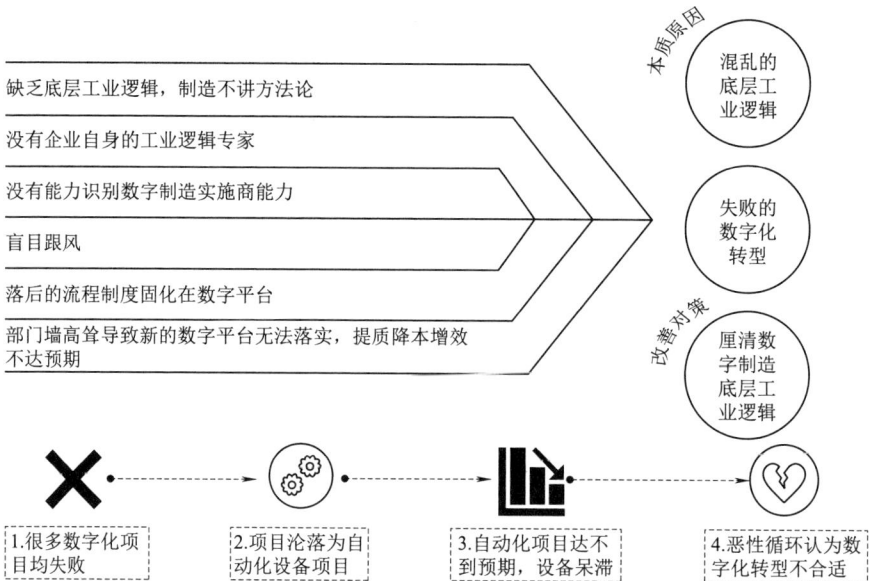

缺乏底层工业逻辑,制造不讲方法论

没有企业自身的工业逻辑专家

没有能力识别数字制造实施商能力

盲目跟风

落后的流程制度固化在数字平台

部门墙高耸导致新的数字平台无法落实,提质降本增效不达预期

本质原因

混乱的底层工业逻辑

失败的数字化转型

改善对策

厘清数字制造底层工业逻辑

1.很多数字化项目均失败

2.项目沦落为自动化设备项目

3.自动化项目达不到预期,设备呆滞

4.恶性循环认为数字化转型不合适

图1.3　当前数字化转型的现象

这是数字化转型专家长久以来调研的结果。

数字化平台并不能取代人的主观能动性,数字化转型需要我们有B to B(Back to Basic,追本溯源)、D to D(Down to Detail,追求细节)、E to E(Execute to Excellence,追求卓越)的理念,基于该理念,我们层层思考得出图1.4。该图清晰明了地展示了数字化平台忠实执行人设定的管理意志,是不变的基础逻辑。不能有思维的惰性,认为数字化平台可以代替人做任何事情。

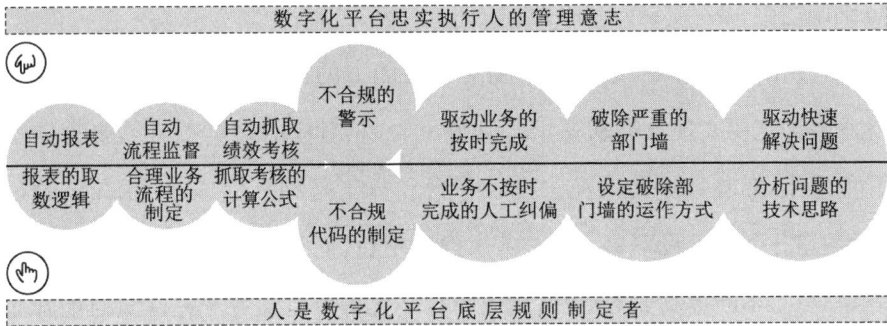

图 1.4　数字化平台忠实执行人的管理意志

在当前技术水平下，数字化平台的定位毫无疑问是忠实执行人的管理意志，数字化平台把权力固化在了流程里，让大家按照共同商定的业务流开展工作，而不是一言堂。作者呼吁广大的用户和实施方要充分、理性地认清该事实。

第二节　数字化转型的价值

全球主要经济体均无一例外地把数字化转型作为抢占未来发展制高点的利器，是未来发展的基石，由此诞生的数字化转型项目的经济价值已经达到了 45 万亿元规模。针对中国市场，制造业数字化转型的经济价值极其巨大，拥有中国市场，就是拥有未来。这也是本书专门着墨于制造业的根本原因。

在企业利润层面，数字化转型并不增加显著的经济收益，而是增加企业的核心竞争力，提质降本增效是数字化转型后的直接收益。提质降本增效如何衡量，在数字化转型期间必须设定严格的衡量指标，一个典型的方式是在数字化转型项目的前期，鉴定企业的核心业务流。这一点极其重要，核心业务流是后续一系列事务的原始输出点，该观点将在本书的第三章第二节仔细阐述。

在员工发展层面,数字化转型对员工能力的提升是显而易见的。数字化平台必定要实现数据从哪里来到哪里去,相对应的是员工必须要有体系化的思维,知晓数据的来龙去脉。平台和员工是相互促进、相互升级的过程,数字化平台建设不是一个一劳永逸的项目,而是随着企业在市场上激烈竞争,员工不断提高业务认知,相应的数字化平台也随着业务认知的提升而迭代优化,数字化平台和企业、员工是共生共荣的关系。任何一家企业都要有宽广的胸怀,让员工借助数字化平台快速成长。

图 1.5 是数字化转型的价值简述,一目了然地展示了数字化转型的价值,帮助企业了解数字化转型到底要达到什么程度,让企业摒弃对数字化转型不切实际的想法,使数字化转型实施方重归理性。

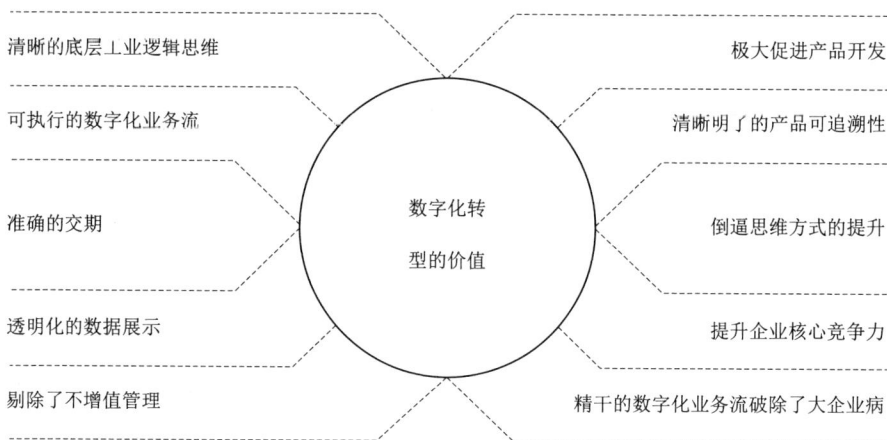

图 1.5　数字化转型的价值

一、从国家层面来看

1. 产业竞争已经从增量市场转换到存量市场的竞争

在存量市场中开辟新的赛道,实现新动能转化,无疑是先进经济体孜孜不倦的追求。

中国制造业必将打造适合中国国情的制造底层能力,建立数字制造中国标杆、中国标准。

实现中国制造业的发展,成功的数字化转型是不容置疑的基础建设。

2. 推动企业强健体魄

数字化转型将有力地推动企业强健体魄,在各自的赛道迸发出新动能。

数字化转型实施前后,企业将不得不放弃粗放式增长方式,必须精耕细作才能获得收益,进而在跟随大势中获得更好的发展红利。

3. 和世界先进企业同台竞技

全球竞争下,尤其在我国已经加入 WTO 的情况下,我国企业均在和世界先进企业同台竞技。

数字化转型是"弯道超车"的利器,从目前制造业中的汽车行业就可以窥见端倪。而新能源汽车,天然是数字化转型的红利享受者。

二、从外部行业竞争来看

1. 数字化转型成功的企业极大地增强了核心竞争力

企业核心竞争力大幅提升,在马太效应加持下,必将经过一轮轮的洗牌,最终剩下大而强和小而精的先进制造企业。

2. 数字化转型灯塔引领企业

灯塔企业的存在无论从发展路径上,还是人才聚拢上,都是在指明发展方向。数字化转型的灯塔让企业有大量符合国情的先进企业的最佳实践可以参考,实现少走弯路,从一开始就可以看到数字化转型后的预期价值增长,增加自身在行业的竞争力。

三、从企业内部提升来看

数字化转型在企业内部是革命的过程,让员工有尊严地工作是显著的输出物之一。

1. 数字化转型显著地改变了粗放的管理方式

能够实现数字化转型,企业必须要有工业逻辑专家、精益专家、改善专家等新的职能出现,以真实数据推动企业从粗放式转变到精细化管理,实现精干管理出效益。

2. 数字化转型提质实现降本增效

面对行业先进企业的巨大竞争压力,存量市场下提质降本增效是增加企业利润的法宝,数字化转型增加企业核心竞争力后,提质降本增效水到渠成。

3. 企业的社会责任

企业有社会责任,应保障员工在数字化时代的工作机会。数字化转型创造了更高的平台,让各级员工在高平台创造高绩效。

第三节　数字化转型的前情提要

实施数字化转型前,请仔细思考自身是否真的需要数字化转型?制造业数字化转型是否一定要上数字化软件平台?没有用到数字化软件平台的业务转型就一定不是成功的数字化转型吗?

鉴于前述数字化转型是把先进的管理思路固化入数字化平台,因此,在内部管理维度,作者建议企业在有数字化转型意识时,使用以下两张图自我诊断,诊断的方式是采用跨部门或第三方诊断机构的方式来决定企业是否需要数字化转型。

适合数字化转型的企业画像如图1.6所示。

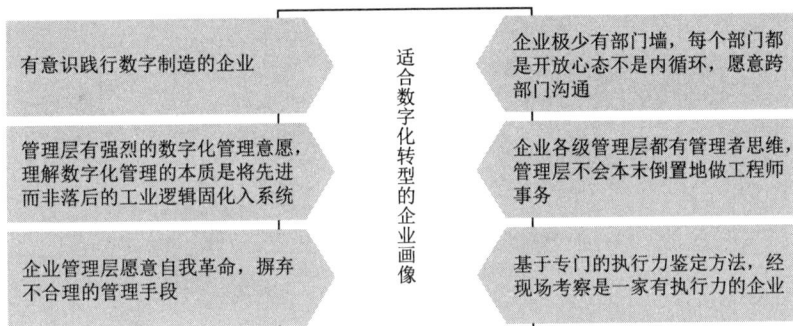

图 1.6　适合数字化转型的企业画像

不合适数字化转型的企业画像如图 1.7 所示。

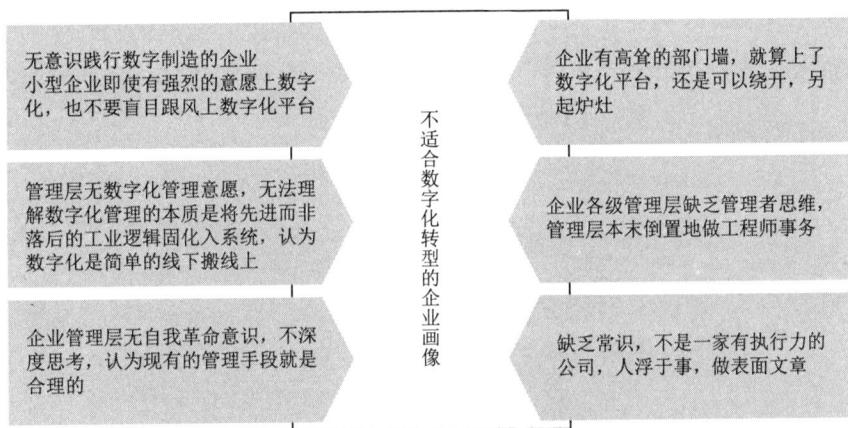

图 1.7　不适合数字化转型的企业画像

除了内部管理维度,在更高的企业战略级维度思考数字化转型的先决条件,将确保未来数字化转型项目的方向正确、落地顺利,如图 1.8 所示。

数字化转型是管理思路的革命,思路决定出路,因此,数字化转型实施前,还要有一项课程需补足,即对管理思路的培训。以便统一思路,步调一致地开展数字化转型,如图 1.9 所示。

1 发展遇到了天花板，意识到现有模式已经无法支撑企业更大的发展

2 无论销售如何努力，利润增长的幅度始终小于销售增长的幅度

3 有忧患意识，再不进行管理和技术的革新，即使是大企业也会轰然倒塌

4 粗放的糊涂账管理已经严重拖累了企业管理，需要清晰明了的管理

5 意识到数字化转型不是面子工程，不是用于申请政府补贴，虽然不能增加直接利润，但真的提升了核心竞争力

6 意识到数字化管理是着眼于未来的投资，是培本固元的基础建设

数字化转型先决条件

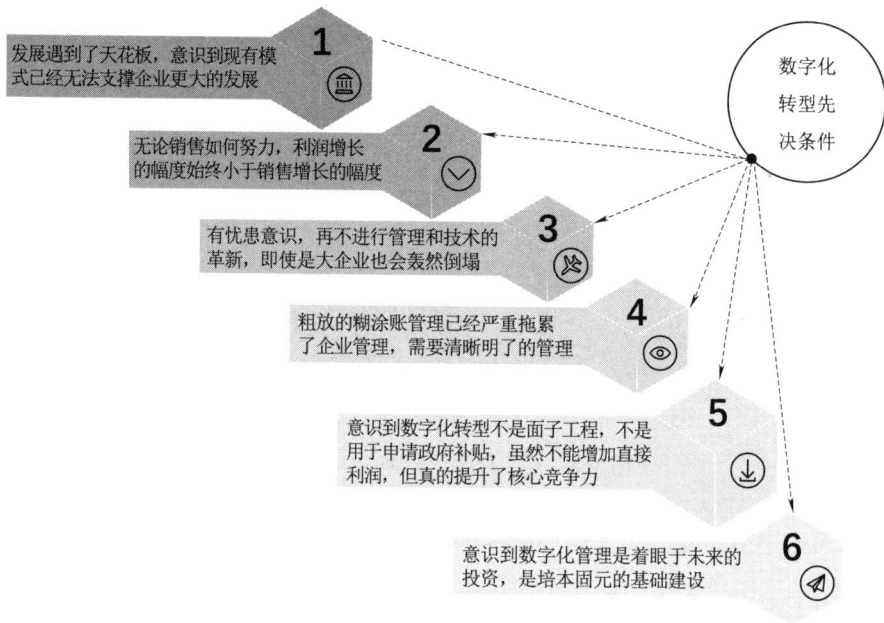

图 1.8　数字化转型前的企业战略级思考

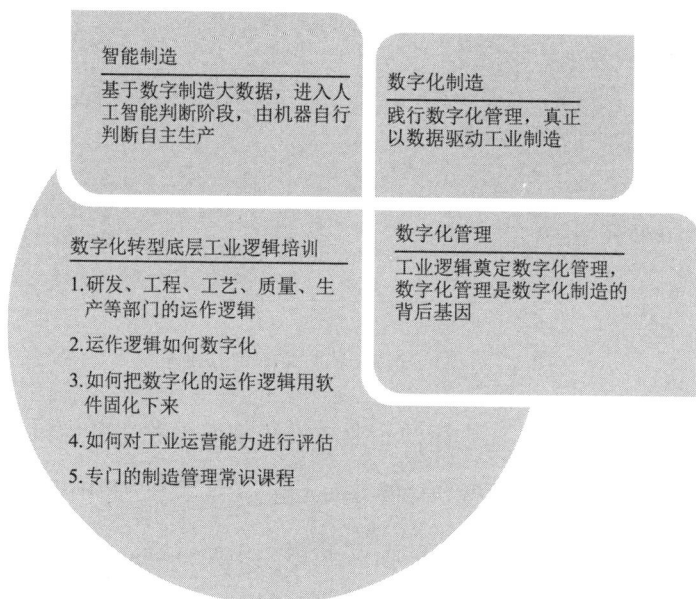

智能制造
基于数字制造大数据，进入人工智能判断阶段，由机器自行判断自主生产

数字化制造
践行数字化管理，真正以数据驱动工业制造

数字化转型底层工业逻辑培训
1.研发、工程、工艺、质量、生产等部门的运作逻辑
2.运作逻辑如何数字化
3.如何把数字化的运作逻辑用软件固化下来
4.如何对工业运营能力进行评估
5.专门的制造管理常识课程

数字化管理
工业逻辑奠定数字化管理，数字化管理是数字化制造的背后基因

图 1.9　数字化转型前管理思路的统一

同时,关于关键组织架构的变化,需要开宗明义地强调理念:数字化转型,工艺先行。工艺部天然的职责就是研究制造方法论,若企业没有专门研究过制造方法论,建议放弃数字化转型。在数字化转型前必须设立好工艺部,按照国家标准来设立工艺部职能,必须精通精益生产、生产线规划、零件制造、作业指导书编制、失效模式分析、同步工程、工装夹具制作等业务。因此工艺部的职能在数字化时代是极其重要的,不沉下心花费多年时间由工艺部来研究制造方法论,贸然上线数字化平台只能是海市蜃楼、镜花水月。

经作者仔细调研,非常遗憾地发现工艺在一些企业仍处于一个不太重要的尴尬境地,数字化转型项目的失败印证了数字化转型中工艺的重要性。

(1)工艺在制造端,践行分立的原则,工艺决定方法、生产执行、质量监督。这是现代企业制度运作的基本常识性逻辑,在数字化转型期间,缺少工艺环节,将无法闭环,项目成功率自然极低。

(2)工艺在 PLM(Product Lifecycle Management,产品生命周期管理)中承上启下,承接技术部门的输出,在数字化平台里设计结构化数据,推送至制造端。缺少工艺环节,会导致数字化平台无法将结构化制造数据传递至生产端,即使由技术部把结构化制造信息输入数字化平台,也仍然是不全面的,无法指导生产。

(3)横向比较,我国工艺有成体系的国家标准,国家标准中要求的工艺职能重要且繁杂。如图 1.10所示。

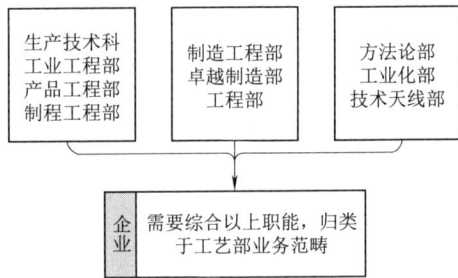

图 1.10　工艺包罗万象

关于组织架构的调整,在数字化转型期间,辅助部门将不复存在,数字化平台本来就是让有价值的业务产生更大的价值,辅助功能均由数字化平台执行,就如牙科医生宝贵的时间要用于给病人切实地解除痛苦,辅助递工具的事情自然而然地交予了护士。

数字化转型期间将要被裁撤或者调整的部门或职能如下:

(1)标准化部门——数字化平台已经把标准化文档有效管理起来,签审可以数字化达成。

(2)计划员——从市场端的订单基于 APS(Advanced Planning and Scheduling,高级计划和排程)直接拆分到日计划单并传输至生产端。

(3)一切中间辅助工作人员,比如信息通知员。

....

第四节　数字化转型人才

在长期的制造业数字化转型实践中,存在懂工业的不懂 IT(Information Technology,信息技术),懂 IT 的不懂工业。如何把工业和 IT 深度融合,依靠两化融合方法论是一方面,更重要的是社会需要有在特定工业门类的数字化转型实践专家来护航数字化转型。作者认为:数字化转型需要第三方独立监理是必不可少的。类似建筑监理,建筑行业的监理需要保障建筑施工合理合法,最终顺利交付房屋。数字化转型的监理需要保障数字化项目底层逻辑正确,实施不偏航,最终顺利交付数字化转型项目。两者虽然行业不同,但是思路共通。

一、数字化转型监理在制造企业中的作用

关于数字化转型监理在制造企业中的显著作用,请参阅《华为数字化转

型之道》中阐述的数字化转型变革评估部,俗称"第三只眼"。

1. 制造业数字化转型监理的能力要求

制造业数字化转型监理的能力要求如下,缺一不可但不限于此:

(1)精通端到端底层工业逻辑的流转。

(2)深耕制造业 15 年以上。

(3)出身于制造业中的先进企业。

(4)精通标准产品和定制化产品的业务逻辑。

(5)在制造业运营部门深度实践过,如研发、工程、质量、精益、生产、采购等部门。

(6)精通业务模板,知晓业务模板如何在数字化平台中结构化并逻辑互锁。

(7)有高超的项目管理能力。

(8)有能力辅导用户梳理底层业务流并商讨业务的数字化。

(9)拥有体系化的思考方式。

(10)严谨、认真、公正、深度思考的品格。

2. 制造业数字化转型监理在数字化项目中的职责

制造业数字化转型监理在数字化项目中的职责如下但不限于此:

(1)在数字化项目前期,培训业务部门数字化转型的本质是让需求回归理性。

(2)现场调研业务并甄别出核心问题。

(3)梳理业务流,去伪存真。

(4)核心业务流的数字化实现方式及模板定义。

(5)协助业务部门撰写数字化转型项目书。

(6)甄别数字化转型实施方能力是否满足需求,实施方包括总包商和分包商。

（7）监理实施方在实施期间是否有项目偏航。

（8）辅导验收项目。

（9）贯穿整个过程，培训先进的数字化转型方法论，参考最佳实践进行业务优化。

基于行业最佳实践，数字化转型监理通常在数字化转型的起点和甄别实施方能力阶段介入。在数字化转型起点介入，数字化转型监理的工作职责是上述的（1）至（9）项；在甄别实施方能力阶段介入，数字化转型监理的工作职责含上述的（6）、（7）、（8）、（9）项。企业有自身培养的工业逻辑专家是理想的状况，会极大地促进数字化转型项目的成功。若企业缺乏工业逻辑专家，可以向市场采购该服务，费用高昂。

数字化转型监理，形象化如图 1.11 所示。

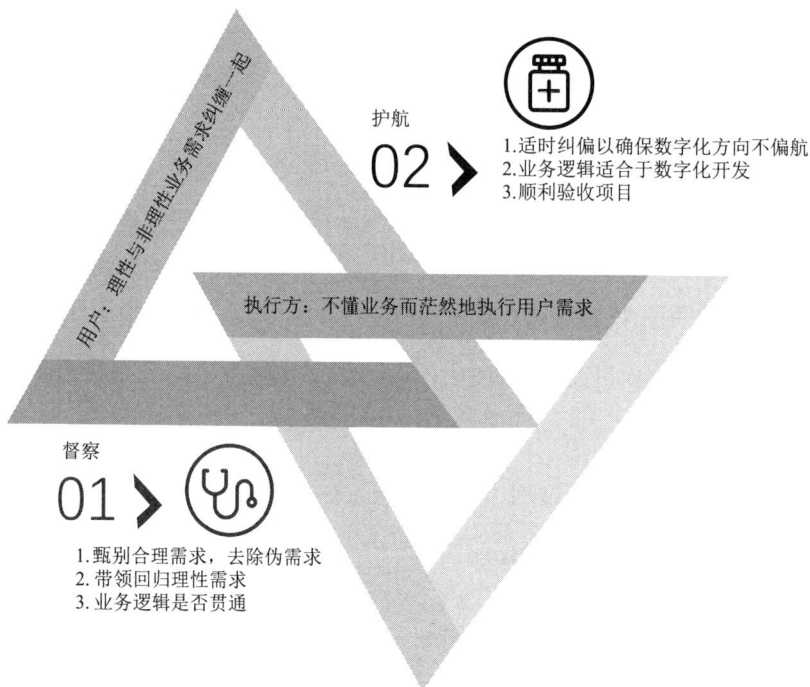

图 1.11　数字化转型监理的作用

二、打造全方位数字化人才的八个维度

监理人才是一方面,更重要的是打造全方位的数字化人才,从以下八个维度考量:

(1)工业逻辑——在自身领域内精通配合部门的数据信息如何流转,知道自身业务在整个业务体系中的位置、重要性,知晓数据从哪里来到哪里去,知晓如何纠正数据偏航。

(2)工艺人才——在数字化转型重要的一环中,工艺职能需要完整建立,并且已经稳定运作多年,已经达成了工艺的权威。工艺决定方法、生产执行、质量监督已经形成共识。

(3)管理者思维——大部分工程师思维局限在自身的业务范畴,当数字化蓝图要求跨部门时,工程师思维会导致蓝图只有一个泳道,背离了数字化管理必须打破部门墙的初衷。

(4)审核能力——对于自身的业务有自我检讨能力,对于配合部门的业务有能力检视其逻辑合理性。

(5)体系人才——专门的体系人员已经匹配到位,任何一个问题的背后都是流程和体系的缺失,在数字化转型期间和转型后的迭代优化,体系人员将发挥巨大的制定规则的作用。

(6)项目管理——数字化平台能够代替项目经理催促进度,但是并不会取代项目管理者纠偏的功能,数字化平台并不能取代项目经理,反而对项目经理提出了更高的要求。

(7)变革人才——数字化平台是管理思路的革命,因循守旧的企业推行数字化转型,必将面临来自企业各方面的阻力,对于变革人才的甄别和授权是重要课题。

(8)坚持常识——数字化转型的参与者必须有足够的定力甄别哪些是

常识,哪些是不合理需求,找到核心需求,无须讨论常识是必要常识还是非必要常识,例如,数字化转型就要把缺料不上线视作常识,不能把缺料也固化入数字化平台。

图1.12形象化地展示数字化人才的画像。从该画像中可以看出,这种人才在行业内凤毛麟角,因此作者建议,企业在实施数字化转型前,该类人才的对外招聘、自我培养极其重要,只有人才素质匹配到位,数字化项目才可以认为是水到渠成的线下搬线上的简单项目。

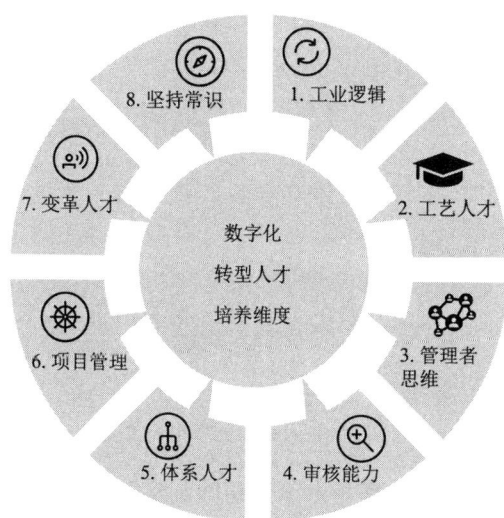

图 1.12　数字化人才画像

第五节　数字化转型实践路线

作者长期深耕制造业,总结了制造业数字化转型实践路线,如下:

一、现场调研

现场调研可以暂不需要考虑将来的数字化转型,针对业务逻辑调研即可。

现场调研可以分三种方式:

(1)由企业内的第三方自行调研,或企业内部的工业逻辑专家带领团队进行调研。

(2)由企业自身的体系人员进行调研。

(3)委托专业数字化转型实施方调研。

第一种方式的缺点:企业内的工业逻辑专家人才储备不足;由于是企业自己的人员,易感情用事;难以获得真实的调研结果。

第一种方式的优点:调研人员熟悉企业真实的运作模式,严格调研下,可以获得真实的一手资料。

第二种方式的缺点:体系人员不懂业务,易成表面文章,难以触及底层,退化成看制度查执行。

第二种方式的优点:相当于日常内审程度,对于迎接外审并通过有积极意义。

第三种方式的缺点:不可能在较短的时间内深入调研到模板级别,给出的调研报告深度不够,不能把外聘实施方当作解决一切具体问题的专家;价格昂贵。

第三种方式的优点:专业实施方结合业内最佳实践,有能力发现客户流程制度的不合理,并给出解决的对策;外聘实施方是方法论专家,有能力引导客户走数字化转型正道。

我建议采用第一种方式来进行业务调研,企业需要培养自身的底层工业逻辑专家,专家的培养方式如下:

（1）选定已经有 5 年工作经验的工程师进行轮岗，轮岗的部门有研发、工程、质量、生产、采购、工业化、精益等，轮岗必须持续半年以上。

（2）在轮岗部门，工程师必须要负责真实的项目，不是作为辅助资源。

（3）轮岗完成后，回到本部门需要提升至管理层，巩固轮岗期间的逻辑思维。

（4）任职大项目经理，串起制造运营各个部门。

（5）培养 OJT（On Job Training，在工作中培训）或外训领导力，以达成跨部门的掌控能力。

在现场调研的第一步，我们就需要明确该企业生产的是标准产品还是非标定制化产品，这是先决条件，按照工业领域的专业分工，标准产品是产品工程占据主导位置，工业工程占据辅助位置；非标定制化产品是工业工程占据主导位置，产品工程占据辅助位置。

长期的咨询实践发现，一开始区分出两种产品类型后，后面的调研路径将完全不一样，典型例子叙述如下：

（1）标准产品是以产品工程为主导，必定存在数据从前端研发到后端制造的全链条贯通，类似于流程制造业一个参数往后传递至各个环节。需要有 PPAP（Production Part Approval Process，生产件批准程序）。

（2）非标定制化产品是以工业工程为主导的，PPAP 的重要度是下降的，精益类平台如持续改善，及时响应等是重点。

不能把非标定制化产品的业务逻辑套用到标准产品上，二者的侧重点不一样。混淆侧重点会导致项目很可能失败。

一款产品的成功运营必定由产品工程和工业工程共同保障 QCD（Quality、Cost、Delivery，质量、成本、交期），知晓该业务方式，不是人为地割裂了产品工程和工业工程，而是告知实施数字化转型要有侧重点。有侧重点,就有事务轻重缓急的优先级清单。如图 1.13 所示,工业工程和产品工程永远是一个有机的统一体。

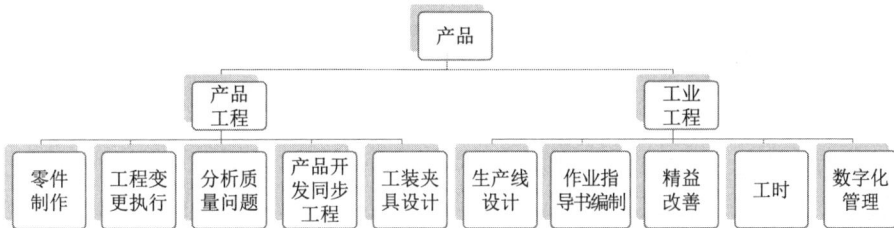

图 1.13　工业工程技术和产品工程技术构成完整产品

二、现有流程鉴定

基于现场调研结果,重新梳理现有流程,梳理流程的路径如下:

(1)列出所有事务。

(2)甄别出核心事务。

(3)画出核心事务在各个阶段的跨部门流转。

工厂有各类部门,各个部门的流程又各不相同,梳理部门现有的流程极其重要,关系到后面形成数字化的流程,有哪些流程节点可以用数字化的方式来实现很重要。这个阶段相比较前面的调研,更深入了一步,持续考验看到全局的能力,看不到流程的全局,将无法在后期数字化蓝图中知晓哪些流程首尾相连,即当一个流程结束后,系统自动启动下一个流程并分派到各个部门去执行。该阶段的流程梳理原则上和数字化流程还没有关系。

现有流程的鉴定,不是把部门管理手册里的流程图复制出来,整理成一个统一的文档,如果是这样,数字化是没有任何意义的,理由如下:

(1)现有流程有不合理之处,需要摒弃、修改,若没有发现该流程的不合理,要犯大错,而被调研对象可能不会主动说该流程有问题。

（2）流程若是一个部门的流程，不能叫流程，只能叫制度，要识别出来，否则将来在系统中创建一个部门的审批流，失去了流程必须要跨部门的初衷。

（3）把本来就不应有的流程制作了一个流程，嵌入部门管理手册，将会在未来的系统里建立一个无用的流程，还要强行设定这个无用流程的衡量指标。

数字化项目要实现的是核心事务的数字化，不是边缘事务的数字化，如果不假思索地从部门管理手册里找出流程，这里面一定有边缘事务的流程，把这种流程固化入数字化平台，是浪费资源和精力。真正有水平的数字化转型专家一定懂得如何梳理出核心事务，并且辅导部门画出核心事务在各个阶段的大流转，在各个阶段各个部门之间的小流转，如图 1.14 所示。这种能力需要有十几年资深业务能力的专家才可以胜任，所以，企业在上马大型数字化项目时，谨记任用资深的业务专家。

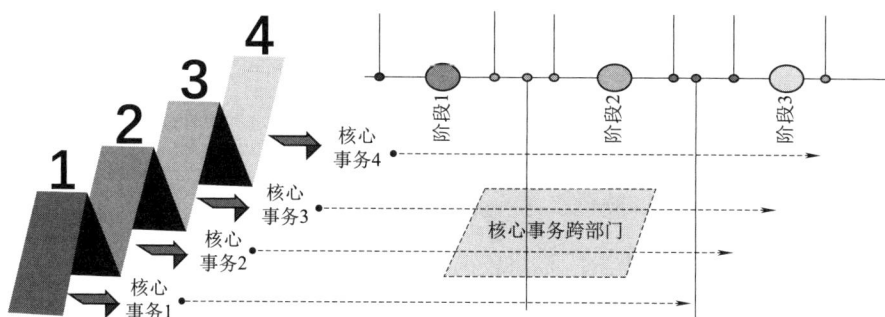

图 1.14　核心事务的跨部门跨阶段特征

为什么要识别核心业务？

（1）识别核心事务的目的在于第一步就把事务结构化，为后面的数字化蓝图设计奠定基础。

（2）每个事务都结构化，后续开展员工管理就有的放矢，为建立科学合理的部门制度奠定基础，进而建立现代企业制度。

（3）事务结构化的过程，本质上是工程师职责的鉴定过程，在这个过程中，会发现大量非职责内的事务，借此机会一并梳理清楚。

（4）防止不负责任的工程师把微小业务分解无数个步骤，这种欺骗性质的业务若通过，将导致公司花费大量的精力来开展微小业务，美其名曰每个环节都是不可或缺的。

没有意识执行核心事务流转梳理的专家，仅仅拿着企业的流程把它们固化入数字化平台，实现线下搬线上，是对企业的极大不负责任，聪明的企业将不会和他们建立商务合同。

如何识别核心业务？通常从以下方面进行考虑，不排除例外：

（1）产品开发跨部门的重大事务，比如开模具。

（2）与员工工资挂钩的业务，比如工时确定。

（3）为公司带来显而易见的间接利润的业务，比如持续改进。

（4）极大提升质量水平的业务，比如 PPAP。

（5）每个部门人力安排最多的业务，比如作业指导书设计。

核心事务的甄别是数字化转型专家区别于企业信息部人员的显著能力，没有深耕制造业的坚强意志，绝无可能甄别出业务部门的核心事务。

在鉴定完成核心事务后，不仅是为下一步的数字化蓝图做准备，还有更重要的作用，即数字化转型专家在长期实施数字化转型的过程中，深谙如何克服人性的弱点，专门开发了一套系统——"实时绩效管理"，开发的基础是基于核心事务的鉴定完成，让工程师知晓当前时刻，自己的核心事务绩效。真正地完成从事务鉴定到考核输出整条数据链的打通。作者认为该模块是实施数字化转型的核心价值之一，强烈建议需求方研究该平台，平台的详细介绍请参阅本书附录章节附图 1.3。

三、数字化流程定义

在梳理好核心事务的流转图之后,将进入下一个阶段:画蓝图。通俗来说就是识别核心事务中有哪些节点可以在数字化平台中实现,一旦进入数字化平台,就必须要设计衡量标准的取数,衡量标准除了企业主是没有人喜欢的,如何才能达成员工和企业主的平衡呢,这考验实施团队的能力。通常的做法如图 1.15 所示。

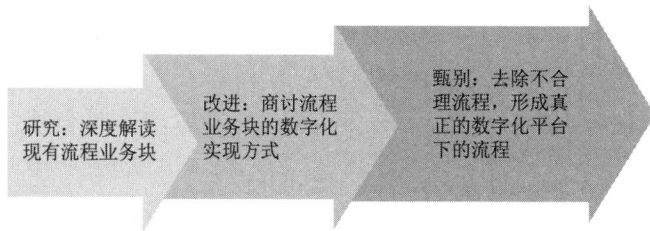

图 1.15　鉴定业务流程过程

商讨业务流程的数字化实现,这是实施专家的核心价值,没有能力达成数字化蓝图的衡量标准,证明实施专家没有能力开展数字化转型,为达成在此阶段就定义清楚蓝图的衡量标准,通常从以下方面开展,包括但不限于:

(1)实施专家在辅导鉴定核心事务之时不得告知该事务将在数字化蓝图中抓取衡量的指标,以免需求方为了躲避衡量标准而一个核心事务都不列出。

(2)在核心事务鉴定完成后,和需求方高层达成一致的意见,即需要有核心事务的数字化衡量标准。

(3)在数字化平台中结构化的表单已经清晰,已经知晓了基本的开发思路。

············

四、数字化转型项目书定义

在经历过调研、现有流程鉴定、数字化流程定义后,将进入数字化转型项目需求编制的阶段即蓝图文档编制,在此阶段,已经不是业务商讨,而是真正意义上的实施方案的确认,这些确认需要关键用户、部门经理、信息专家、数字化转型专家、总工、总经理等签字,负有制度意义,后续一切执行均需要按照此项目说明书来,若在下一步的系统实现中,确实要更改,需要走变更流程,所有人都要签字。

该项目书是前述所有步骤在系统中最细化的实现方案的说明,基于这些最细化的说明,实施方会计算实施工作量,进而报出该阶段的实施费用。

如果仅仅是拿了模板开发成一键生成,同样是低级的数字化解决方案,我们需要实现模板里面的数据从哪里来到哪里去,模板里面的数据也要实现流程互锁,不一定所有的都需要互锁,就如 PPAP 里面的模板,基于实际业务其实是部分互锁的,如图 1.16 所示。

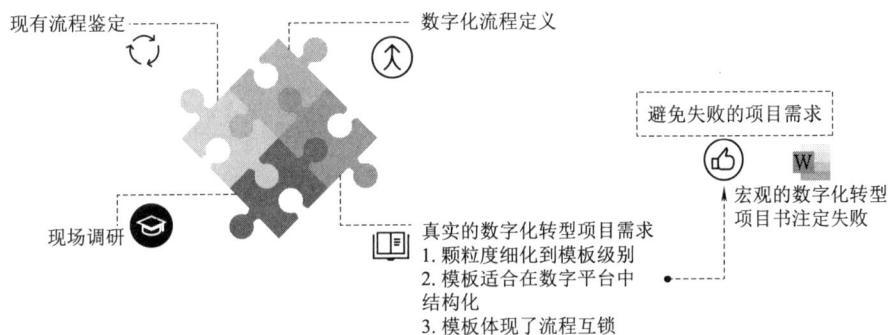

现有流程鉴定

数字化流程定义

现场调研

避免失败的项目需求

宏观的数字化转型项目书注定失败

真实的数字化转型项目需求
1. 颗粒度细化到模板级别
2. 模板适合在数字平台中结构化
3. 模板体现了流程互锁

图 1.16 真实的数字化转型项目书颗粒度到模板级别

本节展示如何撰写一份标准的数字化转型项目书,难度较大,能够写好这份颗粒度最细化的文件,是工业逻辑专家的水平。

第一部分:版本的说明

版本控制展示了此文件由谁创建,什么时候创建。

如果要有修改,注明修改原因,修改的审批记录,由谁发起修改,审批的部门是和该文件相关的各个部门,什么时候完成审批。类似一个小型的文件变更。

第二部分:流程概述

以结构化工艺为例子:

注明流程名称:结构化工艺主数据创建流程。

适用范围:适用于结构化工艺数据在系统中的创建。

关联的相关部门:工艺部、生产部、质量部。

流程描述:本流程描述了结构化工艺数据的形成过程。结构化工艺的数据分为三个大部分:一是制造BOM(Bill of Material,物料清单),二是工艺路线,三是对象化的结构化数据。构化工艺数据的创建分布在整个工艺设计的业务过程中,在工艺业务活动中,逐步形成工艺知识库和工艺资源库。总体来讲,制造BOM是结构化工艺创建的开始,承接的是研发的设计BOM发布流程。在工装验收以及产品的量产发布前确定要形成。结构化工艺是下达生产订单的必要条件,也是质控计划发布的必要条件。

前提假设:研发的设计BOM及相关技术文件已发放。

第三部分:数字化蓝图

此蓝图是负有制度意义的蓝图,一旦确定下来,后续不得来回反复,数字化项目是极其严谨之事,流程要先僵化再优化,若确实需要更改,走变更流程,实施方重新报价实施费用和进度,新的费用和进度理论上是正常实施的两倍,因为蓝图是实施专家传递给后端开发人员的法定文件,一旦更改,实施方的开发人员的工作前功尽弃。在蓝图已经定下的情况下,再行更改,反过来证明之前的商讨是没有意义的,各个部门的各级员工均需要有相应的惩罚,因为他们从上到下对数字化项目形同儿戏。针对此变更事宜,最合理的解决办法是在核心流程鉴定中就要把数字化平台建设鉴定为核心事务,当提出蓝图变更,该员工的绩效将自动受影响。

第四部分:任务分解

对数字化蓝图中的每一个步骤进行详细的结合未来数字化平台的说明,说明上下步骤如何衔接,数据如何贯通,在线下如何实现,在线上如何实现,线上是仅仅上传文档实现,还是把文档结构化,在此需要详细的说明,输入是什么,输出是什么,哪些功能是系统的标准功能,哪些功能是需要定制开发的功能。

第五部分:开发清单

所有的模板需要在此处列出,并说明开发要求。

涉及 PLM,ERP(Enterprise Resource Planning,企业资源计划),MES(Manufacturing Execution System,制造执行系统)的拉通,如何拉通需要说明。

涉及报表的开发,一个蓝图必定有一个 KPI(Key Performance Indicator,关键绩效指标)来衡量,KPI 再下沉一级就是报表。既然画了蓝图,就必须执行,要有衡量的指标,指标数据结合系统抓取,否则画蓝图无意义。

需要重点说明的是,强烈建议蓝图在签字过后不得更改,数字化转型期间,蓝图规定的流程需要先僵化再优化,灵活性太大会导致项目永无结案的可能,对双方都是损害。

五、甄别数字转型实施方

企业内部若有工业逻辑专家,前面四个步骤是不要第三方实施者介入的。第五阶段的实施方仅仅相当于一位软件实施方,基于用户提出的到模板级别的开发要求,直接开发就完成了项目。

若企业从第一步就聘请了实施方,甄别实施方就极其重要,在第一步就需要甄别实施方能力。

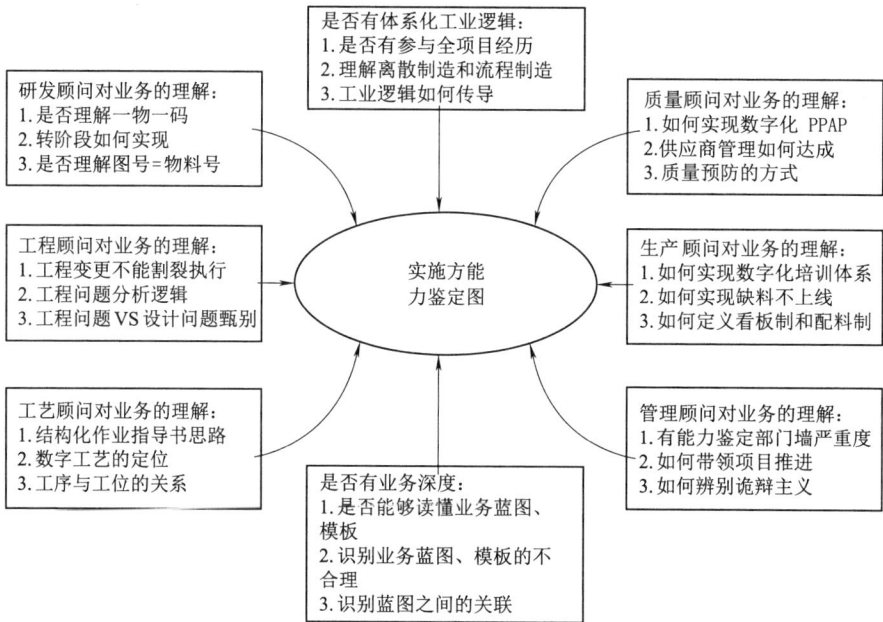

是否有体系化工业逻辑:
1.是否有参与全项目经历
2.理解离散制造和流程制造
3.工业逻辑如何传导

研发顾问对业务的理解:
1.是否理解一物一码
2.转阶段如何实现
3.是否理解图号=物料号

质量顾问对业务的理解:
1.如何实现数字化 PPAP
2.供应商管理如何达成
3.质量预防的方式

工程顾问对业务的理解:
1.工程变更不能割裂执行
2.工程问题分析逻辑
3.工程问题 VS 设计问题甄别

实施方能
力鉴定图

生产顾问对业务的理解:
1.如何实现数字化培训体系
2.如何实现缺料不上线
3.如何定义看板制和配料制

工艺顾问对业务的理解:
1.结构化作业指导书思路
2.数字工艺的定位
3.工序与工位的关系

管理顾问对业务的理解:
1.有能力鉴定部门墙严重度
2.如何带领项目推进
3.如何辨别诡辩主义

是否有业务深度:
1.是否能够读懂业务蓝图、模板
2.识别业务蓝图、模板的不合理
3.识别蓝图之间的关联

图 1.17　实施方能力鉴定图

实施方对企业的调研是双方了解的过程,不能仅实施方对企业调研,企业也需要在此过程中形成对实施方能力的鉴定,如果企业没有能力进行实施方能力鉴定,就需要借助第三方的鉴定机构。企业和第三方鉴定机构签订服务协议,由第三方鉴定机构代表企业来进行实施方能力鉴定,要选择精通制造逻辑的第三方鉴定机构,这种鉴定机构市场上不多,因为能力必须凌驾于实施方水平之上。若实施方已经是世界知名了,鉴定机构的工业逻辑水平必须比世界知名实施方还要高,企业在考察实施方鉴定机构要注意这些专员、技术人员是不是历任世界先进企业各类技术、方法论高管,这非常重要,不是精通端到端业务流的高管,可能无法鉴定实施方能力。

图 1.17 是典型的实施方能力鉴定图,考察不仅限于此,最终必须达成选定放心的实施方。

六、数字化转型实现过程

实施方和企业均需要在数字转型方案实现的过程中时刻关注蓝图督察方案的呈现效果,最终必须达成数字化转型不偏航,图 1.18 是部分数字化转型的监理评估内容。若实在需要更新蓝图,如前述,走变更流程,项目费用重新估算,进度重新调整,新的费用和进度理论上是正常实施的两倍,客户方需要有相应的绩效波动。

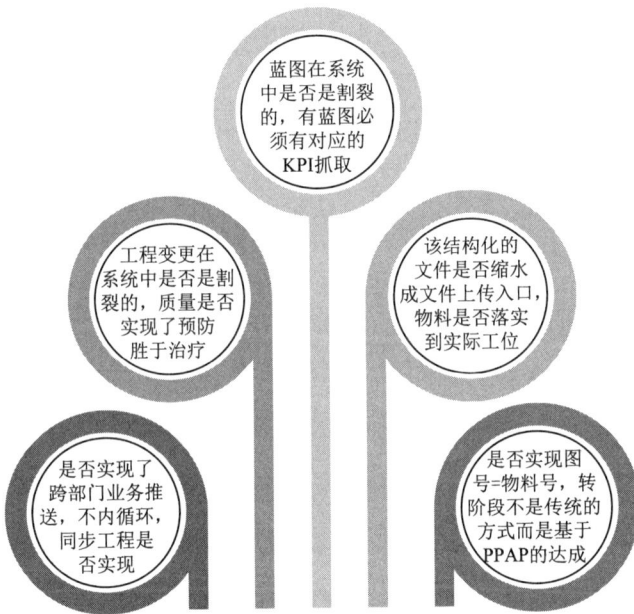

图 1.18　部分数字化转型的过程监理评估内容

七、数字化转型项目验收

验收的标准是甲乙双方签字的项目说明书,不是一开始的甲方数字化转型需求书。通常情况下,甲方的需求书比较宏观,宏观需求有无穷无尽的解读,故不能采用需求书作为验收的标准,而项目说明书已经颗粒度到模板级别,规定了开发的细节,可以作为验收的标准,图 1.19 是比需求书更细化的项目说明书的部分细节验收评估。

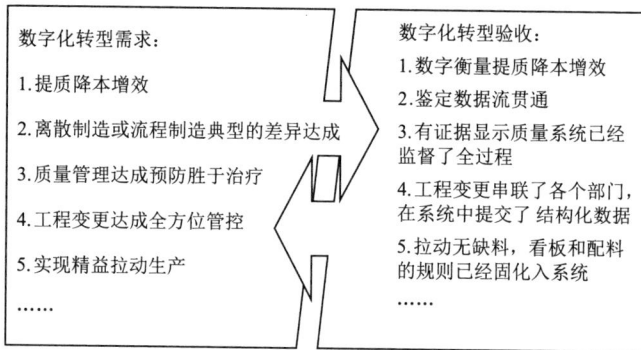

图 1.19 部分数字化转型的验收评估内容

至此,宏观层面的数字化转型方法论在本章阐述完毕,从理论和实践上证明了数字化转型的必要性、合理性、紧迫性,那么这些宏观的方法论如何落地呢?宏观层面是有务虚的,从务虚到务实就需要后续章节的数字化转型实操了,第二章是基于场景的问题呈现,惟妙惟肖,引人入胜,请一口气读完。

02

第二章
制造业数字化转型的典型问题及建议对策

宏观层面的数字化转型浪潮一波波袭来，已经成功实现了数字化转型的企业尝到了提质降本增效的甜头，某些盲目跟风的企业执行了数字化转型后尝到了苦果，因为把不良的业务逻辑固化在了数字化平台里。不做数字化转型相当于坐以待毙，做了数字化转型却陷入困境，这是一些企业的苦恼。

我们要如何分解数字化转型的宏观趋势呢？做数字化转型是完全的定制化吗？有什么样的章法？我们到底要把宏观趋势分解到什么程度？这个困境如何破？行业内有没有失败的典型案例参考？

困惑太多了，好像每一个问题都极其宏大，都没有办法一句话来解答，所以我们还是从数字化转型的典型问题场景开始说起，来看看这个革命性的新事务到底应该如何在企业落地并生根发芽。

第一节　第一层级：业务数字化常识问题及对策

数字化转型要坚持常识，这里的常识是指懂得生活中的常识和制造业里的常识，基于常识来开展工作。那么在数字化转型这件大事上，我们要如何坚持常识呢？

数字化转型的征途上，大量人员在低水平的重复劳动上长期不断撕扯，伤神不已。和聪明的员工共事是多么重要，聪明员工的一大特色是坚持常识，不能因为数字化而丧失了常识，不能把本来就不应该存在的错误拿出来讨论其存在的"合理性"，要坚持常识，可以没有知识但是不能没有常识，套用小米总裁的话：找有经验的成年人做事。

用以下场景来说明坚持常识是多么重要。

场景一

生产部门提出需要在数字化工艺平台中设定返工BOM和工艺路线，这是典型的没有常识、管理惰性，用对话方式写下来，读者更容易理解，如下：

数字化转型专家：返工是一个正常的业务流吗？

生产部：是正常的。

数字化转型专家：为什么是正常的？

生产部：因为产成品做好了之后，长期不出货，导致原先充满电的充电宝的电都漏光了,所以呆滞品在出货之前要重新把电充满。

数字化转型专家:这是不正常的业务流,这里的问题是长期不出货导致电漏光,生产部门是没有过错的,为什么按照订单要求生产后,最后却出不了货呢? 这才是问题的根源。

生产部:销售部不发出提货单我也没有办法,只能等待,到最后就要重新充电了。

数字化转型专家:这事要做,但不是在数字化平台中把返工 BOM 和工艺路线建了,这样反而把不良的业务流程固化在了数字化平台里,会把危害隐藏起来,更危险。

生产部:那应该怎么办? 我无力推动前面销售部早点出货。

数字化转型专家:好办,这事是有出口的,你返工天然属于异常,那么归入质量部的不良品处理平台就行,返工属于特事特办的事情,你打好申请单去 ERP 里面领料,申请单备注因为长期不出货而导致返工。质量部自然会统计返工次数、花费金额等信息,在高层的质量会议上提出,返工如果长期不解决,那么一定会在质量问题排行榜上排名第一。这种情况下,高层领导一定会关注该问题,高层领导一关注,看销售还要不要把货发出去,因为积压在厂里都是收不回的货款呀。采用这个办法,你的返工将越来越少,到最后你一定会愉快地发现很少有返工要求了,这一下子就解决了根子上的问题,你开心吧?

生产部:这方式确实好,我来好好利用下质量部的不良品处理平台。

场景二

工艺部门提出要在数字化工艺平台里面设定材料的损耗率,充分体现了部门墙导致的常识丧失,对话如下:

数字化转型专家:你为何想要在数字化工艺平台里面加损耗呢?

工艺部:计划部要求,因为计划部一直向我反馈工艺负责的制造 BOM 用量和实际用量有差异,生产线用着用着原材料就用光了,制造 BOM 规定实际用量,当然就要工艺负责。

数字化转型专家:你真的想在你负责的数字化工艺平台里加入这个损耗?

工艺部:我当然不想,我才不要增加自己的工作量呢。但是我又推不掉。

数字化转型专家:你怎么知道你加入的损耗率一定是对的呢?

工艺部:生产线告知我就行啊。

数字化转型专家:那为什么不在生产的系统里直接加入损耗率,非要拐个弯输入数字化工艺平台?数字化平台本来就要精减中间环节呀,你这是搞数字化增加烦琐程度。而且,理论上来讲,你的 BOM 用量是继承自研发 BOM,用量等于研发 BOM 里面的用量,你无法管到生产现场具体的每一次调试到底花费了多少调机料,你再怎么协同,生产都搞不清楚,除非你天天跟在生产调机人员后面。

工艺部:我要怎么办?我又不知道生产有什么系统。

数字化转型专家:我们企业用的 ERP 里面生产模块默认就有把损耗率输入进去的栏位,你何必再多此一举地做定制开发,把本来不属于工艺范畴之内的事情揽过来呢,数字化时代,分工尽量明确,合作才会更加有效,不是什么事情都能用混沌理论解决的。

场景三

生产部门提出要在 MES 里面加入缺料生产的功能,怎么可以缺料了还生产呢?这是基本的常识问题,对话如下:

数字化转型专家:恕我孤陋寡闻,我真的不懂得为什么你们缺料了还要生产。

生产部:因为长期以来物料来得就不及时,销售又催得紧,我们只能把厂里的产品先装一部分,然后放一边,等其他物料来之后,再装配好成品,这种状况长久以来都是如此。

数字化转型专家:所以你认为这是正常情况?

生产部:都一向如此,大家每日都在救火,见怪不怪了,难道这不是一个常态化的状态? 所以我要在 MES 加入半成品工单报工功能。

数字化转型专家:这个问题的本质是配套生产的物料供应没有供过来,这是采购的失责,你把这个失责过程固化在系统里面,采购都不会感谢你,而且相当于你私自把问题掩盖起来。

生产部:那我要怎么办?

数字化转型专家:这是你们采购失责的问题,软件很简单,按你的要求是可以加入这个功能的,但是我们不能这么做。因为这是一个彻头彻尾的业务异常。

生产部:到底有什么办法解决呢?

数字化转型专家:你要利用好我们现在存在的质量问题处理平台,把缺料问题加入进去,计算出由于缺料停线导致的金钱损失,把这个损失开个费用单给采购部,开几次后,你看采购部会不会按时把物料送到你手上。

生产部:这确实找到根子上的问题了。

场景四

模具部要求在数字化平台中加入不良模具处理流程,仍然是一个丢失常识的需求,对话如下:

数字化转型专家:你为什么要提这个需求?

模具部:因为我们第一次开出来的模具,长期以来都要反复修理多次,才能把零件产品做到合格。

数字化转型专家:所以你希望在数字化平台中可以管理修模的整个

过程？

模具部：是的。

数字化转型专家：那好，我先来问你，模具第一次没有开好，这是正常现象吗？

模具部：不正常。

数字化转型专家：为什么不正常？

模具部：因为我们前面已经进行过模具开模检讨，做了各种仿真，但是实际上最终出来的零件还是尺寸不合格，所以这是不正常的。

数字化转型专家：第一，不正常的业务流原则上不能固化入数字化平台；第二，仿真和实际不一样的问题，其实本质是工程师对于技术的把控没有到位，而数字化平台是管理平台，并不能提高你的开模技术水平。所以你的需求是不符合常识的，不建议你提出来。

模具部：可是，我们真的每天疲于奔命来修模具，我也知晓这是员工技术能力问题，只是，既然数字化平台是提高管理的平台，有没有好的办法来倒逼员工技能和能力提升呢？

数字化转型专家：这个你就问到点上了，我建议你在项目管理平台中设定一个模具按时交付率，由项目经理来管控模具的及时交付，还有，在你绘制的模具开发流程中绘制一条不良模具处理的返回线即可，不要把返回线再次拆分无数个步骤，这样在数字化平台里面就可以抓取返回的次数，次数多了，就不好了，如图 2.1 所示。

模具部：这确实是一个好的管理手段来倒逼模具开发技术能力的提升。

场景五

质量部需要在数字化平台中加入一个可以放宽关键尺寸公差的功能，是一个严重背离常识的数字化需求，对话如下：

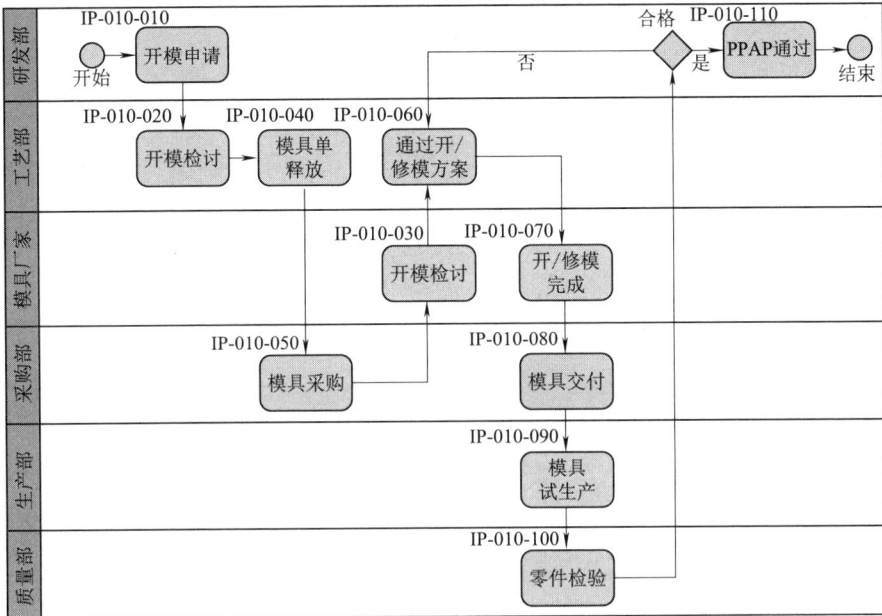

图 2.1　含模具不良返回流程的模具开发流程

（本书类似流程图均采用流程软件绘制）

数字化转型专家：你为何要把关键尺寸放宽公差？

质量部：因为我们在入料检验时，经常会发现关键尺寸超差了，于是我们就通知技术部来处理，技术人员通常就大笔一挥，签了让步放行单，我们就把这批不合格料当成是"合格料"入库了。

数字化转型专家：你们这个方式有大问题。

质量部：我也知道这有问题，可是我如果不放物料进来，生产线就没料生产，停线，就会施压我质量部。

数字化转型专家：你不应该这么做，丧失了常识，我问你，既然都已经是关键尺寸了，为什么要接受尺寸超差的不良品呢？既然你接受了，那就证明这个尺寸不是关键尺寸，这是基本的逻辑关系吧。

质量部：是这样，可是我质量部也不想被问责入料不及时导致停线呀。

数字化转型专家:我给你支一个正规的招,你可以在入料检验平台中设定一个规则,当签让步放行单时,请技术部做好尺寸链分析,证明该关键尺寸的不合格不影响产品性能,这种情况下,技术部门一定会推动把尺寸改进到位或者把这个关键尺寸改为非关键尺寸,这样你质量部就解套了,不会被责难。

质量部:这倒是正统的做法,只要在我这边的入料检验平台进行强制性控制就好了。

场景六

研发部在数字化蓝图评审会议上展示一个泳道的仿真业务蓝图,属于典型背离了常识,对话如下:

数字化转型专家:为何这个仿真业务蓝图只在你研发部内部的一个泳道里?

研发部:这是我们内部的事情,而且占比也是蛮大的,所以我们要专门绘制业务蓝图。

数字化转型专家:这是你部门内部的事情,你们研发领导说一下就好了,根本不要专门画蓝图的,我们画的每一张业务蓝图必定要是跨部门的,这是常识。如果其他部门都和你部门一样只画部门内部的流程,那我们做数字化转型,岂不是在数字化平台里面砌了部门墙,在数字化的世界里,各个部门不相往来。而数字化转型的最大价值之一就是打破部门墙,充分协同,这才是我们要做的事情啊。

研发部:可是,这个仿真业务是我们的重要工作,如果不绘制蓝图,我们在哪里管理呢?

数字化转型专家:这是你们内部的事情,在数字化时代,其实只要在PLM中上传仿真文档就好了,同时联动到项目管理中看是否按时交付就好。

研发部：确实是这个道理，我们研发本来就很烦琐了，不能再增加无意义的一个泳道的业务蓝图了，作为管理者，本来就必须要管理好本部门的工程师，敦促他们按时交付仿真报告，不可能上了这个数字化业务蓝图，管理者就不要去线下询问进度。

数字化管理专家：是的，数字化管理平台并不能取代人的主观能动性，再好的平台，如果人不想用，都可以绕着走。所以，线下的管理仍然必不可少。

本节重点阐述数字化转型中常识的重要性，只是，拥有这些业务常识，需要工程师有充足的制造业务逻辑才能支撑，初级的工程师是不可能达到的，这方面同样印证了数字化转型不是一件容易的事，天然是智力密集型项目。

第二节　第二层级：数字化管理问题及对策

一、数字化实践制度的欠缺

当企业是大型制造集团时，业务开展必须制度先行（中小型企业原则上也必须如此）。站在企业管理高度看，如果信息部门一上来就立了个项目，给业务部门选定了某个数字化平台，轰轰烈烈地在企业内部推行，这种本末倒置的做法到最后可能会折戟沉沙。

正确的办法是，无论是企业内部成长起来的高管还是外聘高管，在数字化转型开启之际，必须充分认识到数字化转型是一把手工程，必须先行推动各业务部门制定本部门数字化管理制度，该数字化管理制度不是把现有的部门管理制度换一个标题就糊弄过去,而是真切地展示了该部门业务的跨部门流转,有本部门的 KPI 指标,更重要的是有跨部门的 KPI。企业的流程管理部门基于各个部门的数字化管理制度,督促业务部门按照数字化管理制度来开展日常工作,新的方式坚持一年半载,员工都熟悉后再行数字化转型项目。在此期间,信息部门的负责人应该要建立体系化的数字化转型实践落地制度,该制度需要结合企业实际,设定跳一跳够得着的目标,这是极其重要之事。有了该制度,信息负责人需要常态化地和业务部门沟通聊天、循循善诱,帮助业务部门主动提出数字化转型的需求。

我曾经基于某客户方信息部的数字化项目管理制度,编制了一份数字化转型实践落地制度(请参阅第三章第二节),该制度专门结合企业的实际进行了跳一跳够得着的目标设定,可惜的是,有些 CIO(Chief Information Officer,首席信息官)不懂实践落地制度和数字化项目管理制度的差异,没有意识到实践落地制度的重要性(数字化转型成功的企业,早已有了实践落地制度,读者可以自行求证),于是会认定一些不接地气、放之四海皆准的道理。作者曾经仔细思考过为何无法在某些企业里推广实践落地制度,可能因为他们是职业经理人,无力、无意去推动改进这根子上的不合理。少数人是短视的,只追求短期绩效,即使在高层汇报上坚若磐石地展示长期主义,仍然会在具体执行时变成了吃快餐。

当然也有可能认为在短短几个月的咨询项目里,这个数字化转型专家短期内对企业不熟悉,怎么可能会交付真实的落地制度呢?因为大多数专家有能力通过表面的现象推测到深层次的问题,有些不合理之处可以基于几十年的工作经验和深度思考推断出来。深感遗憾的是,由于管理层不懂得以技术为主导的实践落地制度和仅仅以管理为主导的信息化项目管理制度之间的巨大差异,这种不深度思考的行为导致了该制度被束之高阁。最初的构想是,预算紧张,咨询专家经过仔细调研而交付给企业数字化转型实践落地制度,并由信息部来推行这个无须让业务部门花钱的制度,让大家按照正确的数字化转型办法打好思维基础以更好地开展工作。这是一个修炼内功的大好时机,内功都不深厚,那么外功一定是弱不禁风的。

该问题解决的办法如下:

(1)一把手引领:企业一把手带领各个业务条口的负责人基于数字化转型实践落地制度,制定各自部门的数字化管理制度。

(2)内部员工执行:尽量选取企业内部成长起来的管理专家来制定部门数字化管理制度。

(3)职业经理人执行:即使是外来职业经理人,也必须要求以长期主义思维来制定部门数字化管理制度,即使职业经理人离开,企业仍然可以一以贯之地推行数字化转型,而不是"一朝天子一朝臣"。

二、数字化平台的推广模式

当企业是一家拥有几十家制造工厂的大型制造集团,各制造工厂基本上都是围绕材料制造、零件制造、部件装配、总装来生产,本质上就是前端流程型＋后端离散型模式,产品都是一类产品,故推广数字化的方式应该是在一家制造工厂真正推行到位后,再把好的方式复制到其他工厂。只是会存在一个问题,即现有财务制度下,在其他工厂推行时,仍然会存在三家比价模式,导致在 A 工厂已经执行到位的数字化平台由于价格的原因极有可能进入不了 B 工厂,这是过度强调职业道德导致的执行层面的奇怪后果。实际上,数字化项目天然是一把手工程,正确的做法是一把手推动数字化项目在一家工厂执行到位,然后一把手指定其他所有工厂采用已经执行到位的工厂的方案。这种方式的巨大好处如下:

（1）达成数据同源，不再存在制造单位各自为政地导入各种类型的平台，比如市面上有各个品牌的 MES，若都采用一遍，会导致后期各种接口不兼容，有大量的接口开发，还不稳定。

（2）以旗下几十家工厂的规模打包和实施方谈判，必将获得有竞争力的价格，而且实施方为了获得该大型项目合同价值，必定调动全部资源确保该项目的成功。

（3）在一家工厂实施成功后，复制到其他工厂的边际成本是极其低下的，后续在一家工厂维护、升级，联动其他工厂全部变化，达成了全部制造厂统一的管理模式，因为产品也是一样的，故不会存在只适用于某家工厂的专门定制化开发。

只有真正从工厂内部培养起来的高层从永续稳健经营的角度出发，才会采用这种推广模式，若是寄希望于外来职业经理人，是绝无可能采用这种方式，因为外来职业经理人通常的倾向是采用短期出效益的办法，看似在自己的职责范围内做出了亮眼的成绩，可是把成绩放入整个体系，会发现极有可能南辕北辙了。

三、大量存在的信息部人员

信息部人员的大量存在并不会提升企业的信息化水平，反而浪费了大量的金钱在低效的沟通上，互相扯皮推诿，互相建部门墙，从线下部门墙建到线上部门墙。若单位是所谓的互联网大厂，倒是需要大量信息部人员的，可是当企业是实实在在的大型制造企业时，天然决定了根本不需要大量的信息部人员。

通常，在 500 强制造企业里，集团总部的信息部门维持在十几个人，制造工厂有少量信息部员工，通常不超过 5 个，因为要维持最小的部门编制。这么少人的情况下,是怎么来推行数字化转型项目的呢? 数字化转型项目必定是在一把手强力推动下,由业务部门负责立项,提出需求,信息部门负责执行,执行包括需求合理性鉴定、编制项目需求书、寻找实施方、实施方案介绍、安排进场实施、负责项目验收等工作,定位于数字化转型项目的二级单位,价值汇报一定是由业务部门来实行,信息部门负责组织。

在此情况下,信息部绝对不需要几百员工,才能实现真正的数字化。信息部 CIO 的价值是培养各个业务部门数字化思维,引导业务部门以数字化思维来开展工作,这是最大的价值。其他如网络维护、信息安全等传统业务,其实早就可以外包给互联网大厂了。

术业有专攻,不知晓自身的定位,很容易做出违背常识的决定,部分被风险资本投资过的企业容易浮躁,商业需要回归本质,朴实无华地开展业务。好多企业明明是一个传统的制造业,因为赶上了中国制造业发展＋互联网,披上互联网的外衣,感觉自己就不是制造业了,在此奇怪的认知上,招聘大量无用的信息人员好像也是在情理之中。

为了让大家有事做,看起来忙碌,管理层人为设定了无数个流程节点,让工程师在各自的流程节点上比拼,美其名曰深耕主业,殊不知,这是把简单的事情搞复杂。所有顶级管理专家一致推荐企业应基于第一性原理开展核心事务,可是实际执行下来却大相径庭,比如作者曾经看过某个项目管理软件的导入,并且断定无法推广,因为太琐碎,把一件简单的事情分解了无数个步骤,貌似精细化管理实则在内耗,果然一上线,使用者就"躺平"。仔细思索,项目管理的本质无非是在截止日期前按要求交付相应的成果,基于这个朴素的要求,得出的结论应该是传统的 Project 软件或者 Excel 表格就可以完全实现该功能,催交付物是项目经理线下常态化要做的事情,没有必要用软件来催促,上了项目管理软件根本不能减少项目经理的数量和线下工作量,那么上这个颗粒度极其细化的软件的意义到底在哪里呢?并没有实现提质降本增效的朴素目的,反而是增加了操作的复杂度,而且还是超级复杂的在线手工。因为软件越来越烦琐,招聘更多的员工来适配软件看起来也是行得通,只是,已经进入了恶性循环。

人多更催生了管理上的惰性,人浮于事,每天都要开早会。开早会是正常的,可是为什么要在早会上长篇大论地讨论细节呢,一个几个人的部门,开个早会硬生生地要拖上一个小时,这是什么效率呢? 所以开早会的原则是带着方案来开会且在 10 分钟内结束,标杆灯塔企业都是这种做法,如图 2.2 所示。

四、坚固的部门墙

坚固的部门墙会导致数字化时代的信息孤岛,甚至会导致丧失常识的一个泳道蓝图都能够绘制出来。

迄今为止大部分企业的所谓数字化转型项目都停留在单个的工具软件效能的提升,涉及数据跨部门跨阶段拉通的较稀少,工具软件局限于各个独立的部门,极少考虑业务上下游,比如图 2.3 所示的工程变更闭环难以推动,数字化转型专家专门和技术接口人商谈过此事,原因就是当技术部门想要推动其他配合部门变更相关事务,其他部门都三缄其口,能不执行就不执行,因为已经超越了配合部门的职责范围,想要他们跨出一步配合技术做变更增加了额外的工作量,于是就变成了谁提谁负责,工程变更变成了技术部门一个部门的独角戏,导致没有哪个工程变更能够真正地执行到位,推行一年都没有显著的效果。这种严重程度,读者也可以参考作者的另外一本书《数字化转型底层思维故事》,有更详尽的叙述。

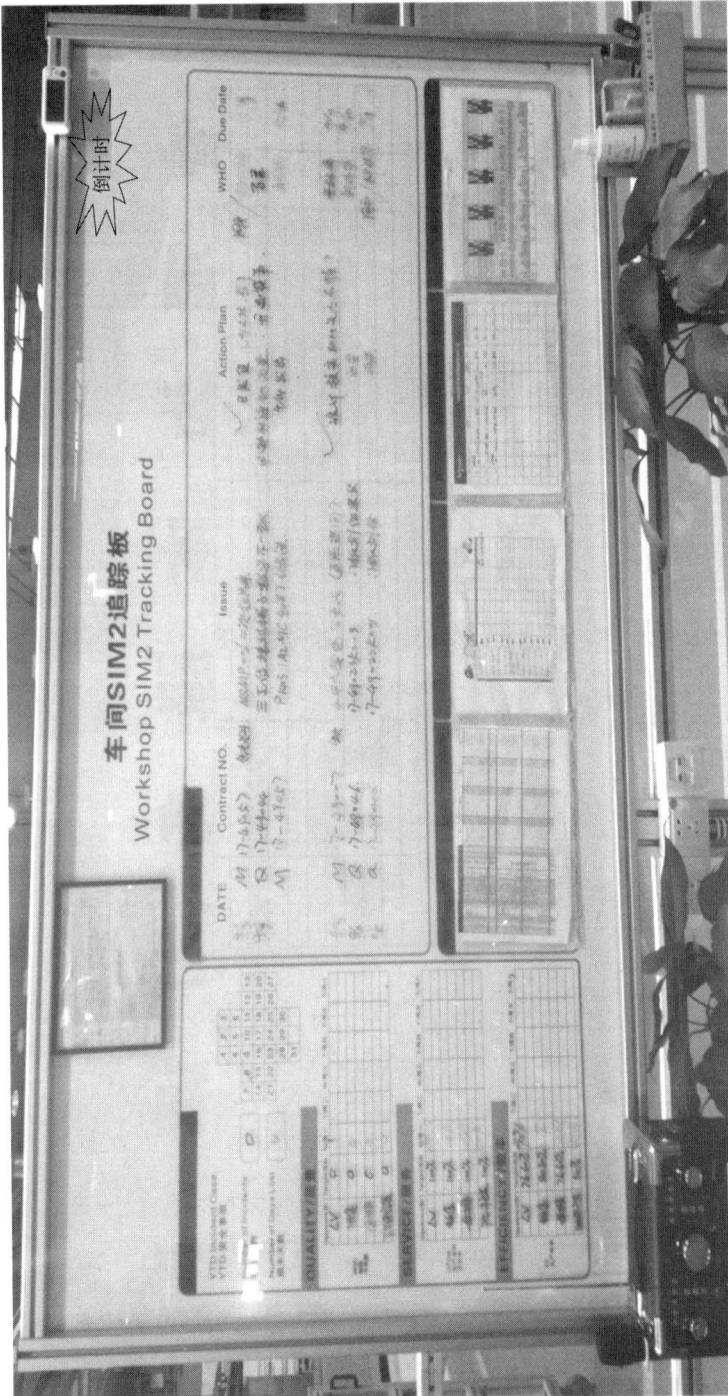

图 2.2 某领先制造企业带倒计时功能的早会看板

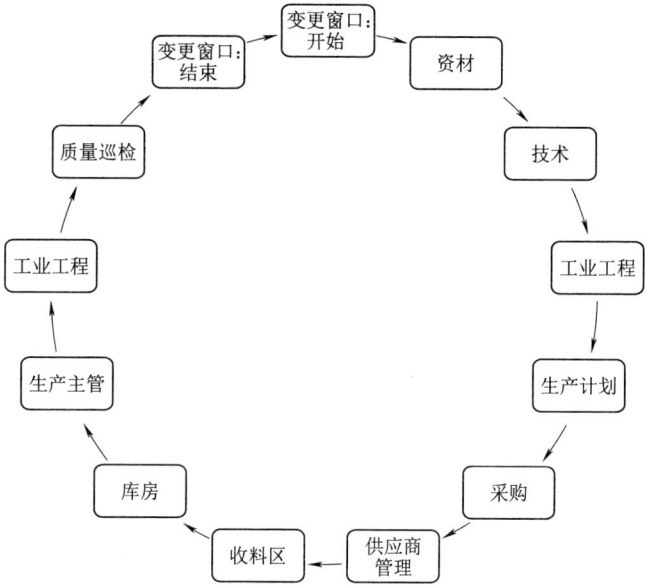

图 2.3　天然复杂的工程变更闭环

在一个场景中,设备开发部要管理好绘制的设备图纸,竟然舍近求远去找新的软件厂家,对话如下:

设备部:我需要一个管理设备图纸的平台,现在就去申请采购,请数字化转型专家把把关啊。

数字化转型专家:等一下,我来问个问题,你们设备开发和产品结构开发有何特别之处吗?

设备部:都是结构开发,区别在于设备开发就是一锤子买卖,通常做一套,不像产品设计,要考虑到大批量生产,故而也要考虑稳定性,开发的就一套零件,装配后联调性能达标就行。

数字化转型专家:所以,设备开发的零件认证远比产品开发的零件认证简单多了,没有必要由项目经理管到方方面面。

设备部：你可以把设备开发当作是精简版的产品开发。

数字化转型专家：既然这样，那你为何不使用我们现有的 PLM 平台来管理你的设备开发文件呢？为什么还要舍近求远找外面新的厂家呢？除非你的设备开发很奇特，我们正在使用的 PLM 无法承载。

设备部：专家你问到我的痛点了，我也晓得要优先使用我们现有的平台，现有平台是能够承载我们的设备开发需求的，我也去找了研发部，想要了解他们现在用的平台是否可以开放给我设备开发用，哪知道他们一句话就把我堵住了，说你们设备开发的资料进入了我们研发平台，引起了数据异常，你们担得起这个责任吗？我也只好悻悻而退了。

数字化转型专家：唉！明明可以为企业节约大量金钱，却因为这个部门墙，把合理的需求挡在了门外面。

解决严重部门墙不是一件容易的事情，在数字化平台上线前，线下严重的部门墙没有解决的话，在数字化平台上线的过程中，部门墙一定会被堆砌其中。平台上线后，困难才刚刚开始，因为部门墙已经被固化在了系统里，很难再回得去了，印证了一句俏皮话：不上数字化平台是"等死"，上了数字化平台是"找死"。

解决的办法很难，必须要踔厉奋发、压茬推进。理想的办法如下：

（1）鉴定各个部门的核心事务。

（2）由体系部门或者流程管理部带领各个部门绘制核心事务的跨部门跨阶段的线下业务蓝图。

（3）由审计部门监督线下跨部门跨阶段的业务蓝图是否已经执行到位，并持续一年。

（4）采购世界大型数字化实施方的服务，在上软件之前，由实施方驱动线下业务蓝图执行到位,常态化汇报至企业一把手。

(5)在线下业务蓝图执行到位的情况下,绘制线上业务蓝图,并固化入数字化平台。

(6)由实施方和审计部门共同监督线上业务蓝图的执行状况,系统自动抓取跨部门的KPI。

(7)跨部门提需求是特别办法,即研发给工艺提需求,工艺给生产提需求,生产给质量提需求等,因为在部门墙严重的企业里,工程师总会通过指责他人没有做到位来保护自己,当所有跨部门提出的需求都收集到信息部时,真正的数字化需求也就产生了。

五、不符合逻辑的数字化 KPI

有些企业在不知道如何数字化转型的情况下,对外招标数字化转型产品,于是市场上的各类咨询公司会主动接洽企业,并介绍基本的数字化转型的方法论,这些企业在对数字化转型方法论浅尝辄止、一知半解的情况下,却认为自己经历了一波又一波数字化转型方法论的浸润,最典型是有些企业管理层竟然不知道需要在一开始提业务数字化需求时,就要定义清楚未来数字化平台中的KPI取数规则,恰恰这些细节的方法论,外面的咨询公司可能不会一开始就告知客户。

只有规则定义清楚,数字化平台开发才有核心聚焦点,否则全面铺开,全方位火力全开的情况下,一定会顾此失彼,因此第一性原理非常重要(将在第三章第三节详述),可惜的是比较少的管理层真正地懂得第一性原理并用于实践。第一性原理用于数字化转型业务中,最朴素的好处就是在错综复杂的需求中,甄别出核心的、真实的需求,只有在真实且核心的需求辨明后,制定相应的未来数字化KPI才顺理成章。

再来描述某个项目管理场景。在执行项目管理平台一期时,业务部门把一个项目管理制度丢给了信息部,说根据项目管理制度来找供应商,信息部由于不懂得业务逻辑,便找了供应商。供应商向业务部门介绍了产品后,业务部门觉得差不多,就同意了上这个平台。这一切都是不符合数字化转型章法的,果然这个项目管理平台一上线,业务部门就全体坚决拒绝使用,究其原因,业务部门拿了一本厚厚的几万字的项目管理制度给到厂家(信息部就是个传话筒中介),厂家一定不知道轻重缓急,于是只好拿了自己公版的软件来介绍,发现客户竟然也闭着眼睛默认了,这么好说话的客户哪里找,于是很迅速地全方位铺开,把项目管理这个体系化的平台硬生生做成了一个点工具软件,导致的后果是看似项目管理维度很广泛,有财务维度、有设计维度、有交期维度等,事无巨细都管到位了,恨不得每件事情都要盯着工程师,认为这是真正的精细化管理,可是"人至察则无徒,水至清则无鱼",结果就是没有人使用该平台了。

让项目管理回归本质吧,前面已经说过,先进企业反而是用 Excel 或者 Project 就可以管好项目,是因为项目管理的本质就是按期交付规定的交付物,完全不可能因为有了项目管理软件而精减掉项目经理,所以抓住这个按期交付核心点,来设定项目管理数字化转型的 KPI 就是践行了第一性原理。

在数字化项目多次碰壁并惊动高层后,高层管理者终于意识到设定 KPI 的重要性,于是在高层会议上责令各个部门负责人上报给总裁办各自部门的 KPI 指标,有这个理念已经前进了一大步,只是仍然犯了一个"各人自扫门前雪,莫管他人瓦上霜"的错误。只做对自己有益的事,在数字化时代,若不加以引导克服该弱点,这种弱点导致的错误将在数字化平台里面逐级放大,没有人愿意给自己上紧箍咒,所以导致呈报给总裁办的所谓数字化 KPI

指标都是自己部门内部的指标,绝不是跨部门的指标。这样的后果颇具讽刺意味,即成功地在数字化平台里砌起了部门墙,严重背离了数字化转型的初衷之一就是打破部门墙。内部的 KPI 要有,但是在数字化时代不是重点,重点在于跨部门协同的 KPI。

解决该问题的对策如下:

(1)学习借鉴大型实施商的做法,在项目一开始就进入设定未来 KPI 的流程,写入 SOW(Statement of Work,工作说明书),将极大地确保核心需求的数字化落地,如图 2.4 所示。

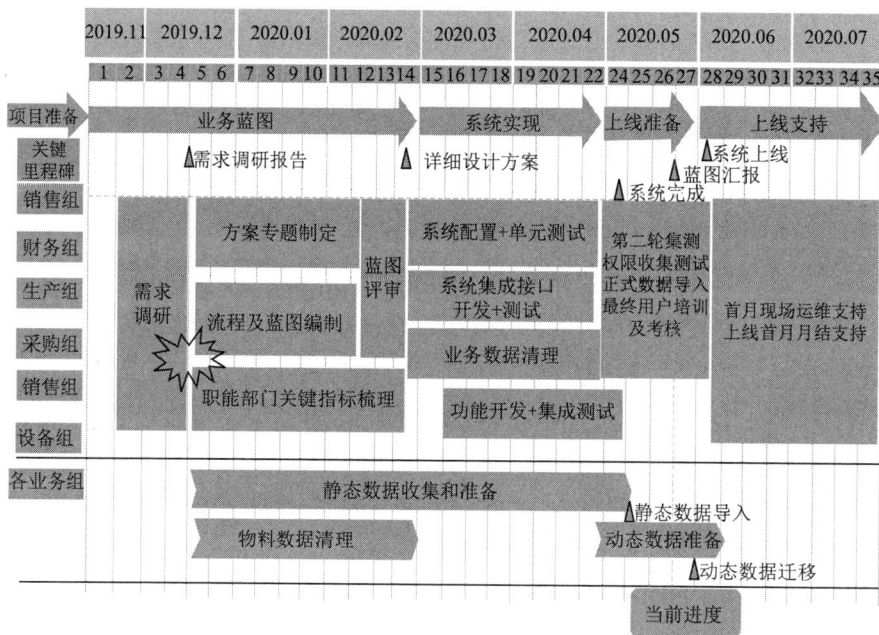

图 2.4 某领先制造企业在数字化转型项目一开始就梳理 KPI 指标

(2)KPI 应该由第三方独立的部门来带领各部门设定,这个部门必须精通业务逻辑,正常情况下这个第三方独立部门是企业的流程管理部门或者体系部,这个第三方部门在设定 KPI 的事务上有考核权。

六、员工数字化管理方式

企业在发展过程中，自然会参考其他企业的员工管理办法，有些企业以结果为导向，有些企业以标准规定的做事方式为导向，有些企业关注细节，有些企业以细碎著称。管理是有个度的，即使你把每日事情分解到每一分、每一秒，当员工采取不合作态度时，会出工不出力。

有些企业在被影响后，开发出一套每日工作日志平台，如图 2.5 所示。

适当的工作日志是需要的，但是把日志当作每日的一项工作内容就偏离了本意，本意是工程师记录下今日的重要之事，所以即使要开发工作日志平台，也一定要让员工短平快达成日志的填写，至于后台的一些规则，员工无须知晓，"精于心，简于形"。可以参考作者开发的卓越工业平台中的实时绩效管理平台，参阅附录章节附图 1.3。每日花费 3 分钟简单填写内容，当完成了什么事情，就可以知晓自身当前的绩效，员工有充分的获得感。

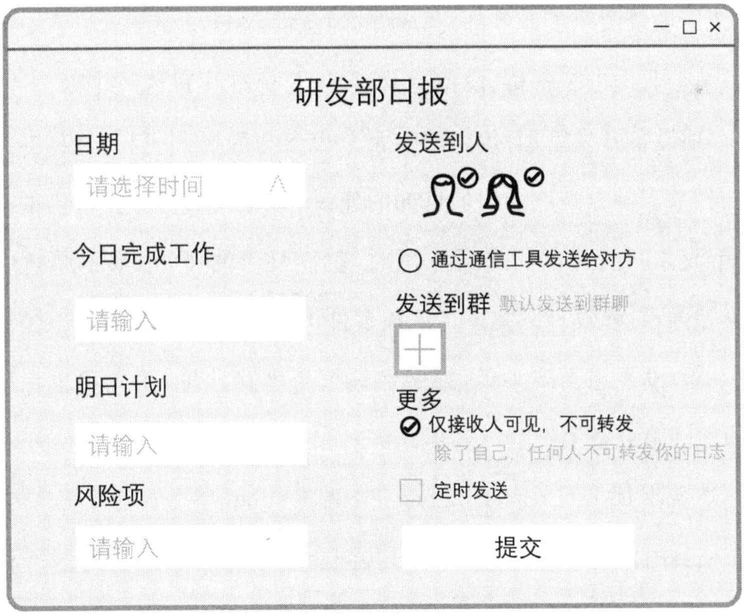

图 2.5　每日工作日志平台

第三节 第三层级:立项、执行问题及对策

一、随意立项

很多情况下,业务部门根本没有考虑清楚业务的数字化对自身和企业的价值,企业高层领导从上至下压得紧,被迫抓破了头皮,好不容易想出来一个数字化点子,这属于典型的跟风提数字化需求,而信息部门由于不懂得业务规则,对于业务部门提的需求是照单全收,表面上一片祥和,实则暗流涌动。

信息部门知道需要积极主动和业务部门沟通,真正体现对业务的价值,如果信息部门最终交付的项目,业务部门都不认可并拒绝使用,那么信息部门的存在意义将大大减少。问题在于,业务部门都搞不清自身的数字化项目要达成什么目标,就一股脑儿地传递给信息部执行,这属于典型的一步错步步错。

有两个场景展示了业务部门立项的随意性:

(1)某企业先进装备科、设备运营科、工艺标准化科这三个部门,不约而同地要立项设备开发管理,信息部专家全程参与现场调研和会议,专门整理各方观点,基于各方观点给出信息部的建议和未来场景描述,可惜的是当要求这三个业务部门跨部门沟通立项时,就立马停滞了,谁都不愿意起头立项,说等等再看,就没有下文了。从该事件可以看出立项又和严重的部门墙纠缠在一起,没人想当出头鸟,都做鸵鸟把头埋在沙里,不立项也在所不惜(可提前参阅第五章第一节以获得详情)。

(2)某企业 PMS(Project Management System,项目管理系统)一期已经上线,该项目由信息部门和业务部门共同立项,费用按比例分配,严格意义上应该全部由业务部门立项,但是由于信息部门负责人是新加入的职业经理人,也要展示自己绩效,故合作立项。

　　后果是一期上线之后，业务部门完全不用，反馈太烦琐，不实用。业务部门于是想到了赶紧启动二期，把操作界面变得简明清晰。这里的问题在于，原先已经定型的界面，如果要改，等于全盘推翻现有软件平台，于是业务部门、信息部门、实施方开始了旷日持久的撕扯，仍然是无果。这个场景的背后原因并不是软件不好用，而是各方签字认可的软件却不用。既然已经签字，那就必须要使用，业务部门有责任强力推动使用，而不是某个工程师反馈了一个不好用的问题，大家都停摆。要对签字负责任的不用该软件，高层需要问责下级部门。正常的做法应该是无论有多少阻力，都要推动使用，在一段时间之后，工程师们习惯了该软件，也就接受了。所以，数字化软件的推广要切实执行流程先僵化再优化。市场上早有顶级咨询机构做过调查，数字化项目失败，70％的原因是员工不配合。

　　立项随意的问题随处可见，对这种不负责任的做法，最有效的遏制手段是建立明确的制度，规定在立项的时候就要求必须提交未来数字化平台中的KPI以及当前问题导致的财务损失。

二、流于形式的内部调研

　　在数字化转型的时代，需要认清一个事实就是用户经常会说不清楚需求，用户提出的需求不合理是常态。创新式智慧往往就体现在对需求的把握上，而不是某个点上的工具技术方法。

　　为什么用户说不清楚需求以及需求不合理在于信息不对称？用户长期以来的做事方式体现了其自身的思维定式，比如本章第一节常识章节中描述了把大量的模具不良维修当作是正常的，把长期缺料也当成是正常现象。数字化时代来得太快，数字化思维却还跟不上，而这些数字化思维的达成，是基于基本的工业逻辑，在一个数字化思维的环境下才能实现。比如我们

一直强调的 SMART(S＝Specific＝有规范的,M＝Measurable＝可量化的,
A＝Attainable＝可达成的,R＝Relevant＝相关联的,T＝Time－based＝有
时间限定的)原则,就是数字化思维。

当缺乏这些数字化思维时,要求用户以数字化思维来提出正确合理的
数字化需求,是不切实际的,所以,此时就需要由精通 OT（Operation
Technology,运营技术)和 IT 的数字化转型专家来引导用户提出所需要的
数字化需求,可惜的是,由于怕承担恶意引导之嫌,通常数字化转型专家去
调研前,都被告知尽量不要多讲,安静地听业务提需求就行。对话场景
如下:

信息部:请您去调研业务需求,要仔细听用户的要求,并记下来就行。

数字化转型专家:我真的只要记清楚就行?

信息部:是的。

数字转型专家:难道我不要引导用户说真话,说核心的需求? 您知道有
时候用户就是跟风提数字化需求,提得还天方夜谭。

信息部:您一旦引导他们说话,或者您说得多了,最后项目又搞砸了,他
们常会第一时间把锅甩给信息部,所以您就做一个忠实的记录员就好,至于
需求清不清楚,那是下一步的事情。

数字化转型专家:可是,高效做事的方式就是第一次就把正确的事情做
好,一些不合理的需求应当第一时间当场驳回,而不是记下来之后,后面再
去解释这个需求是不合理的,这样反而会激起用户的反感,更加觉得信息部
不配合了。

信息部:只要用户敢提,我们就敢接收。接收下来后,我们去寻找供应
商来商讨用户需求,有不合理的地方,由供应商来反馈给用户。

数字化转型专家:这样好吗?

信息部:这也是没有办法的,我们通常情况下就被默认是完全不懂用户的需求,即使您这样精通业务和信息化结合的专家,业务部门仍然不认为您的业务逻辑可以凌驾于业务部门之上。

数字化转型专家:知名的实施商都是引导客户提出正确的需求。我们去调研的时候,用户不说或者就说个概念,这不就冷场了吗?

信息部:那就当他们没有需求,没有痛点。

这种情况是不正常的,解决此种严重的调研浮于表面的问题有如下手段:

(1)信息部常态化地了解业务,去实习业务,类似 HRBP(Human Resource Businesses Pattern,人力资源业务合作伙伴)。

(2)树立数字化转型专家引领业务需求的权威地位,有一锤定音的权力。

(3)建立用户的数字化思维,以数字来衡量自身业务水平的高低。

(4)采购市场上专业的数字化底层业务逻辑专家团队的服务,以辅助业务需求的正确合理提出。

三、举步维艰的业务调研

基于以上的阐述,有的用户表面上配合实则内心反抗,有的用户表里如一地反抗,表里如一地反抗还好,心口不一地反抗才是真正的问题。

数字化,本质上要达成事务的数字化衡量,数字化衡量是一把双刃剑,数字是一个非黑即白的最终呈现,而实际工作,一定存在混沌理论,这是需要上层领导一句话指定由哪个员工负责。比如工程变更流程文件规定工艺部需要把新零件的工时输入 ERP 系统,生产部需要对工艺已经鉴定的工时签字,看似流程很清楚,可是当你真正去执行的时候,长期存在生产部并不爽快地对工艺部鉴定的工时签字的现象，因为一旦签字后，按照工时做不出需求数量的压力就在生产部，导致的后果是工程变更单长期滞留工艺部和生产部。工艺部鉴定工时，生产部难以认可，互相都觉得自己是对的，于是事情就停滞了，基层员工撕扯不已，这个还是扯不清，此时只能跑到上层领导那里，上层领导一句话听工艺的，也就落下帷幕了。

在数字化时代，这些地带在软件平台里会一是一、二是二，不会撕扯，只要在系统里设定一个取数规则即可，比如针对生产部的工时及时反馈率，软件平台到截止日期，自然会发出警告，用户却没有办法捂上电脑的"嘴"，让电脑不发出这些警告，用户更不能毁坏系统。

这种情况其实是对传统线下做法的彻底革命，给自己加紧箍咒，人之常情是：没人愿意刀刃向内。

由此导致的后果是信息部门发出数字化需求调研，很少有用户愿意响应，或者仅仅表面上响应，信息部门背着巨大的绩效压力想要推进数字化革命，而业务部门天然不想被信息部门加紧箍咒，尤以研发部门更甚。导致的后果是信息部门和业务部门互相撕扯，信息部门说这个信息化系统对业务部门有益，业务部门反驳说你信息部门又不懂业务逻辑，你怎么就知道一定好呢，信息部门于是就卑微地退了回去，职业经理人的雄心壮志一步步地消磨殆尽。还是"各人自扫门前雪，莫管他人瓦上霜"吧，到最后想要找人调研，都找不到调研对象了。

该问题导致严重的后果是一开始就没有数字化需求的输入源了，信息部就算是巧妇也会难为无米之炊，数字化的需求就如"出师未捷身先死"。任高层领导喊得震天响，要数字化转型，基层执行就如铁板一块，踢断脚趾都无济于事，图 2.6 形象地展示了该问题。

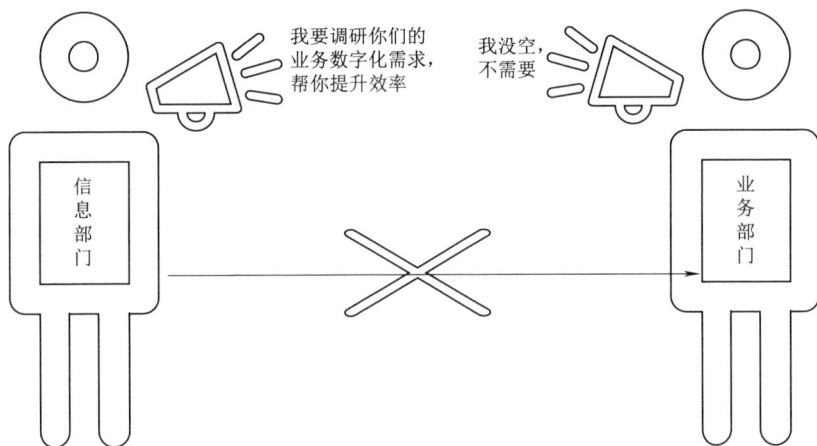

图 2.6　举步维艰的业务调研

对于此问题别无他法,这不是数字化的问题,而是业务部门的意识问题,建立数字化变革文化是关键的解决办法,而建立变革文化,天然是企业一把手的责任,再次印证了数字化转型是一把手工程,来不得半点怠政、懒政。

四、对 SOW 无敬畏之心

在项目的任何阶段,企业的业务部门经常随意推翻原先签字的 SOW,负责实施的信息部门基本无力思考并反驳该做法,某些 SOW 条款并非全部不合理,因为制造业的方法没有绝对的对错,当作为执行部门的信息部门接受了推翻 SOW,将导致后续一系列的不良后果。

(1)项目的大量延期。实施方最喜欢客户主动提出更改 SOW,因为一旦有更改,原先被客户安排得极其紧凑的项目进度表,会自然而然地延长。实施方内部项目管理是并行的,假如有四个实施小组,当客户提出更改 SOW,项目需要整体延长一个月,那么相当于给了实施方四个月的缓冲。

(2)项目成本的增加。由于客户提出更改 SOW,此时,实施方一定会以平时数倍的价格来实施，一方面是因为需要投入人力、物力、财力，更重要的则是利润的新空间。就如客户定好了装修方案，在实施过程中要增项，那这个增项的价格一定是平时的数倍，是一个道理。

(3)技术层面底层逻辑的推翻重构。就如房子盖到了屋顶，因为要再挖个地下室，只好把地基拆除了重建。

有一个典型的场景，说明了更改 SOW 导致了大量的投资损失。如下：

实施方在介绍方案的时候吹得天花乱坠，说三维工艺非常"高大上"，行业某标杆企业也在使用，企业高层也认为要推行，跟着标杆走总没有错，于是拍板采用了三维工艺，三维工艺也确实有国家标准，看起来没有错。

信息部、业务部门、实施方于是轰轰烈烈地推行三维工艺，行进到一半，发现哪里不对劲了，这家企业是要用数字化工艺来维持运营的，但是三维工艺最终输出的是各种操作动画，不一定和现场匹配，操作员工还是没有办法看着操作动画来做产品，动画和实际操作之间还是有很大的差异，再三询问下，实施方终于开口说三维工艺用于设计阶段第一次装样机用，因为无参照物，还有就是用于企业数字化宣传很炫酷，看起来匹配了数字孪生。

针对三维工艺并不能完全匹配现场要求，又不能完全放弃，于是赶紧做出了切割，定义三维工艺适合于前端研发，而后端制造需要的二维数字化工艺，以现场实际状况来编制，实现承接了前面研发的需求，在二维数字化工艺中，加工成制造端需要的信息发送到现场，新增了三维操作动画可以嵌入二维工艺中的要求，当然二维工艺也支持现场录像的上传。

这确实是改正了，但是直接导致的后果是项目延期三个月，费用增加400 万元，这是惨痛的教训。

我们可以仔细思考,在第一版的 SOW 已经定下来使用三维工艺的情况下,就算我们一条路走到黑,有什么问题表现出来呢? 问题如下:

(1)无法完全支持生产现场。

(2)没有办法实现国家标准要求的以工艺为中心,发送信息给质量、生产、仓库等部门。

分析下来,好像导致的后果也并不是很严重,诚然,我们要实现国家标准规定的要求,可是现有三维工艺也并没有那么不堪,其实也是部分地达成了国家标准,虽然无法完全支持生产现场,但是起码操作动画已经跨了一大步,起码已经可以在线发送给生产部门了,不足的功能,在三维工艺的基础上,二期是可以补足的。没有必要急吼吼地切割并上另一个系统。

以上,可能对于业务来讲,要用最匹配的平台才是迫切的,从信息部角度来讲,这是一个迭代优化的过程,软件是可以定制开发的,都不是问题,业务部门随意地在实施过程中推翻 SOW,从项目进度和实施费用上考量是得不偿失的,反过来问一句,业务部门当时签字 SOW,难道是小孩子过家家吗?

针对这种长期存在的问题,建议如下:

(1)针对正在实施的项目,若需要更改 SOW,业务条口所有职级员工当月绩效减少,并签署到总经理,用于惩罚先期审核 SOW 的不作为;

(2)针对已经上线的项目,流程先僵化再优化,以 KPI 考核驱动使用新平台,若需要二期,一年之后再提,以应对为了反对而反对的人。

五、喧宾夺主的价值汇报

信息部门辛苦推行的数字化项目,最后信息部门进行价值汇报时,存在被业务部门大量反驳的情况,作者曾经参加过推动信息部自行寻找业务数字化价值的高层会议,这已经违背了常识。

基本的常识是所有的信息化项目必须是为业务服务,因此所有信息化项目必定是由业务部门立项,由业务部门进行价值汇报,信息部门作为执行单位,不能喧宾夺主。可是,当信息部门的负责人是外来职业经理人的时候,在和高层相处的蜜月期内,新官上任三把火,主动立项给业务部门用,业务部门的负责人看到新的信息部负责人深得高层认可,正常情况下都会默不作声,配合信息部负责人的项目。

如图2.7所示。作者建议即使是外来职业经理人加盟企业,第一件事情应该是推行数字化转型实践落地制度,在此基础上为企业贡献切实的数字化平台,进而更好地保护自身在职场中的生命周期。

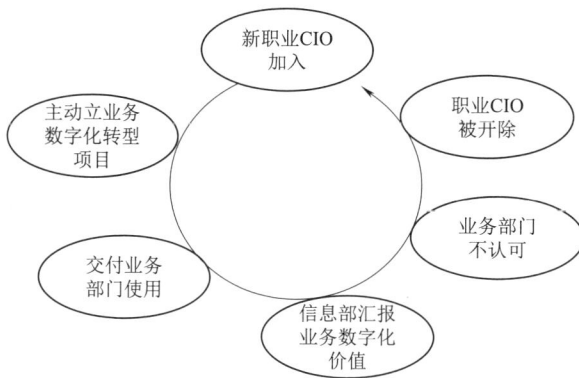

图 2.7　难以破局的价值汇报

达成信息化项目必定由业务部门立项,价值汇报由业务部门进行,委实是一件根基上的变革。只是,如何让业务部门主动立项呢?业务部门要构建起数字化思维非常重要,这同样是一个难题,这个难题还是要由信息部的负责人来牵头解决。

六、舍本逐末的数字化转型

一个企业的核心竞争力是产品,自然而然产品的研发、工艺、质量、生产等的数字化转型才是核心,其他的数字化转型归于第二梯队。

当推行产品层面的数字化转型久久不见成效时,大量信息部人员终究要有做事的出口,于是会转向第二梯队的数字化转型,如图 2.8 所示。

某企业就存在典型的反向数字化考勤系统的例子,在叙述这个例子之前,我先阐述先进企业的考勤是怎么样的,如下:

（1）上下班都不需要打卡,企业实际上有

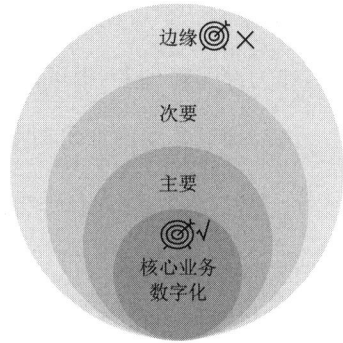

图 2.8　不能追求舍本逐末的数字化

班车接送员工,班车一定会按时把员工送到单位,就算有一部分员工自驾或者骑电瓶车上班迟到,也毕竟是少数,大家都按时到岗了,你迟到则会面子上过不去。实际确实是一年之内很少有人迟到,企业还节约了管理迟到要耗费的大量精力。

（2）一进入企业,就享有人事规定的年假,假如该员工有 15 天年假,但不巧的是,该员工工作半年后离职了,那么他可以在离职当月一次性休完 15 天年假,而无须复杂地计算半年只有 7.5 天,多休了之后要扣多少钱。简单直接地管理年假,不要有所谓的在软件后台设定各种计算公式的数字化软件来滚动计算当前可休年假天数,只用一张简单的 Excel 表格记录员工的年假天数。有人会说钻了企业的空子,可是我们要看到,离职必定是少数,就算损失也就半个月工资,获得的收益反而是让员工认为公司是关爱自己的,不是一个抠门的公司,值得长期做下去。

（3）就算是上下班要打卡的企业,确保工作时长即可,比如正常情况是8:00 上班 17:00 下班,假如员工 8:30 到企业,那么 17:30 下班即可,实际上这种现象仍然很少见。

(4)加班时间可以自行申请或者打卡即可,员工加班不应受到各种条条框框的限制。企业相信员工不会恶意混加班,实际上,就算有员工恶意混加班,作为部门管理者,很可能会发现的。

(5)拥有一定的加班时长,则可以自由地选择调休和折算现金,调休是不限制在一定时间内调休完的,折算现金也是以全薪折算。比如员工签订的合同约定月薪一万,则以一万算加班费,并不是合同约定月薪一万,底薪是本地区最低工资标准,加班费按照最低工资标准计算。

反面的典型是,当这个边缘事务的数字化考勤系统上线后,看起来一切都是明明白白的操作,是符合法律要求的,实际上企业和员工已经站到了对立面,如下:

(1)把简单的事务复杂化,把员工工具化。原先可以自动打卡,现不能自动打卡,员工需要进入单位后,手动点击隐藏的按钮来打卡。

(2)即使是打卡晚了一分钟,也需要专门请假,请假以半小时为最小单位,这样无形中企业就赚了半小时。这是企业小家子气的典型表现,难道就不担心员工上班偷懒?

(3)员工晚上吃加班餐,必须要扣除半小时吃饭时间,这看起来是精益化管理了,但是假如员工细嚼慢咽吃了一个小时,实际报加班时数还是扣半个小时,这样企业还是得不偿失。

(4)规定了每个部门中午吃饭时间的起始时间和终止时间,和考勤系统联动,若提前吃饭和超时吃饭,人事专员会来提醒,让员工吃个午饭都心惊胆战。

(5)新的考勤系统把员工积累了一年的加班调休假变更,比如年底总计有 500 小时,考勤系统在新年度里,把去年的加班调休统一变更为 30 小时,剩下的被冻结。如果员工要使用被冻结的时间,需要线下申请并且层层审批到总经理,增加了复杂程度,如果不愿意申请,软件会在新年度的3月底统一把冻结的时间折算成工资打到员工账上,但是这个加班费是以当地最低工资标准来计算的。就算这种方式已经由法务部确认为合法合规,仍然极大地伤害了员工的积极性,大量外地的员工平时努力工作,加班加点,就想积累点调休时间在年底陪家人,这种数字化变革对员工积极性的打击是极其沉重的。

(6)原有系统中积累的调休可以保留,而新的系统中积累的调休会每隔三个月自动清零。企业在鼓励员工加班的同时,又常态化地清零调休时间,美其名曰加班后要及时休息,又一次严重打击了员工的积极性。

(7)年假的管理也极其复杂,新的考勤软件设定了规则,即当年的年假延续到次年的3月份,若没有使用完,即刻清零而不是折算现金。年假的计算公式由$(12-N)/12 \times$标准年假天数,取整,不足一天不计,精细化地升级到以$(365-$入职日期$+1)/365 \times$标准年休假天数来计算,不足0.5小时不计。

(8)电脑长期出门证只在一个月内有效,类似于某视频的会员制,充了会员还有会员专属广告。既然是长期,就不妨在员工退休或离职前一直有效,作者难以理解为何要做这种边缘的数字化工作,徒增员工烦恼。

还有更多不合理就不一一道来了,这种边缘事务的数字化,极大地拉低了企业管理的水平,在无意义的事情上增加颗粒度,把无意义的事情进行到底。大把时间花费在边缘事务的数字化,抓不住重点、南辕北辙,还不如把宝贵的资源花在刀刃上,解决有难度的质量损失,这些实实在在的质量提升才能提质降本。

解决质量损失是艰难的事,牵涉方方面面,比如研发、工艺、质量、生产、采购等部门,以信息部一个部门来推动本就部门墙问题极其严重的各大部门进行跨部门合作,无异于天方夜谭。推动无果后,也只能退而求其次在考勤系统上剑走偏锋,后果是极大降低员工的敬业度而不自知,恶性循环下,质量损失将越来越离谱。

遗憾的是,个别企业正在实施类似的数字化,希望企业能够引以为戒。

第四节 第四层级:数字化项目协同问题及对策

一、表面上的协同

很多企业喊了多年的协同,仍然是各个部门在各自为政,甚至部门内部的小组也是"老死不相往来",这种情况在数字化时代有百害而无一利。领导也是无可奈何,请看以下某高层会议场景。

总经理:信息部说业务部随意提需求,导致数字化项目烂尾。业务部说是信息部要求用的,你们才不要用这个所谓的数字化平台呢! 大家可不可以商讨出真实的需求。

信息部:业务部随意地说了一个需求,连自己都不说清楚现有问题导致的损失,在项目后期当然更加说不清收益了,没有项目前后的对比,这个项目也只好被认为投资没有收到回报。

业务部:调研我们业务的真实水平,你们是专业的。

信息部:我们只是对信息化是专业的,至于你们业务真实的数据,还是要你们业务部衡量出来,我们顶多辅助你们用数字化手段搜寻数据。

总经理:你们不要在我面前吵了,互相抱怨不好。这样子吧,你们信息部和业务部合并好了,就如 HRBP,你们信息部是 ITBP(Information

Technology Business Partner,信息技术业务合作伙伴)。

信息部:······

总经理:规矩是人定的嘛,你们这些管理者早就应该想到要合并了,分久必合、合久必分嘛。

无论有没有数字化项目,协同这个词仍然是被高频度提及的,协同不好,都要把一级部门合并了,其实部门合并不符合互相制约的原则。在极度不协同的情况下,难道整个企业只有一个部门?

其实在数字化时代,我们是可以用数字化手段来解决协同问题的,办法就是绘制跨部门跨阶段的业务蓝图。绘制完成后,由管理部门推动执行到位,再固化入数字化平台,这匹配了数字化转型定义,即把优秀的管理方式固化入数字化平台。只是企业根本没有好好地绘制业务蓝图(参阅第三章第二节的蓝图绘制段落)。

二、广泛的在线手工

在线手工就如一句玩笑话:摩托虽好,还要骒拉。上了数字化平台,还要大量手工输入。

什么是在线手工,即原本在自己电脑上打开传统的 Word、Excel、PPT 等软件进行数据录入、编辑的工作,转为把传统软件嵌入网页,在网页里进行数据录入、编辑等工作,唯一的好处是数据原来保存在员工电脑上,现在保存到了企业公共盘上,就是实现了数据沉淀。

我们需要一些在线手工,但是要清楚原则,即进入数字化平台里面的数据必须大部分在系统里可以流转,少部分是在线手工。现实的情况是大部分是在线手工,少部分在系统里流转,这就有问题了。

以下是一个典型的场景,对话如下:

质量人员:在做零部件认证时,我需要提取设计图上的所有尺寸,希望软件能够帮忙实现。

数字化转型专家:你要提取的原因是什么?

质量人员:质量部需要做零部件的全尺寸检验,全尺寸检验就必须要把设计尺寸全部输入表格里,这个输入表格的工作量挺大,基于我们的数字化转型就是为了提质降本增效,故需要一键提取所有尺寸,提高检验的效率。

数字化转型专家:现在研发部抱怨你们经常不能按时完成尺寸检验吗?

质量人员:嗯……这倒没有。

数字化转型专家:既然没有抱怨,那你就算是手动输入尺寸规范,也没有拖零部件认证的后腿呀,望你说明真实的原因。

质量人员:其实我们就是不想手动输入设计尺寸,这个老检验员输入多年了。

数字化转型专家:理由牵强,仅仅是软件提取了尺寸进入系统,但是这些尺寸是孤立的,不在系统里面流转,我们投资了几百万元实现了自动提取尺寸有何意义呢?你一个检验员一年工资就几万元,这哪是降本了呢?

质量人员:……

为了做检验而要求一键自动提取尺寸进入系统,这种需求看起来是数字化转型项目,但仍然归结于在线手工,因为数据是不流转的。

还有更多案例不胜枚举,比如 CAPP(Computer Aided Process Planning,计算机辅助工艺设计,又称结构化工艺)一期就根据线下 Excel 格式的作业指导书模板。在网页版里开发了表格,员工只是从原来本机上打开 Excel 表格进行作业指导书编辑,转为了打开网页,在网页里进行编辑,该有的工作量一点不能少,后面第五章第五节会讲到开启二期让数据流转的必要性。比如材料设计创新,就是把一个含有了各类公式的 Excel 表格从线下搬到了线上,在线上输入好内容,还能下载到电脑。这是典型的 Excel 表进,Excel 表出,然后工程部就可以把这个 Excel 表发出去,这个在系统中孤立存在的项目花费几百万的意义何在呢?

在没有业务蓝图的情况下,需求部门各自为政地提自己部门的所谓数字化需求,不会考虑到协作部门的需求,导致这种在线手工数字化需求比比皆是。解决在线手工的办法如下:

(1)需求部门需要考虑到不同业务模板的数据互联,即在 A 表格中的某个栏位的数据和 B 表格中的某个栏位有公式关系。

(2)绘制跨部门的业务蓝图,尽量避免一个泳道的业务蓝图。

(3)需求提出时,有基本的符合常识的数据分析,基于数据分析,确实需要在线手工也是可以接受的。

三、束之高阁的数字化转型专家

数字化转型专家的专业水平和工作效率可以是普通员工的三倍甚至四倍,如何对待、管理和调度这些顶级人才,反映了企业的人才战略。

某些企业对于专家的渴求在对外招聘上体现得淋漓尽致,动辄以百万年薪来招聘,这是好事。可惜的是招聘了一个又一个专家进来后,专家却被当作了吉祥物供了起来,须知专家在进入某企业之前,是各行各业的翘楚,基本是深耕数字化转型多年,是精通 IT 和 OT 的人才。

为什么会存在这种浪费人才的现象,有以下几点:

(1)由职业经理人建立的企业信息化团队需要迅速扩大规模,先让员工数量增长上去,各个级别的员工都需要有,人才资源需要先配备足,至于其他,是下一步的事情。职业经理人会有一个基本的想法,即部门肯定要越做越大,越做越小意味着衰落。

(2)没有明确的定位说明专家要如何开展工作,无工作职责,导致专家进入企业后,被安排各种救火、打杂、填坑的事情。

(3)企业没有尊敬专家的氛围,部分从企业内部成长起来的人自视甚高,不爱学习,仗着熟悉企业,对专家的观点嗤之以鼻。

(4)企业的层次还停留在粗放式管理,没有精耕细作的动力和能力。

以下场景描述了专家在企业里的不对称段位,既然如此,招聘专家的必要性让人怀疑。

管理部:我们要开发一个数字化的罚款平台,如果平台监察到某个部门没有执行到位,就扣钱。

数字化转型专家:可能按照法律来讲是违法的。

管理部:可是不扣钱,不能推动他们做到位呀。

数字化转型专家:那你作为管理部,就要去问为什么没有做到位,多问几个为什么,比如某个工程变更迟迟不能结束,你不能简单地罚款了事,要找到到底卡在了哪个环节。

管理部:我们哪晓得他们的运作模式,所以还是罚款管用。

数字化转型专家:这本来就是你们管理要做的事情,你不了解业务的运转规则,怎么管理呢?

管理部:我们只管结果不管过程。

数字化转型专家:那我们企业是没有必要做数字化转型的,现在应该全面停止数字化转型战略的推广,只要定好一个制度,然后派出监察人员查有没有执行到位,没有执行到位的话,罚款就好,我们仅仅开发一个数字化的罚款平台就解决了所有问题。

管理部:专家你还是不懂我们企业啊!

数字化转型专家:……

另外一个场景显示了即使是某些企业管理者,对数字化转型的无知也是触目惊心的,如下:

信息部人员:专家你写的方案太"高大上"了,我们要落地落地再落地。

数字化转型专家:我已经写到未来软件的操作场景界面了,就差软件开发人员来编程就可以了,这个还不算落地?

信息部人员:不算(大概率是看不懂),我认为你写的这些都是放之四海而皆准的大道理,没法执行的。

数字化转型专家:好吧,那我请教你,这些放之四海而皆准的道理,我们企业有哪些执行到位了呢?

信息部人员:……

解决该问题貌似没有办法,除非整个企业愿意彻底自我革命,但是谁愿意刀刃向内呢?

四、漠视用户优化类需求

数字化转型项目通常有一期和二期,在一期验收并执行一段时间后,业务部门会发现各类的优化点,于是会在二期中提出来,这些优化点有软件操作不方便、业务逻辑不清楚、打通信息流等要求,信息人员要充分重视,而不是仅仅优化软件操作的不方便之处,其他业务内部的管理革命就被自动过滤,这违背了信息人员为业务部门服务的初衷,也违背了数字化转型就是把优秀的管理方式固化入数字化平台这个定义,起码要思考有没有数字化的手段协助管理变革。

有场景如下:

生产人员:这个 MES 里面的员工资质不能只输入能不能胜任这个岗位,我们需要管理这个资质产生的过程。

信息人员:这个是你们内部管理的事情,MES 只管结果。

生产人员:现在强调精益化管理,精益化管理就不仅要管结果,更要管过程。

数字化转型专家:我们做数字化转型不就是把过程管理起来吗? 要是只管结果,企业数字化转型只要上一个大屏幕的出货看板就好了,大家看着这个看板,有任何波动就线下找人处理就行了。

信息人员:那你说有什么办法?

数字转型专家:现在市场上就有多技能平台(参考作者的另一本书《数字化转型底层思维故事》,有详尽叙述),管理员工的技能产生过程,最终判定该员工能否胜任该岗位(亦可参阅附录章节附图 1.8)。

生产人员:这确实是我需要的,请你们帮忙看看可好?

与业务部门深入沟通,会发现新的洞见,不是简单粗暴地反驳做不到,长此以往业务部门会抱怨信息部完全不支持工作。而多问几个为什么,却通常会辨别真伪,找到解决对策,也花费不了多长的时间。

信息部门同样要推倒自己的部门墙,真正地站在业务部门的角度思考问题,有同理心,才能成长为 ITBP,获得业务部门的认可,否则信息部门在数字化转型中会越来越边缘化,成为可有可无、不产生价值的部门。

五、漠视流程

前述管理部需要开发一个罚款平台,可以看出企业对流程的重视程度仅停留在表面上,如果重视流程,大家都按照流程来执行,怎么可能严重到要开发一个罚款平台呢?

不敬畏流程,等于没有业务蓝图,没有业务蓝图,就没有业务数字化蓝图,在数字化时代,线下的流程犹如树根,根子都不稳妥,谈何树干上的枝繁叶茂呢? 底层业务流程不执行,再怎么数字化转型都没有用。有场景展示了不敬畏流程的巨大危害,如下:

一个化工车间,要修理屋顶漏雨,屋顶上用于覆盖的钢板需要明火作业焊接起来。按流程规定,应该做风险评估,万一明火从屋顶掉落到了化工池,有紧急的围堵措施。可惜的是,流程制度白纸黑字地放在那里,修理负责人还是根据经验来干,果然发生了明火落入化工池的大事故。

以上场景比较极端,企业做大之后,尤其是开始想要数字化转型,思维还是跟不上就比较危险。到最后各种不合规堆积在一起积重难返,就算要用数字化平台来拨乱反正,也会有旷日持久的撕扯,最终导致只能上线罚款平台,不顾过程而仅以结果论英雄。

敬畏流程,防微杜渐,在数字化时代,仍然是一个底线。即使流程全部乱套,数字化平台也只能忠实执行乱套的流程,把这些乱套的流程全部用数字化手段固定下来,真正是剪不断理还乱。

解决该问题,是一把手的责任,是企业文化再造的过程,印证了数字化转型是一把手工程。

第五节　第五层级：数字化转型浮夸问题及对策

一、醉心于创造浮夸新名词

制造业要认清自身的定位，即使是被 IT 赋能也绝不会成为所谓的互联网大厂。制造业不用挂上一些听不懂的名词来体现自己的"高大上"，要回归最本质朴素的要求，即关注质量、安全、设备、出货、效率。

数字化转型不是一次活动，也不依靠新名词造就，而应该实实在在地持续改进，而不是需要数字化手段支撑时再提出来。

很多企业创造的新名词连专家都搞不清楚，比如"知识图谱""知识穿透""材料基因库""研发智慧化""工艺制造协同""材料设计创新""实验管理平台"等，我调研时就被这些"高大上"的名词震惊了，就如《红楼梦》里的刘姥姥进大观园那样，内心惶恐，一定要深入了解这么"高大上"的数字化平台到底是什么名堂。

可惜的是，我了解后，比较失望。这些貌似很繁复、"高大上"的数字化平台，本质上，并不高级，我来一一解释如下：

（1）所谓的"知识图谱"就是用一份 PPT 文件告诉你最近又发布了哪些文档，这些文档在哪个路径下可以找到。

（2）所谓的"知识穿透"从字面上理解是在设计过程中有各类知识自动跳出来伴随设计的每个过程，可是实际上却是设计完成后，做各种耗时耗力的点检，而且大部分的点检是不适用的。

（3）所谓的"材料基因库"就是各种排列组合下，产生了各种配方匹配了客户要求，实际就是一个定制化材料方案设计，不知道的人听到该"高大上"名词，还以为企业在做分子级别的科学研究呢。

（4）所谓的"研发智慧化"字面上让人感觉已经用人工智能在设计了，而实际上就是一个参数化设计，输入长宽高尺寸和一些孔边距等信息，软件自动生成一个简单模型，也只能应用于简单零件设计而已。

（5）所谓的"工艺制造协同"顾名思义就是工艺部门对制造部门进行了人机料法环的全方位支持，可是实际却是仅仅把工程师手上的作业指导书通过信息化手段，发送到 MES 屏幕上而已。作为软件使用部门，不满意也不好说，因为确实是工艺把作业指导书通过信息化手段发给了制造端，不能说实施方没有实现客户要求的功能，但是，数字化工艺含有的结构化数据包括工时、物料、操作步骤、工装夹具、关键控制要求等，太多了，应该把这些信息发送到质量、仓库、设备等部门，继而进行下一步的行动，而不是仅仅发送到生产部的 MES 屏幕上就结束了，如图 2.9 所示。

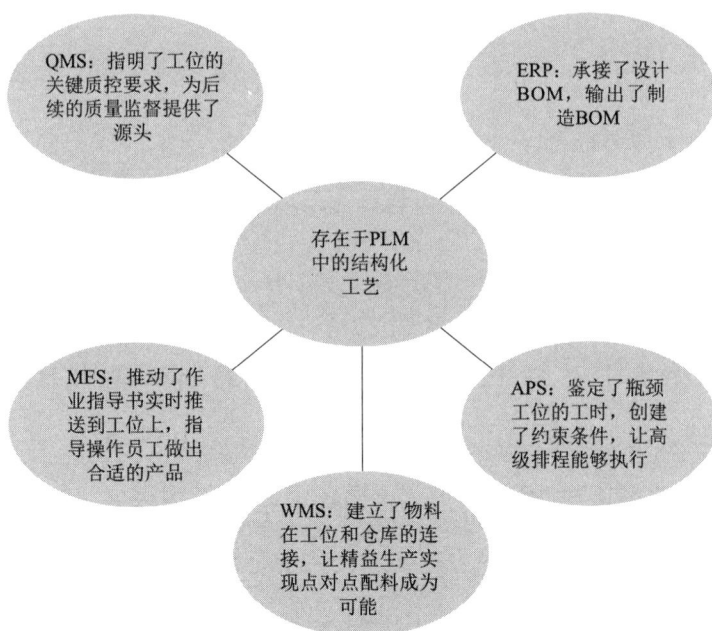

图 2.9　结构化工艺对制造的全方位支持

（6）所谓的"材料设计创新"顾名思义就是用当前先进的手段进行材料设计，而实际上却是把线下用来计算的 Excel 表格嵌到网页里面，是一个在线手工，唯一的好处是在网上计算，数据存放于网上，可以放心地保管到企业服务器里，再也不用担心保存于工程师的电脑上，会被私下删除。可是，企业主应该不会时刻盯着工程师有没有用线下表格计算，工程师想要绕开这个在线手工，仍然是完全可行的。

（7）所谓的"实验管理平台"顾名思义就是把实验的整个过程从创建需求、执行需求、异常反馈、完成实验整个周期管理起来，而实际却是仅仅把线下的创建实验需求的表格搬到了线上，又是一个在线手工。

简单的业务数字化被创造出来的新名词包装了，在新名词的包装下和信息不对称的情况下，个别高层由于不是信息专业出身，被这些"高大上"的名词震住了，签字做此项目。

作者在长期的数字化转型实践中，持续不断地向各方讲大家听得懂的话，不醉心于创造各类"高大上"的名词，用最接地气、最高效的办法实现我们朴素的需求，大道需要至简。古代诗人白居易写诗，都要让老奶奶能够读懂，就是这个道理。

作者整理了一些数字化转型期间用到的一些新名词，比如顶层设计、底层逻辑、颗粒度、抓手、对齐、拉通、矩阵、痛点、倒逼、沉淀、落地、输出、对标、打通、渗透、生态、业态、闭环、维度、赛道、落点、复盘、夯实、玩法、端到端、短板、内生动力、行业背书等。有些词语已经全面普及，用得少的名词，还是建议广大读者尽量不用。

二、口号至上的数字化转型

某企业的信息部门突然向全体员工发布了数字化战略，该战略发布后，所有人都嗤之以鼻。这个数字化战略的内容如下：

(1)建立灯塔企业的标准。

(2)打通端到端的协同。

(3)构建数字基建架构。

口号非常强大，但是基于现状，却是纸上谈兵，CIO虽然在高层会议上描绘宏伟的蓝图，最终仍然会"一地鸡毛"，下面仅以第一点来仔细阐述便知一二。

就如现在的新能源汽车一直在喊口号，那是市场销售必须要选择的手段，可当企业是传统制造业时，对内的口号如果像在市场推销一样，就南辕北辙了。

什么是数字化的灯塔企业？有什么标准？行业并没有明确的答复，有各大咨询公司建立的各种各样的评审打分模型，也有智能制造国家标准来支撑，但是并未明确地说明什么是灯塔企业的标准。

让我们褪去浮华返璞归真吧，企业内部要关注的就是质量、安全、设备、效率、出货，只要是企业，几百年都是一样，不会因为用数字化这个概念包装了一下，朴素的要求就一下子"高大上"了。数字化是辅助手段，用于解决该五大业务的关键问题，不能把数字化和五大业务并列起来。

所以，灯塔企业衡量的标准，本质上还是要衡量五大关键业务的稳健性，可是若企业现状是每年高达几个亿的质量报废，安全负责人走马灯似的更换，设备经常性宕机但是又要极限制造，效率只能极其粗犷地用产出率来代替生产效率。这些最基础的业务都没有整顿顺畅，哪里来的底气提如此"高大上"的数字化战略？

作者在另一本书《数字化转型底层思维故事》中充分阐述，就算没有数字化软件平台，建立一套企业运行体系并执行到位，类似丰田的 TPS、施耐德 SPS、美的的 MBS、丹纳赫的 DBS。就算只是一个 Excel 表格，也能成为灯塔工厂，可惜的是，急功近利的数字化转型氛围根本容不得耐心思考。

那么如何在这个浮躁的氛围下，喊出跳一跳够得着的口号呢？信息部门又不能强迫业务部门按照信息部的想法来开展工作，信息部门是服务于业务部门的，所以作者建议把第一句口号改为：以数字化手段保障稳健运营。

至于上述口号的第二句和第三句，下面简单说明就知道是浮夸风。

打通端到端的协同：连线下业务都不协同，就算信息部门打造了一个线上协同的平台，业务部门可能并不领情。

构建数字基建架构：如何构建？连 MDM（Master Data Management，主数据管理）都是边缘化，如何让数据池是唯一的、规则是统一的？数据必须发源于唯一、统一的数据池，就如房屋必须盖在一整块的水泥地基上。散落在各个部门的数据必须经过数据治理形成统一的规则后进入数据池，不执行该最基本的操作，所谓的数字基建架构就如空中楼阁、镜花水月。

狠刹数字化转型的浮夸风，有如下手段供借鉴：

（1）数字化转型是一把手工程，一把手需要打造务实的企业文化；

（2）推动业务部门了解 IT 的基本运作原理，由业务部门来编写业务数字化战略；

（3）让企业运营回归本源，专注用 IT 手段来驱动快速解决五大关键业务的问题。

三、无能力分解目标到模板级别

分解到模板级别，用时髦的词语就是颗粒度，从顶层第一层级的需求，分解到操作模板级别，是行业顶级顾问的能力。顶级顾问为何有这些能力，而且还是在对客户一知半解的情况下？能够迅速分解需求，是有原因的，在本书第五章第四节将会详述。

可惜的是，信息人员对于业务需求基本无分解能力，业务部门无论是颗粒度细还是粗，信息部基本上都是照单全收。有典型的场景反映了该问题，如下：

实施方：你的操作界面优化我们肯定可以满足，要把软件底层改了，工程量比较大。

业务部：我认为你们是达不成的，现在的界面那么烦琐，根据我的新要求，完全变化了，实际上就是上一个新平台，已经不能归入优化界面了，优化顾名思义，肯定是基于现状做改进嘛，完全推翻就不是优化。

信息部：为什么现在的界面不能被接受呢？当时新平台释放的时候，你业务部门也是签了字的。

业务部：我们签字也只是有限接受，并没有接受这个烦琐的操作界面。

信息部：你知不知现在要改个界面，是要推翻平台的全部底层架构的，这是要花多少的人力物力财力。

业务部：我当然不知道，我又不是信息部的，不懂软件底层架构，这是你信息部当时就应该发现了的，你们为了项目验收，对我们业务部多加影响，还好我们只是有限接受。

信息部：你……

分析这个火药味十足的场景，其实是信息部门理亏，信息部门天然有责任在项目开始时，就分解未来数字化平台里的操作场景，没有操作场景给出的话，极有可能导致使用者视角的完全不认可，所以，有经验的企业如华为，专门从使用者视角来衡量数字化平台到底能不能验收，我们要好好学习这个方式。

问题来了,信息部人员基本不懂业务,怎么绘制出这个场景图呢? 这看起来又是一个死循环了。

破解之道只有华山一条道:信息部门和业务部门针对该需求,充分商讨,共同梳理到模板场景级别,模板互联图要绘制出来,这样唯一的标准就定义清楚了,而不是公说公有理婆说婆有理。当然,如果信息部门人员已经达到了数字化转型专家的能力,亦可自行绘制。

四、盲目崇拜数据

大量企业一直在念叨要精益化管理,数字化时代,那更要以数字来说话了,但是在数字化转型专家来看,数据都是要鉴定的。看似一切都用数据说话,可数据可以是人工选择性录入,就算忠实地输入数据,没有任何选择性,在 Excel 表格里进行趋势图绘制,也可以选择偏好的点连成所需要的趋势图。

业务部门需要某个业务数字化转型时,一定会找寻对其有益的数据,整理成需求表。当我们仔细研究这里的数据后,一定会发现不合理之处,比如生产部需要开发一个现场管理平台,整理了一个需求表,里面有说到因为现场管理混乱,导致每年工时损失 1 302.72 小时。需求到了数字化转型专家这里,产生了如下对话:

数字化转型专家:损失 1 302.72 个小时到底是怎么计算出来的? 看起来还蛮精准的。

生产人员:我每天记录了产出率,理论上我们的生产节拍是 1 小时下线 1 台,那么就应该有 8 台产成品,一个月算 23 天,一年就是(8/1)×23×12=

2 208 台,可是我们实际上一年只生产了 1 500 台,那么倒推回去节拍是 8× 12×23/1 500＝1.472 小时出 1 台。按照我们 10 个工位是平衡的,都以 1.472 小时节拍来生产,那么年度损失小时总计＝(1.472－1)×10×23× 12＝1 302.72 小时。

数字化转型专家:你这是以结果倒推你的时间损失,难道这两个节拍之 间的差额 0.472 小时就是现场管理混乱导致的?

生产人员:我们经常要去找料,要去紧急修设备,要去反映质量问题,要 打扫卫生,确实有好多时间浪费在这上面。

数字化转型专家:你说的打扫卫生和反映质量问题是你的事情,可是物 料供应该是仓库的事情,修设备是设备部门的事情,这两项时间你不应该 揽在你的职责内呐,就算上了现场管理平台,也无助于你去修设备和找物 料呀。

生产人员:好像也是。

数字化转型专家:正常来讲,你应该要正向地记录每天的不良代码以显 示浪费了多少时间才对,不是倒推,因为经不住推敲。打扫卫生和反映质量 问题,每个工位要花费 0.472 小时,你的生产现场有多乱啊,质量问题有多离 谱呀。

生产人员:专家的眼光就是尖锐,瞒不住了。

数字化转型专家:其实你无须用所谓的数字来展示你的严谨性的,数字 不是万能的,就算你这个需求没有数字来支撑,我们也会做这个现场管理平 台(参阅附录章节附图 1.4),这是常识,就如你总不想你家里很乱吧,坚持常 识很重要。

后面章节里会讲述到数字化需求表有财务损失是好事,若实在计算不出来,也无须强控。

在数字化时代,无须过度强调现状的数据调查,因为数据只要不是一个源头出来的,或者不是自动化设备取数的,就一定有偏向性寻租空间,尤其是研发端,属于智力密集型,更难用数据来衡量财务损失,刻意唯数据论是另一种的形而上学,走入了数据的怪圈。常识性的需求就必要做,比如我们肯定要做 PPAP 数字化转型,而 PPAP 做数字化之前的财务损失是无论如何都算不出来的。

本章以短小精悍的例子来阐述企业在数字化转型中遇到的各类典型问题和对应的解决对策,问题可能还有更多,比如小规模企业却用了大企业的做法、自身没有信息部只能全部寄希望于实施方等问题。

知晓这些问题并不可怕,可怕的是没有魄力去解决。希望各类企业管理者看到本书,可以结合本书的问题点,深度思考企业是不是也有这些典型的问题,有则改之无则加勉,真正地意识到数字化转型是强身健体而不是表面文章。做好自身数字化转型,为社会作出贡献才是企业家的价值。

03

第三章
应运而生的数字化转型问题体系化解决办法

很多企业的信息部门编制了一个数字化项目管理制度,偷天换日地说这是数字转型实践落地技术,根本没有认识到项目管理只是粗浅的交付管理及异常管理,交付物在技术层面上的产生过程才是真正的核心,就如市场上广泛存在的 PLM、PDM(Product Data Management,产品数据管理)、CAPP 其实是一个管理平台,这些平台犹如一个大管家管理了技术输出的结果,而设计图纸还是用设计工具画出来的,工艺参数还是线下实践出来的,仿真结果还是由仿真工具计算出来的。企业编制了一份数字化项目管理制度似乎就万事大吉了,殊不知,数字化项目管理制度需要再次分解一层,达到实践落地制度这种技术层级才能确保数字化转型项目真正落地。所以这也回答了为何市场上很多数字化转型项目都是失败的,因为根本就没有真正的实践落地制度,更遑论执行了。

第一节　数字化项目管理制度无力保障项目成功

本节粗略地展示数字化项目管理制度,细致地展示数字化转型实践落地制度,让读者充分知晓落地技术的重要性,希望读者在阅读后,立即着手制定本企业的实践落地制度。

一、通常的数字化项目管理制度的章节展示

1　目的

2　使用范围

3　项目管理标准化

3.1　章程管理

3.2　计划管理

3.3　沟通管理

3.4　会议管理

3.5　问题管理

3.6　文档管理

3.6.1　电脑和数据安全

3.6.2　文档命名规则

3.6.3　项目文档目录结构

3.7　风险管理

3.8　变更管理

3.8.1　提出变更

3.8.2　变更分析

3.8.3　变更批准

3.8.4　变更执行

3.8.5　变更流程

3.9　质量管理

3.10　知识管理

4　项目组织及职责

4.1　项目的总体组织架构

4.2　主要项目角色及职责

5　其他制度要求

6　项目过程标准化

6.1　入场筹备

6.2　项目立项

6.3　招投标

6.4　签订框架协议

6.5　合同签订

6.6　项目组织的搭建

6.7　项目计划的制订

7　项目实施阶段

7.1　项目启动

7.1.1　服务器申请

7.1.2　启动会

7.2　需求调研

7.3　业务蓝图

7.3.1　系统实现

7.4　上线准备

7.5　无形资产转固

7.6　预验收/终验收

7.6.1　项目验收

7.6.2　项目资料验收的依据

7.6.3　项目验收原则

7.6.4　阶段确认标准

7.6.5　终验收标准

7.6.6　项目验收流程

7.6.7　信息化项目合同验收报
　　　　告模板

8　合同管理

8.1　索赔标准定义

8.2　索赔程序

8.3　合同点检

8.4　财务转固

9　应急预案及演练

10　账号管理

10.1　账号申请/变更

10.2　取消账号访问权

11　项目文档管理

12　附件

13　信息安全强制要求

14　流程表单

15　文件更新状态

仅仅从子标题上就可以看出,企业为了确保数字化项目尽量成功,已经细化再细化了,可是仍然仅仅是一个结果管理的平台,并不会阻止项目的失败,该项目管理文件犯了错误:看似面面俱到,实则脆弱。

解析:

该项目管理和其他项目管理是大同小异的,仅有少量的数字化项目的特色,比如无形资产转固、账号管理、数据安全等,这些都是数字化项目中外围的要求,没有抓住核心。

二、数字化项目的关键要点

从数字化项目的关键要点来找寻,我们可以找到需求调研、业务蓝图、系统实现、项目预验收/终验收这些核心事务,展开该四项,文件中到底怎么写的呢?

1. 需求调研

项目经理根据已经签发的项目一级计划拆解出需求调研计划并召集关键用户组织会议,调研报告于调研会议后三个工作日内上传项目管理系统,输出文档见表3.1。

表 3.1 全部委托给实施方的调研计划

实施方	客　户	交付文档
调研提纲准备	识别利益相关者	《业务流程清单》
组织业务范围调研	协助组织召开调研会议	《需求调研报告》
专业模块调研	协调组织利益相关者参与调研	
业务流程调研	确认流程清单正确性	
角色权限调研	确认需求调研报告准确性	
周边系统接口调研		
完成《业务流程清单》		
完成《需求调研报告》		

解析：

仅是依靠实施方的调研是根基不稳、浮于表面的，信息部门仅是组织协调，并不是 ITBP，没有说明调研应该如何执行、有什么章法，只是催结果，只管结果有无。

2. 业务蓝图

项目经理根据需求调研报告梳理业务蓝图方案，按照计划节点与业务负责人确认并签审业务方案，签审后三个工作日内上传项目管理系统，方案需要包括业务现状流程和业务功能概述，总体方案含上线目标，子功能方案需要有关键需求、解决方案和系统核心功能原型。

解析：

并没有说明业务蓝图到底是怎样，是 PPT 格式的箭头来往还是极其细化的 Visio（流程图软件）图？ 是鉴定了核心业务后的跨部门业务蓝图还是仅仅一个泳道的蓝图？ 只管有无天然决定了后续数字化实现时留下了扯皮推诿的空间，放大了失败风险。

3. 系统实现

该项目管理文件中仅提供一张表格，见表 3.2。

表 3.2 浮于表面的系统实现

实施方	客 户	交付文档
技术开发说明书	协助系统部署	《权限清单》
单元测试	协助进行方案确认及测试	《业务蓝图报告》
集成测试	提出系统设计改进建议	《确认业务数据》
接口对接方案	协助业务部门签审《业务蓝图报告》	
《业务流程表单》		
《业务蓝图报告》		
《数据收集模板》		

解析：

系统实现应说明每一个数字化节点在系统中是如何实现的，系统中是如何实现模板互联的，而不是一份 PPT 报告告知可以做，这种粗放的输出物只能留下大量的不作为空间。

4. 项目预验收/终验收

(1)项目验收

项目采用分阶段提交成果和终验收结合的方法。得到当前阶段成果的确认后，再开始下一阶段的实施工作，以保证项目始终在实施双方意见一致的前提下进行。当阶段成果有分歧时，双方应建立良好沟通机制，同时，不能因此耽误项目的实施与最终交付。在整个项目实施期间，可建立多个阶段成果确认点。这些确认点通常就是项目实施的各个里程碑和实施阶段的完成点。

阶段规定文档已签字确认，且提交了阶段完成报告 10 个工作日内，甲方应该组织阶段验收，验收通过后完成验收报告的签字确认；验收不通过，乙方应立即组织整改，并在达到验收标准后，再次提交验收申请。

(2)项目资料验收的依据

合同中有关资料的条款要求、国家有关项目资料档案的法规、政策性规定和要求、国际惯例等，项目资料验收的主要程序是：

①项目资料交验方按合同条款有关资料验收的范围及清单进行自检和预验收。

②项目资料验收的牵头组织方按合同资料清单或档案法规的要求分项一一进行验收、点检、归档。

③对验收不合格或有缺损的，应通知实施方采取措施进行修改或补充；交接双方对项目验收报告进行确认和验证。完成资料验收后，将获得项目

资料档案、项目资料验收报告等。

(3)项目验收原则

①审查提供验收的各类文档的正确性、完整性和统一性,审查文档是否齐全、合理。

②审查项目功能是否达到了规定的要求。

③审查项目有关性能指标是否达到了要求。

④审查项目实施进度的情况。

⑤对项目的技术水平做出评价,并出具验收结论报告。

(4)阶段确认标准:根据合同约定的交付物进行交付,参考表3.3。

表3.3　看似细致的交付物确认

序号	阶段名称	阶段确认标准	阶段确认
1	需求调研及方案设计阶段	(1)需求调研及方案设计工作任务完成 (2)该阶段交付物、任务项均已完成并经过充分讨论 (3)规定文档已签字确认	(1)乙方项目经理提交阶段文档至甲方项目经理 (2)《方案设计阶段评审报告》被甲方项目经理/项目总监签字确认
2	系统实现阶段	(1)系统阶段工作已完成,系统具备上线切换条件 (2)该阶段交付物、任务项均已完成并经过充分讨论 (3)规定文档已签字确认	(1)乙方项目经理提交阶段文档至甲方项目经理 (2)《系统实现阶段评审报告》被甲方项目经理/项目总监签字确认
3	一阶段上线准备及切换阶段	(1)一阶段上线准备工作任务完成 (2)该阶段交付物、任务项均已完成并经过充分讨论 (3)规定文档已有相关部门签字确认 (4)该阶段业务顺利上线并完成支持工作	(1)乙方项目经理提交阶段文档至甲方项目经理 (2)《一阶段上线评审报告》被甲方项目经理和项目总监签字确认
4	二阶段上线准备及切换阶段	(1)二阶段上线准备工作任务完成 (2)该阶段交付物、任务项均已完成并经过充分讨论 (3)规定文档已由各相关部门签字确认 (4)该阶段业务顺利上线并完成支持工作	(1)乙方项目经理提交阶段文档至甲方项目经理 (2)《二阶段上线评审报告》被甲方项目经理和项目总监签字确认

序号	阶段名称	阶段确认标准	阶段确认
5	运行支持阶段	(1)上线支持工作任务完成 (2)该阶段交付物、任务项均已完成并经过充分讨论 (3)规定文档已由各相关部门签字确认	(1)乙方项目经理提交阶段文档至甲方项目经理 (2)《项目验收报告》被甲方项目关键用户、项目相关业务部门负责人、项目经理、项目总监、信息部负责人、项目主责部门负责人、配套采购部负责人签字确认

(5)终验收标准

乙方项目组按计划完成项目的工作,以需求范围为依据,甲乙双方确认的《业务蓝图》、SOW工作说明书、总体方案等定义的功能顺利上线,得到业务用户的认可,并完成上线支持工作,具体如下:

①完成本工作说明书中的所有要求。

②完成业务蓝图中约定的各项功能需求,并得到最终用户的充分测试和认可。

③完成实施期间业务部门的新增需求,双方达成一致的更改和补充内容。

④甲方组织项目验收总结会议,对项目情况进行评审。

⑤《项目验收报告》被甲方项目关键用户、项目相关业务部门负责人、项目经理、项目总监、项目主责部门负责人、配套采购部负责人签字确认。

注:乙方所有投标文件、讲标文件,同样被列入验收依据。

(6)项目验收流程

各个阶段上线成功后,完成各阶段的签字确认,所有功能完全上线运行成功,经过一个月的上线支持后,达到双方约定的验收标准,乙方提出申请,发起项目验收流程:

①乙方准备完整验收资料,并发起验收申请。

②甲方项目组和业务部门检查验收资料并确认。

③项目完整交付物交接。

④召开预验收会议,汇报项目实施及运行情况,各业务部门确认项目达到验收标准。

⑤组织项目验收总结会议,对项目情况进行终验收。

⑥签字确认项目验收报告。

解析:

总体来说很细化、很琐碎,看起来面面俱到,但是根据第一性原理,少了关键的一环,即:业务部门向企业一把手进行价值汇报。如何进行价值汇报,汇报什么,是否达成了预定目标,均需要从业务部门嘴里说出,无论是否由业务部门立项,项目的价值均需要由业务部门汇报,不能由项目执行部门即信息部门来汇报,否则就是王婆卖瓜自卖自夸。

三、项目立项

无自行拟定的项目需求,仅仅有一个项目立项,具体内容是:200万元以内提交《必要性分析报告》《立项申请表》《项目方案》《项目审批表》就可以立项,其他范围的金额酌情减少文件,由运营中心审批。

解析:

必要性分析是关键文件,但是项目管理程序文件不会告知必要性文件需要从哪些方面去分析,分析的数据来源是否可靠,没有数据时如何基于常识来分析,现状是怎样,是否可以用数据来衡量,未来期望达成什么效果,是否可以在数字化平台里抓取KPI,线下是否已经有制度规定要执行新的做法,等等,均未提及。因此,科学的分析现状并设定跳一跳够得着的目标在数字化需求中极其重要,关系到未来的成功率,好的需求分析将极大地避免出师未捷身先死。自身都考虑不清楚需求的情况下（本书第五章第一节就是典型的自身需求不清楚的场景），只是一个概念提供给实施方，相当于把自己的身家性命毫无保留地交予了实施方，实施方看到客户需求不明确，自然掌握了主动权，我想每一位实施方都喜欢这种客户吧。自行拟定的项目需求，本书中就不再赘述，读者可以参考另外一本书《数字化转型底层思维故事》，该书翔实地记录了数字化需求是基于根本性的调研而得出，而且一定是基于单位里面的工业逻辑专家进行的调研才可以获得承认。

关于不思考清楚需求的危害，作者举例一个生活中的场景，阅读后，读者自然会感慨：说清楚需求极其重要。

延伸阅读：找到剪头发的需求

在我结婚前和结婚后一段时间，我对自己的发型是极其不满意的，现在想来，就是需求不明确导致的。故事如下：

小时候住在苏州农村，大夏天，知了热得拼命叫，我在树荫下吃完一个西瓜后，妈妈就会把我逮过去剪头发。那时剪头发用的水是从青青小河里舀上来的水，干干净净还能喝。剪头发的过程是很惬意的，但是剪完后的痛苦过程要持续一周。因为妈妈并不是理发匠，纯粹是把头发剪短，大夏天里一个"蒸笼头"，时刻在冒烟。每次剪完头发，我都会被同学笑。于是，我要求妈妈给我剪明星头，妈妈笑着说：那个头要留长发梳中分，你要留个长头发，还不每天都脏得打结？头发就像柏油路，我不给你剪光头就不错了。好吧，我是小孩，只好从了，现在想来，我懂得提需求的萌芽就是从那时候种下的。

一转眼大学毕业，这么多年来我都没有满意过我的发型，我想是不是我头型有问题，仔细对着镜子看，发现还算正常，可是我为什么仍是不满意呢？

原来是年纪轻,肾气足,头发都是根根竖起的,当我头发长长以后,靠边上的头发由于重力作用已经往两边垂下去了,可是神奇的是,正中间的头发都要长到 7 cm 了,还是竖在那里,这个真的是影响形象,导致我老是在头发上抹摩丝定型,让中间的头发歪下去。

刚和夫人谈对象时,我是很注意形象的,有次我为了见她,特地去理发店里找了店长,花费 68 元剪一个帅气发型。店长应声而动,半小时后,我直接崩溃了,这个店长把我的头发剪得就如囚犯头,唯一不一样的是前面有一小撮头发。

我就质问他:这就是你给我剪的帅气发型?

店长:我给你们厂子里的好多男生都是剪这个发型,这发型现在流行,放心。

我:确实非常火,好吧。

走出理发店,我就在想,不能再这样下去了,我的需求标准其实是没有说清楚,什么叫帅气? 有什么衡量的标准? 现在帅气标杆是哪个发型? 反正我知道肯定不是这种。仔细想想,这个需求其实连我也说不上来。

到了夫人那里,我果然被嘲笑了,笑完后,我一本正经地和她聊起来。

我:小李妹妹,你看我的发型实在不像样,可是我也提不出像样的需求,我到底要剪成什么样子呢?

夫人:你这种样子肯定是带不出去的。

我:要不这样,你是牙医,用手的,理发匠也是用手的,你和理发匠也是有共同点的,都是手艺人。

夫人:你别想叫我给你剪头发,我只会剪光头。

我:我不强迫你,要不你尝试下? 从剪光头开始吧,不行就不剪,我就是你的实验对象。

夫人:把头剪破了你不要怪我。

从此以后，夫人经过多次练习，还专门到理发店里观摩店长剪头发，琢磨我的头型适合哪种发型，终于找到了适合我的发型，明确的剪头发需求已经永久存储在夫人的脑海里，从此再也没有人笑我的发型。

总结下来，我剪头发的需求就是：夫人剪头发。

能够达成明确的需求，是要反复摸索的，是一个过程，不是一蹴而就的。这也印证了数字化转型期间，业务部门就如当年剪头发的我，说不清需求是正常现象，要在数字化转型专家引导下，才会找到相对准确的需求。

所以，读者需要会辨别信息化项目管理制度和数字转型实践落地制度的显著区别。不能把二者混为一谈，否则会导致数字化转型项目的失败。显著的差异如下：

(1)信息化项目管理制度是一级管理制度，数字化转型实践落地制度是部分二级技术执行制度，是用于技术上保障切实落地的制度，如图3.1所示。

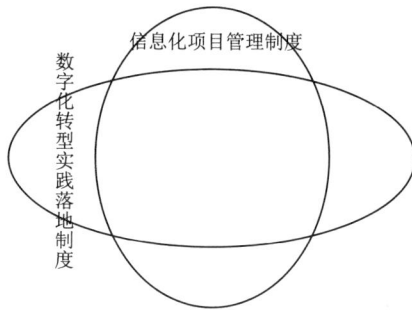

图3.1　数字化转型实践落地制度从技术和管理上共同保障数字化转型项目成功

(2)信息化项目管理制度是要导入信息化平台或者单独的工具软件，数字化转型实践落地制度可以是利用一个软件平台，也可以纯粹地建立一个数字衡量的体系，用传统的 Excel 表填写即可。

(3)信息化项目管理制度由项目管理专员来起草，专员可以不懂信息技术和运营技术,而数字化转型实践落地制度必定由精通信息技术和运营技术的工业逻辑专家来起草,不精通两种技术的专员,编制出来的实践落地制度仍然无法保障数字化转型的成功落地。

第二节　数字化转型实践落地制度保障项目成功

通行的信息化项目管理制度实际上并不能保障数字化转型项目的成功落地,只有基于企业实际状况,对症下药地制定独特的数字化转型实践落地制度,才能在很大程度上保障数字化转型项目的真正落地,如下是一份数字化转型实践落地制度例子,读者可以参考该制度以制定适合本企业的实践落地制度。以下段落有部分内容和插图与第一章一致,是因为实践落地制度本身就是宏观方法论的具体分解,采用共同的内容和插图将达成更好的逻辑。

一、目的

数字化转型定位于企业一把手工程,为保障各业务部门数字化转型顺利落地,规范数字化转型的实践方法论,特制定本制度。本制度以朴素的制造业务逻辑为基础,说明 OT 和 IT 充分融合的实践落地方法。

开宗明义地澄清:数字化转型并不能取代人的主观能动性,数字化平台恰恰把人的主观能动性发挥到最大,即人从事增值的事务,数字化平台从事辅助事务,不得误解采用了数字化平台,人就可以高枕无忧。

二、适用范围

本程序适用于产品设计端到制造端各相关部门开展数字化转型。各个部门在开展数字化转型时，均需要遵守该制度。

三、定义

数字化转型：把优秀的管理思路固化入数字化平台。如图 3.2 所示。

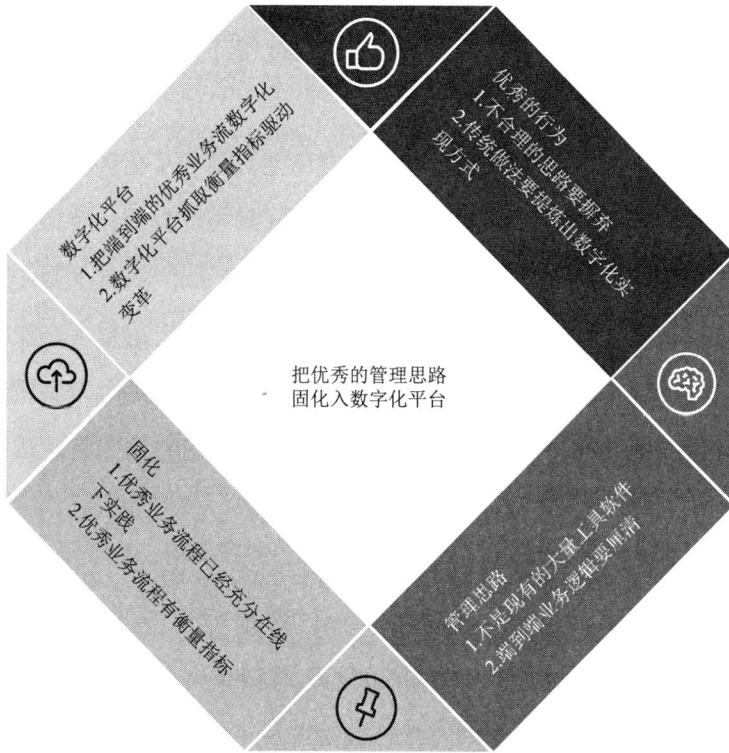

图 3.2　制造业数字化转型的明确定义

OT：Operation technology，运营技术。在本制度中，朴素地解释为从研发到制造的所有业务逻辑关系，以便于各业务部门理解。

IT：Information Technology，信息技术。

融合：用信息技术把运营技术固化入数字化软件平台，达到业务数据端到端贯通，以正确的取数规则在数字化平台中提取 KPI 指标，驱动各业务条口真正实现提质降本增效。

IPD：Integrated Product Development，集成产品开发。

SOW：Statement of Work，工作说明书。

四、职责和权限

参考先进企业的数字化转型实践落地方法，本制度规定用于业务部门的数字化转型项目由业务部门发起并立项，项目归至业务部门。

因各种原因，会产生部分由信息部门立项且和业务弱相关的数字化转型项目，最终仍然会交付业务部门使用，本质上还是业务部门的项目，最终项目价值由业务部门汇报。

1. 项目发起窗口

（1）负责业务部门数字转型项目的收集归口。

（2）负责和信息部门对接，协助叙述清楚业务数字化转型的需求。

（3）负责项目在实施期间执行需求变更。

2. 业务代表

（1）负责提出数字化转型期间细化到业务模板级别的需求。

（2）负责向信息部门叙述清楚业务数字转型的需求。

（3）负责核心业务蓝图绘制。

（4）负责阶段性地验收项目。

（5）负责阶段性地向高层汇报业务数字化转型的价值，包括立项价值汇报。

3. 企业负责人

（1）为数字化转型总负责。

（2）驱动各业务部门按照数字化管理方式执行到位。

(3)变革管理先锋。

4. 信息代表

(1)承接业务部门数字化转型的需求。

(2)和业务部门分解数字化转型的需求,辨别结构化和非结构化需求。

(3)51%的责任和业务关键用户绘制业务数字化蓝图。

(4)撰写业务数字化转型 SOW,颗粒度到开发模板。

(5)负责和数字化实施方沟通业务数字化需求。

5. 数字化转型专家

(1)负责甄别出正确、理性、核心的业务数字化需求。

(2)负责引导业务部门做出正确的数字化需求。

(3)负责甄别业务逻辑适合的数字化开发。

(4)负责指导业务逻辑如何数字化贯通。

(5)负责业务数字化转型蓝图的确认。

6. 变革评估团队

(1)评估项目组承诺的交付件是否按照目标完成。

(2)评估项目交付后,是否给业务带来变化并产生价值,如业务的效率和效益是否提升、客户体验是否提升等。

(3)关注用户体验,用户是否接受了项目交付的数字化装备,是否获得了更好的数字化体验,是否提升了作业效率等。

(4)精通 OT 和 IT 融合的变革评估团队从前期提出、中期实施、后期收尾保证数字化转型满足需求,不偏航。

7. 信息部 PM(Project Manager,项目经理)

(1)负责数字化转型项目的常态化推进跨部门会议。

(2)负责数字化转型项目的阶段性组织验收。

(3)负责数字化转型项目的变更,从成本、质量、交期等方面进行变更。

(4)负责组织数字化转型项目的阶段性高层汇报。

(5)负责数字化转型日常周会(含高层)。

8. 业务关键用户

(1)在实施顾问帮助下,熟悉新的业务数字化平台。

(2)有49%的责任和信息部代表一起绘制核心业务数字化蓝图。

(3)负责 SOW 的签字审批完成。

(4)负责向业务用户传授新的业务数字化平台,并推动执行到位。

(5)负责组织业务用户进行数据收集、整理、导入新平台、验证新平台中的数据。

9. 业务用户

(1)项目期间基于业务关键用户的要求,开展新数字化平台的实践。

(2)项目结束后,充分使用新的数字化平台,是业务数字化 KPI 取数的输入源。

10. 流程管理代表

(1)负责组织业务部门进行跨部门跨阶段业务蓝图绘制。

(2)督导业务部门将正确的跨部门跨阶段业务蓝图线下执行到位。

五、流程图

数字化转型实践落地主流程图	时　　间	责任代表		记　　录	保存位置
		负　责	支　持		
开始		项目发起窗口			
业务数字化需求		项目发起窗口	业务代表 数字化转型专家 变革评估团队	业务数字化 转型需求表	业务部门
有KPI　N		项目发起窗口	业务代表		
业务数字化转型 专家评审需求真 伪及合理性		数字化转型专家	业务代表 变革评估团队	评审报告	业务部门
通过　N		数字化转型专家	变革评估团队		
业务数字化 转型立项		业务代表	信息部项目经理 企业负责人	立项报告	业务部门
梳理业务 流转蓝图		流程管理部	业务关键用户 业务代表 数字化转型专家 信息项目经理	线下跨部门 跨阶段流转图	业务部门
定义业务数字化 流转蓝图		信息代表	业务关键用户 变革评估团队 数字化转型专家 信息项目经理	线上跨部门 跨阶段流转图	信息部
数字化转型项目 书编制（SOW）		信息代表	业务关键用户 变革评估团队 数字化转型专家 信息项目经理	SOW	信息部
甄别数字化转型 实施方		信息代表	企业负责人 变革评估团队 信息项目经理 业务代表		
项目实施		信息项目经理	业务用户 业务关键用户 信息代表 变革评估团队	项目交付物	信息部
数字化转型价值 汇报		业务代表	变革评估团队 企业负责人 信息项目经理	价值汇报	业务部门
结束		项目发起窗口	信息项目经理	验收报告	信息部

图 3.3　数字化转型实践落地主流程

六、工作程序

1. 第一步:需求提出

(1)条件需求:

①有未来在数字化平台中的 KPI 衡量指标。

②业务部门有该业务的数字化管理制度,含已经因数字化管理需求而优化过的组织架构。

③有业务的具体底层模板,且已经定义清楚了模板内容如何互联,举例:作业指导书里面的关键要点需要互联到 MES 端的质量控制要求;某个设计模板里面的设计参数互联到仿真模板里面的输入点。

④期待结构化的业务数据承上启下,指明了从哪里来到哪里去。

⑤具体业务是核心业务,且该核心业务根据 IPD 流程,已经绘制了跨部门跨阶段的业务流转图,该业务流已经在线下成熟运行。如图 3.4 所示。

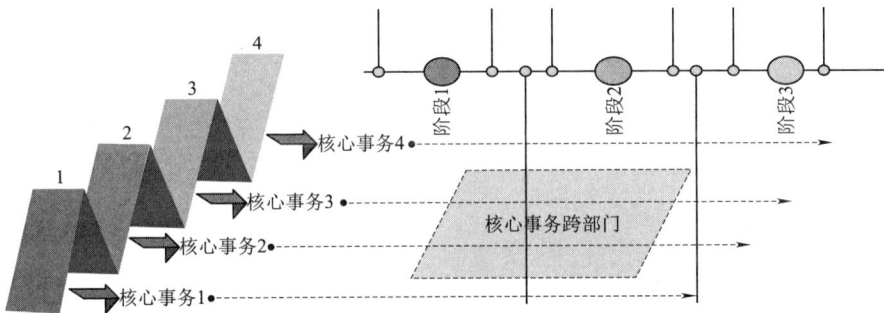

图 3.4　核心事务的跨部门跨阶段特征

⑥数字化业务流必须跨部门,仅仅是一个泳道的业务流不是数字化时代的业务流,仅归于部门制度某个分项。

(2)核心业务的鉴定原则(不仅限于以下):

①一个泳道的业务流不是核心业务,任何业务必须有上下关系,不孤岛化。

②产品开发中跨部门的重大事务,比如材料设计、仿真、开模具等。

③和员工绩效挂钩的业务,比如工时鉴定。

④为公司带来显而易见的间接利润的业务,比如持续改进。

⑤极大提升质量水平的业务,比如 PPAP。

⑥每个部门中基本上人力安排最多的业务,比如 CAPP 设计。

⑦匹配公司愿景分解到部门的具体事务。

⑧核心业务不是具体项目,而是从具体项目的实施过程中提炼出来的关键通行事务。

(1)需求注意点:

①颗粒度:数字化需求的颗粒度并不是越细化越好,基于前述的澄清,人的主观能动性在数字化平台加持下将加强,举例来讲,极度细化的项目管理数字化需求就是伪需求,除非实施了项目管理数字化就可以省去项目经理,否则项目经理的管理效能还是远大于数字化平台的效能,而结构化工艺就需要彻底颗粒度细化,因为工艺是生产技术之源。

②侧重点:研发侧重点是文档管理,文档结构化显著少于后端制造端。

③制造类型:分为流程制造、离散制造、流程+离散制造,流程制造以参数为主,控制大规模制造过程,离散制造是零件生产、部件生产、装配过程。流程制造参数驱动,数字化转型需求相对简单,离散制造比较复杂,又分定制化产品和标准产品,定制化产品的数字化转型基础是工业工程学科门类,标准产品的数字转型基础是产品工程学科门类,不能混淆差异,否则数字化转型的效果南辕北辙。

④切实调研:业务部门可以自行调研以形成数字化需求,防止跟风提数字化需求,也可以请变革评估团队协助形成尽量真实的数字化转型需求,调研不限于本部门,更多涉及上下游。

⑤破除部门墙：数字化转型的常识之一就是破除墙，业务默认跨部门跨阶段。

⑥坚持常识：数字化转型的参与者必须有足够的能力甄别哪些是常识，哪些是不合理需求，找到核心需求，常识在数字化平台里默认强控，无须讨论常识是必要常识还是非必要常识，例如，数字化转型就要达成缺料不上线这个常识，不能把缺料规则也固化入数字化平台；产品需要返工，返工流程和返工 BOM 就不应该创建一个业务流，在数字化时代是个伪业务流，应放入不良品处理流程里统一处理。

业务部门若不知道如何编写需求，请洽信息部，共同做可行性分析、影响分析。需求提出纯粹以业务维度达成，需要遵循表 3.4 模板。

表 3.4　严谨的业务数字化转型需求表

业务数字化背景					
业务数字化 需求提出人	唯一 业务窗口	期望数字化 转型业务	尽量言简意赅地描述清楚		
提出日期		该业务关联 的数字化 管理制度	输入制度编号		
对运营的直接 或间接影响	大	期望 交付日期	未来将根据交付日期和难度评估所需项目资源		
业务模板梳理	待商讨	是否 核心业务	是	是否满足 核心业务 的原则	2
数字化转型后 的 KPI 详述	填写取数规则，若难以提出，请洽信息部				
当前业务痛点	尽量言简意赅地描述清楚				
当前业务痛点 导致的财务损失	原则上需折算成财务损失，请咨询财务部以 提交财务分析报告；若难以计算，说清楚原因				

续上表

期待达成的效果					
提高质量	以未来的预估的数字来衡量				
降低成本	以未来的预估的数字来衡量				
提高效率	以未来的预估的数字来衡量				
业务上下关系简述					
业务数字属性	工具	上游/上组织确认	不孤立有输入	下游/下组织确认	不孤立有输出
已经执行到位的跨部门跨阶段业务流转图					
已经执行到位的仅仅是线下搬线上					
未来将要承诺执行的跨部门跨阶段业务流转图					
若没有执行到位,请业务部门承诺未来数字化项目后一定要执行到位					
若仅仅是工具软件需求,提供工具软件在整个业务流中的位置					
工具软件不是一个孤岛,工具必定位于整个业务流中的某个点					
业务关键支持方					
业务领导确认	确保业务重视	最终业务价值汇报方	必须是业务部门	总经理确认	一把手工程

2. 第二步:需求甄别

(1)目的

当确认有在将来数字化平台中的 KPI 及必要的文件后,进入需求甄别阶段,需求甄别的目的如下:

①系统性梳理业务需求是否合理。

②甄别需求是不是虚假需求。

③发现业务需求的遗漏项。

④用科学的方法找到核心业务需求。

⑤找到业务需求的优先级。

（2）需求描述原则

在数字化转型的实践方法中，根据数字化转型的第一层级的需求，进行层层结构化拆分，所以，在提数字化需求时，必须检查是否满足 SMART 原则：

①一句话概括。

②尽量含数字表达。

③要求归于目标而不是过程，不能把过程当作目标。

④目标是跳一跳够得着的，不是好高骛远的。

（3）实践方法

基于已经相对明确的需求目标，进入目标拆分阶段。拆分遵循是什么、为什么和如何拆分；拆分采用演绎法，即"第一性原理"，将达成以上甄别的目的。

拆分的原则是：拆分的子项互相不隶属，子项加起来穷尽所有。举例来讲，人可以往下拆分为男人和女人，但是不能拆分成男人和农民，这种方式违背了结构化拆分的原则，因为农民可以包含男人。

拆分的演绎方法有四种：公式法、子目录列举法、流程法、逻辑框架法或混合法。比如问题的分析遵循人机料法环就是子目录列举法，互相不隶属，加起来就是完整的体系；比如产品开发的 ABCD 阶段，同样互相不隶属，加起来是完整的过程，是流程法。

拆分的步骤如下：

①列出第一层级的业务需求。

②思考拆分方法进行拆分。

③画出逻辑树。

④把业务需求放入逻辑树各个层级。

⑤业务不能在逻辑树里联通，是不正确的业务需求，层级最多的业务需求是核心需求，从逻辑树上找到了核心需求，每上一个级别，层级降低一个层次，如图 3.5 所示。

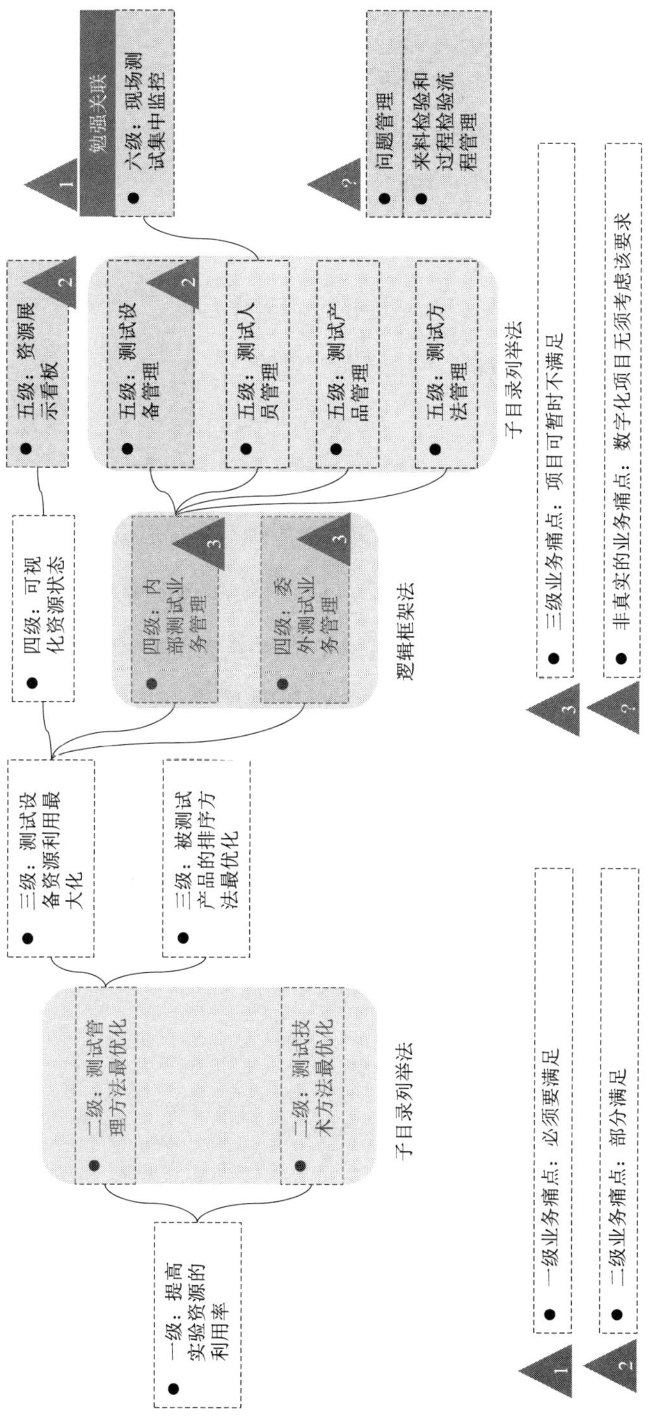

图 3.5　用逻辑树甄别真实核心需求

在绘制逻辑树时,需要询问业务部门是否真的不需要考虑额外维度的缺失,合理的逻辑树需要业务需求块在图中逐级分解,不能有业务块遗漏。有可能业务部门没有考虑全面,运用该逻辑树通常会发现更深层次的洞见。

按照图,比较好的状态是业务需求块在逻辑树里面位于同一个层级,不要跨越多个层级,业务部门在提需求时尽量满足该要求,不能出现父子孙并列的关系。

3. 第三步:梳理业务流转蓝图

提交业务数字化需求时,已经有执行到位的业务流转蓝图是成熟的标志,若还未提交业务流转蓝图,在该步骤绘制业务流转蓝图。

(1)非跨部门流转

当业务不跨部门,数字化项目属于部门内部用于提质降本增效的工具,需要指明该点工具在核心业务流里的位置,指明该工具的上游输入端和下游输出端,以及使用工具前后的 KPI,如图 3.6 所示。

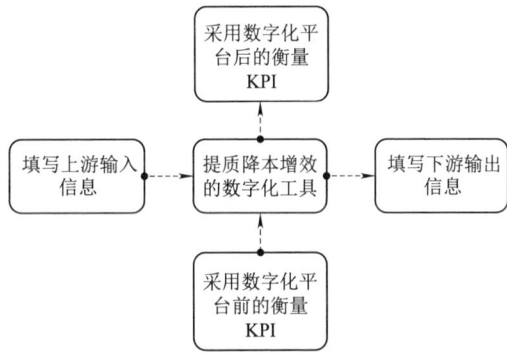

图 3.6 指明上下游的工具类数字化项目

(2)跨部门流转

当业务跨部门,需要在前述核心业务鉴定完成后,绘制核心业务的跨部门跨阶段的流转图,绘制方法如下:

①使用常用工具 Excel 表绘制。

②正向流转不含判断返回路线。

③业务流转图和管理制度保持一致,若绘制期间发现业务和制度不匹配,需要改善到一致。

④跨越的阶段一定要是业务全生命周期,不得遗漏。

图 3.7 是典型的核心业务跨部门跨阶段流转图,实现了真正的业务拉通,未来数字化工具是业务流中的一个节点,核心业务流转表高清图例请参阅该制度第八段落。

绘制跨部门跨阶段的业务流转图是一个集体商讨的过程,不是某个部门的某个人在自己的电脑上单独绘制。

(4)执行步骤

绘制跨部门跨阶段业务流的步骤如下:

①流程管理代表获得业务部门提供的核心业务清单。

②流程管理代表绘制业务流转图初稿。

③流程管理代表组织业务流转图集体绘制的会议。

④各部门基于部门数字化管理制度或部门管理制度一起现场修改业务流转图。

⑤任何一个流转图的最后环节都必须定义该业务的年度审核流转图。

⑥流程管理部门提交定义清楚的流转图,文件发送至文档管理部,抄送各部门和总经理。

流程管理代表在制定业务流转图时,需要有对该组织成员的考核权,否则将无法组织各业务条口集体商讨甚至无法达成结果。以小项目运作的方式来达成该事务是好的实现手段。

4. 第四步:定义业务数字化流转蓝图

数字化业务蓝图的实现路径。

(1)研究

深度解读现有流程业务块,从以下方面研究流程业务块:

①该业务块是否可以搬到线上。

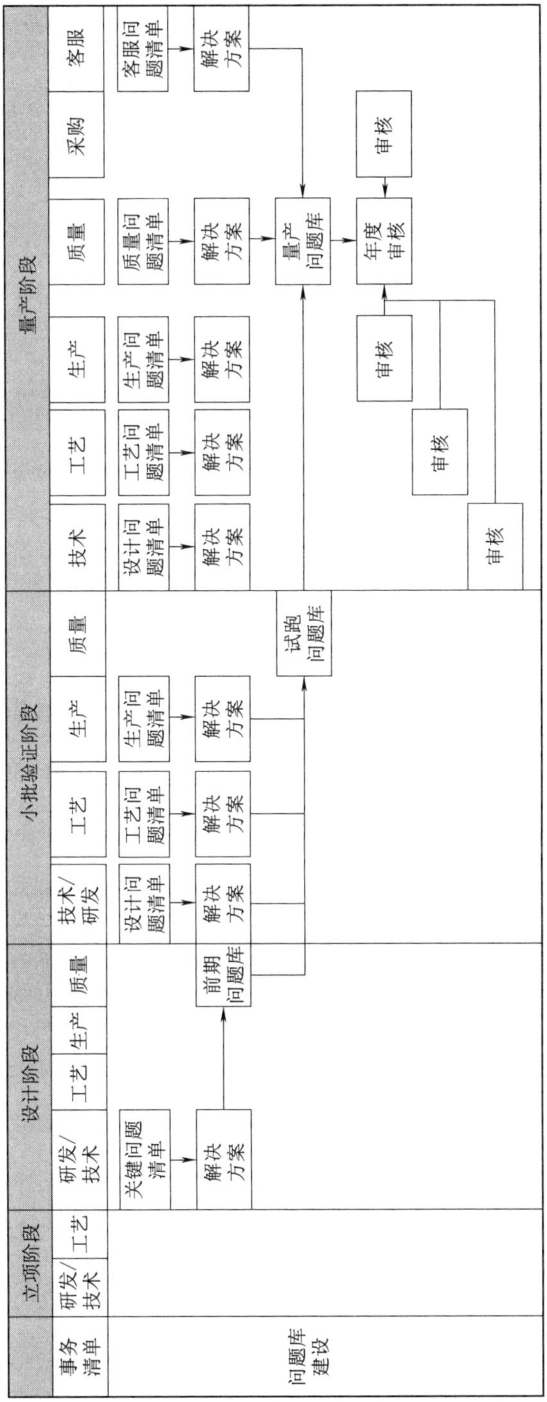

图 3.7　核心业务跨部门跨阶段流转图

②该业务块搬到线上,是否达成了提质降本增效或增强了核心竞争力。

③该业务块搬到线上后是否可以结构化地前后传导。

④该业务块搬到线上后是否利于提取该核心业务的 KPI。

⑤在数字化时代,基本的原则是能在线上实现的业务块就要放置于线上,否则绘制了一个数字化蓝图全是线下实现,是没有意义的事务。

⑥即使是流程图中规定的线下会议,也需要在线上推送一个会议邀请,线下会议结束后,提交会议记录,在线上点击会议结束。

⑦业务部门不能因为长期以来的传统线下习惯改成线上习惯导致的刚开始的不熟悉而刻意反对数字化手段,数字化手段需要按集体讨论的结果执行,遵循先僵化再优化的原则。

(2)改进

商讨流程业务块的数字化实现有两种方式:

①该流程块是内嵌的一个独立工具,比如结构工艺性审查是一个工具就可以达成的事务,所以结构工艺性审查不能画成业务流,而是应该嵌入在产品设计过程这个大业务流里,如图 3.8 所示。

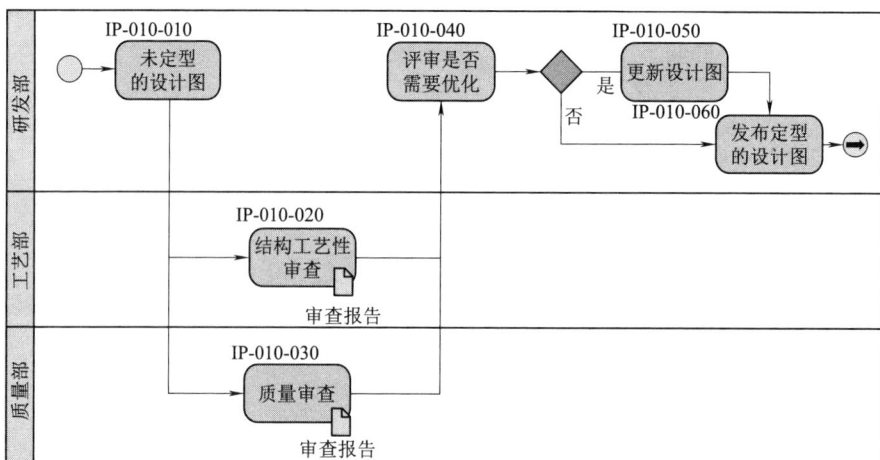

图 3.8 工具软件类的结构工艺性审查嵌入其他业务流

②该流程块是线上的一个业务操作,线上业务操作完成后,自动触发下一个线上业务操作。

商讨实现数字化遵循以下原则:

①最低层级的数字化是在业务节点上传文档,文档在部门间或上下游传递。

②一般层级的数字化是在业务节点上传文档＋文档类型,文档类型可以用于后续结构化查询。

③高层级的数字化是在业务节点上都上传了结构化数据,所有结构化数据都能在数字化平台里实现从哪里来到哪里去。

④理想的情况是所有文件都结构化,根据业务实际需求,通常前三种方式相结合,不能完美主义,浪费公司资源。比如结构化工艺就是所有制造要素都结构化,知识穿透数字化就是文档＋文档类型,项目管理交付物数字化就是文档上传即可。

（3）甄别

去除不合理流程,形成真正的数字化平台下的流程,按照以下方法:

①一个泳道的业务流需要去除,除非是工具软件,如图3.9所示。

②不能把本来就不需要的流程画出来固化入数字化平台,比如长期缺料,生产部已经习惯缺料,故画了一个缺料处理流程想要开发成数字化流程,该流程是伪流程,数字化需要坚持常识。

③业务流没有上下接关联的其他业务流,不是体系化拉通,每一个核心事务的业务流必定存在于一个大的业务网里。

④无须强行把线下业务流搬到线上,比如本来就需要到现场查看实验设备好坏,想要在线AR查看实验设备好坏是无意义且达不成的,就算装了AR也只是表面高档。

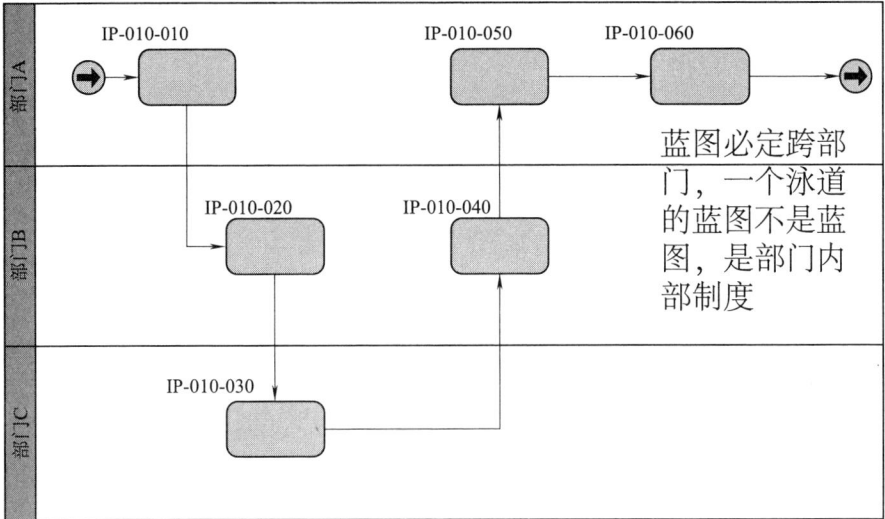

图 3.9　数字化转型原则不得绘制一个泳道的业务流

⑤仅仅是线下业务流转线上,需要询问该业务流是否在线下已经充分执行到位,线下没有充分执行到位,搬线上后仍然不可能执行到位。

一份合格的数字化业务蓝图的评判标准如下:

①破部门墙:跨部门,跨阶段。

②端到端:上下接其他业务流。

③在线:业务块大部分在线上。

④扁平化:原则上尽量不要内嵌其他流程,若要内嵌其他流程,需要注意内嵌流程在本流程的连贯性。

⑤可开发:可以在数字化平台界面完全复刻该蓝图。

⑥节点交付物:有交付物需要在节点附上,交付是文档、文档+类型,结构化数据要在蓝图里面明确说明。

⑦异常流:和业务流转蓝图不同,数字化蓝图一定要有异常处理的返回流,未来在系统里可以知晓该业务流的正向一次通过率。

⑧业务包:原则上少用业务包在本业务流中嵌套,如要嵌套,将在数字化蓝图中可视化展现其庞大,庞大的业务流通常是一级流程,不多。要把业务简化而不是增加繁复,如图3.10所示。

5. 第五步:数字化转型项目书编制(SOW)

SOW由信息部负责编制,信息部职责占比51%,业务部职责占比49%,一份完整的SOW,必须含有以下部分:版本控制、审批签署、流程概览、数字化蓝图、作业分解和涉及开发。

(1)版本控制

版本控制展示了此文件由谁创建,什么时候创建。

若有修改,注明修改原因,修改的审批记录,由谁发起修改,审批的部门是和该文件相关的各个部门,什么时候完成审批,类似一个小型的文件变更。

(2)审批签署

数字化转型的审批路径必须从关键用户的上一级开始一直签署到企业总经理,原则上,第一次签署后,该SOW就是指导数字化项目推进最细化的官方文件,在项目实施过程中,完全按照该SOW推行,若有变化,需要重新签署到企业总经理。

(3)流程概览

以结构化工艺为例子:

注明流程名称:结构化工艺创建流程。

适用范围:适用于结构化工艺数据在系统中的创建。

关联的相关部门:工艺部、生产部、质量部。

流程描述:本流程描述了结构化工艺数据的形成过程。结构化工艺的数据分为三个大部分,一是制造BOM,二是工艺路线,三是对象化的结构化

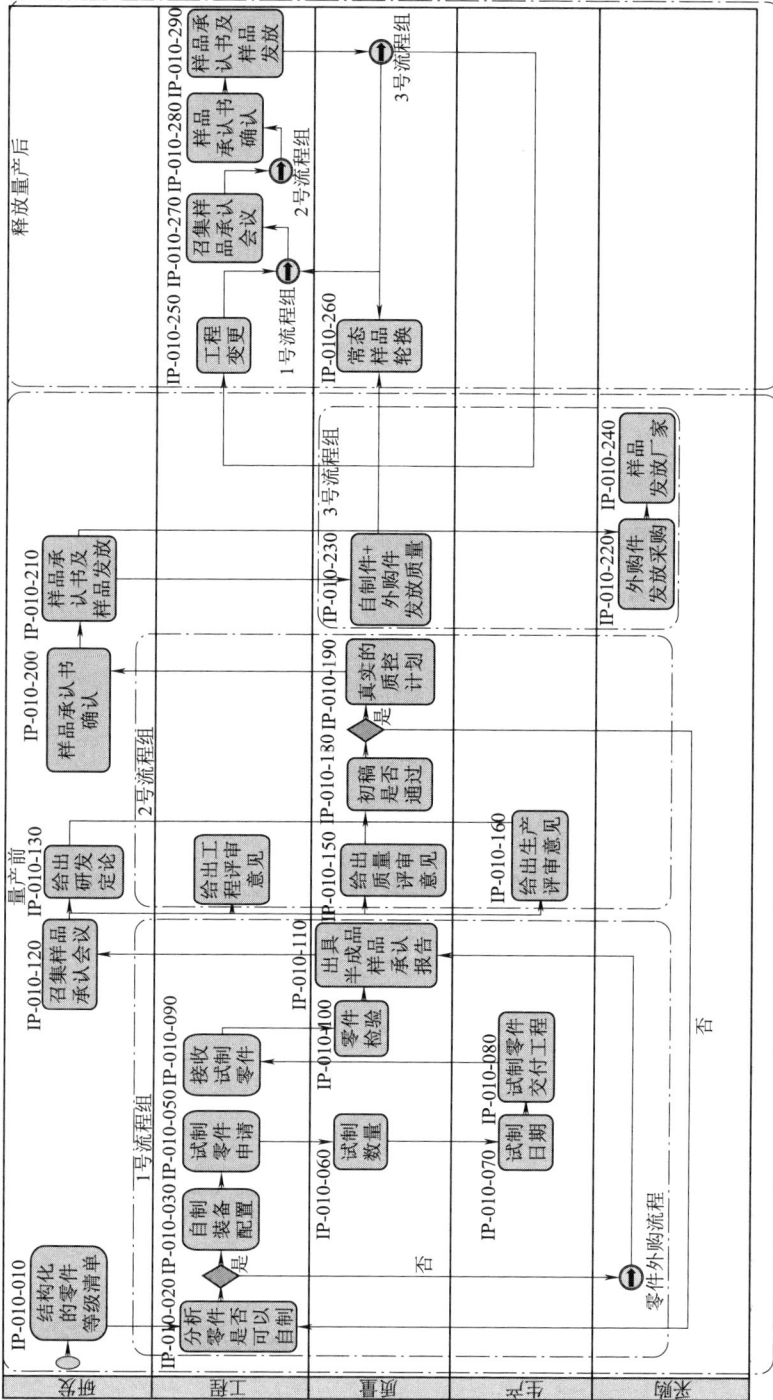

图 3.10 带业务包的一级流程图要充分考虑

数据。结构化工艺数据的创建分布在整个工艺设计的业务过程中,在工艺业务活动中,逐步形成工艺知识库和工艺资源库。总体来讲,制造 BOM 是结构化工艺创建的开始,承接的是研发的设计 BOM 的发布流程。在工装验收以及产品的量产发布前确定要形成。结构化工艺是生产下达生产订单的必要条件,也是质控计划发布的必要条件。

前提假设:研发的设计 BOM 及相关技术文件已发放。

(4)数字化蓝图

此蓝图是负有法律意义的蓝图,一旦确定下来,后续不得来回反复,数字化项目是极其严谨之事,流程先要僵化再优化,若实在要更改,走变更流程,实施方重新报价实施费用,因为蓝图是实施顾问传递给后端开发人员的法定文件,一旦更改,实施方的开发人员的工作无效。在蓝图已经定下的情况下,再行更改,证明之前的业务商讨是虚假的,各个部门的各级员工都需要有相应的惩罚,业务链上的所有员工当月绩效分数为零。

(5)作业分解

对数字化蓝图中的每一个步骤进行详细的结合未来数字化平台的说明,说明上下步骤如何衔接,数据如何贯通,在线下是如何实现,在线上是如何实现,线上是仅仅上传文档实现,还是把文档结构化,在此需要详细说明,输入是什么,输出是什么,哪些功能是系统的标准功能,哪些功能是需要定制开发的功能。

以数字化蓝图为基本输入源,形成见表 3.5。

表 3.5　作业分解表

作业代码	部门	岗位	作业描述	系统/事务代码	输入	输出	注释

作业代码:数字化蓝图里面的每一个业务块,都有对应的编码。

部门:该业务块涉及的部门需要明确,线上业务块不能关联多个部门,只能一个部门,线下的业务块可以有多个部门,后续若要线下转线上,需要拆分。

岗位:线上业务块部门和岗位一一对应,线下业务块可以多对多。

作业描述:描述该步骤的过程,细化到模板级别是专业级。

系统/事务代码:采用哪个系统平台,比如 ERP、MES、专门开发、线下等。

输入:数字化蓝图必定践行数据从哪里来到哪里去,输入的模板是否要结构化,要在此分辨清楚,以结构化后的数据有没有在系统里面流转为判断标准。

输出:解释同输入。

注释:一般填写未尽事宜。

(6)涉及开发

主要有相关报表、相关单据、二次开发定制的功能点、与其他系统的接口、其他开发。

所有的模板需要在此处列出,并说明开发要求。

涉及 PLM、ERP、MES 的联通,如何联通需要说明。

涉及报表的开发,一个蓝图必定有一个 KPI 来衡量,KPI 再下沉一级就是报表。

数字化项目的注意点:既然画了蓝图,就必须执行,要有衡量的指标,指标数据结合系统抓取,否则画蓝图无意义。

模板互联的开发,需要在此页面说清楚业务流转路线或另起附件进行详细说明,没有颗粒度到模板互联图,该 SOW 是不合格的,除非只是文件层级的传递。

只要模板里面有一个参数需要结构化,建议该模板整个都要结构化,不再是文档的传输,除非把模板里的某个参数独立出来。孤立的模板不建议结构化开发。

以图 3.11 从一张图纸到 PPAP 的部分模板互联图来展示。

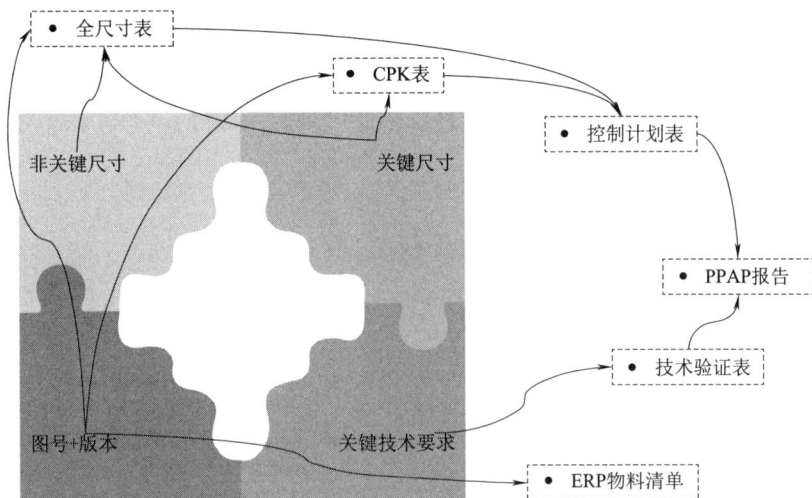

图 3.11　模板互联图

6. 甄别数字化转型实施方

本步骤的目的是选择放心的实施方,无论是内部实施方还是外部实施

方,都需要接受企业的严格评审,评审从以下维度开展:

①体系化的工业逻辑。

②研发顾问对业务的理解。

③工程顾问对业务的理解。

④工艺顾问对业务的理解。

⑤质量顾问对业务的理解。

⑥生产顾问对业务的理解。

⑦管理顾问对业务的理解。

⑧业务深度解读能力。

即使是顶级企业，因业务千差万别，可能也无实施方能力评估模型。从以上第一层级的维度适当下沉，具体问题具体分析，是数字化评估团业务的一部分。

7. 项目实施

参阅信息部编制的《数字化项目管理制度规定》，编号：×××。

8. 变革评估团队

（1）职责

变革评估团队在项目前期梳理需求，项目中期实施，项目后期验收，将发挥图 3.12 所示的作用。

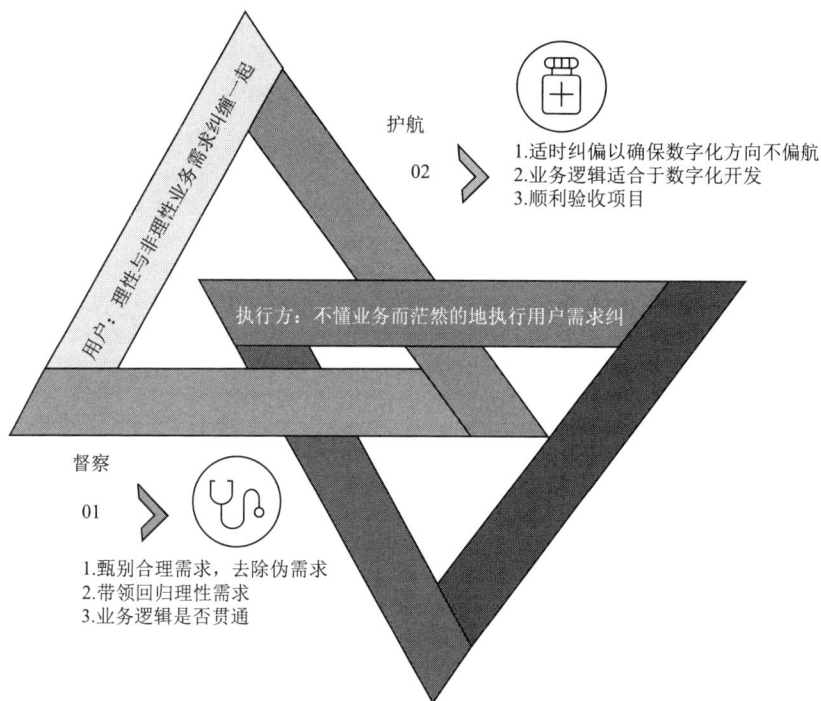

图 3.12　数字化转型监理亦是变革评估团队成员

变革评估团必须是业务专家出身，精通产品研发到制造的业务逻辑，变革评估团专家在数字化转型项目中的职责如下：

①在数字化项目前期，培训业务部门数字化转型的本质，是让业务部门的需求回归理性。

②现场调研并甄别出核心问题。

③梳理业务流，去伪存真。

④核心业务流的数字化实现方式及模板定义。

⑤辅助撰写数字化转型 SOW。

⑥甄别数字化转型实施方能力是否满足业务需求。

⑦监理实施方在实施期间是否项目偏航。

⑧辅导验收项目。

⑨贯穿整个过程，培训先进企业的业务实践方法论，用于业务部门参考最佳实践进行业务优化。

（2）匹配职责的资历

践行该职责，需要业务专家有如下资历，缺一不可但不限于此。企业在选择业务专家时，需要重点考虑的资历清单如下：

①精通端到端底层工业逻辑的流转。

②深耕流程＋离散制造业 15 年以上。

③出身于制造业中的先进企业。

④精通标准产品和定制化产品的业务逻辑。

⑤在制造业运营部门深度实践过，如研发、工程、质量、精益、生产、采购等部门。

⑥精通业务模板，知晓业务模板如何在数字化平台中结构化并逻辑互锁。

⑦有能力辅导业务部门梳理底层业务流并商讨业务的数字化。

⑧拥有体系化的思考方式。

⑨严谨、认真、公正、深度思考的品格。

（3）评审维度

业务专家在整个过程中，评审的结构化维度如图 3.13 所示。

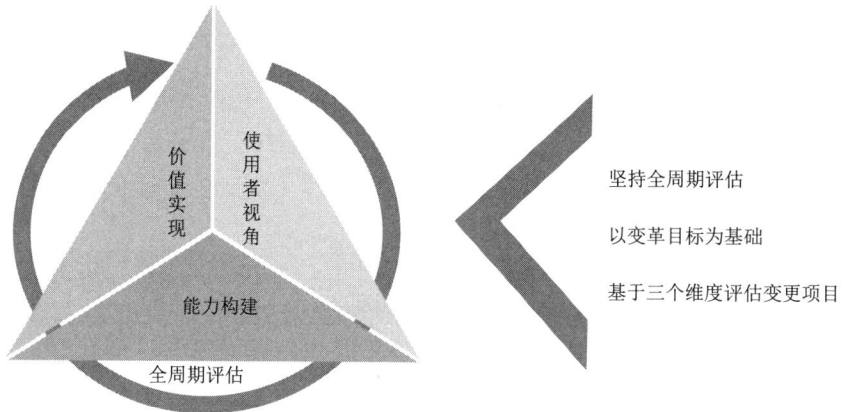

图 3.13　全方法全阶段的评审

①能力构建：主要评估项目组承诺的交付物是否按目标完成。

②价值实现：主要评估项目交付后，是否给业务带来变化并产生价值，如业务的效率和效益是否提升、客户体验是否提升，等等。

③使用者视角：核心是关注用户体验，看用户是否接受了项目交付的数字化装备，是否获得了更好的数字化体验，是否提升了作业效率，等等。

9. 数字化转型价值汇报

数字化转型项目由业务部门立项、信息部门执行、变革评估团队全程监理，类似于制造团队工艺定方法，生产执行，质量监督闭环，如图 3.14 所示。

数字化转型的价值汇报由业务部门进行（即使项目由信息部门立项，最终还是交付业务部门使用，故项目价值还是由业务部门汇报），信息部门支持，践行数字化转型落地闭环，汇报有如下阶段：

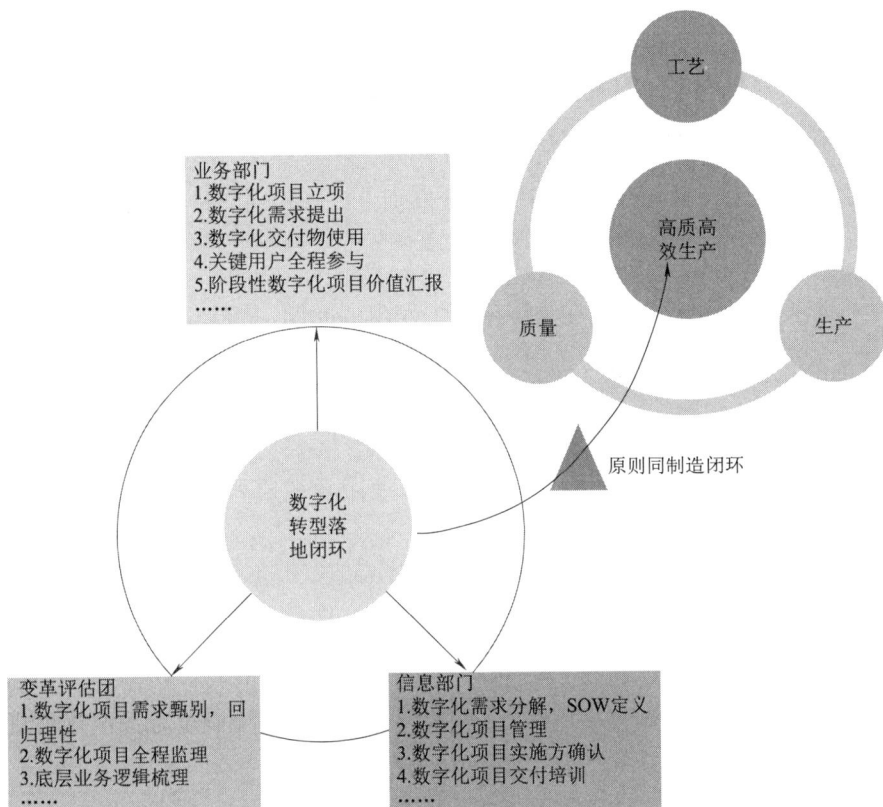

图 3.14　遵循分立的数字化转型落地闭环

（1）业务立项汇报

陈述该项目的必要性,汇报材料需要体现未来的 KPI、现状的数字化分析、预期的收益(不一定要直接经济效益,可以从核心竞争力维度展开)、期望的交期、本部门的人力配备和需求的跨部门人力配备等,更多信息参阅《业务数字化转型需求表》。

（2）业务数字化解析汇报

汇报材料体现数字化团队已经完整解析了业务需求,有初步的方案展示,有已经确定的跨部门跨阶段的业务蓝图,业务蓝图已经在线下执行到位或者承诺会执行到位等。

（3）业务蓝图数字化汇报

汇报材料体现已经基于业务蓝图，成功绘制了业务数字化蓝图，蓝图已经颗粒度到模板级别，模板互联已经识别清楚，SOW 已经编制完成并已经逐级签署至总经理，业务转数字化的开发细节已经识别清楚等。

（4）实施中期汇报

汇报材料体现实施方在具体项目中发现的问题，是否发生项目变更，项目是否偏航，项目是否紧扣业务目标，项目的风险识别及解决的对策等。

（5）实施结束价值汇报

汇报材料体现从能力构建、价值实现、使用者视角来评判数字化平台对业务产生的价值，是否可以验收，是否需要开启二期，经验和教训等。

七、相关文件

《数字化项目管理制度》，编号：×××。本实践落地制度是数字化项目管理制度的有效互补。

八、相关记录

部分核心业务流转图，如图 3.15～图 3.18 所示，可供业务部门绘制业务蓝图参考。

以上是数字化转型实践落地制度的详细内容，还可以继续细化下去，比如全周期评估表、Excel 级别的模板互联等信息，都可以深入写，只是和行业的关联将极大，缺少普适性，将导致本书极其烦琐，故就此收笔。

数字化转型实践落地制度反复强调的是需求一定要清楚，这是项目开局的关键环节，极其重要，若需求都提不出来，哪来后续的一系列行动呢？因此作者有必要详细解释需求表，如下：

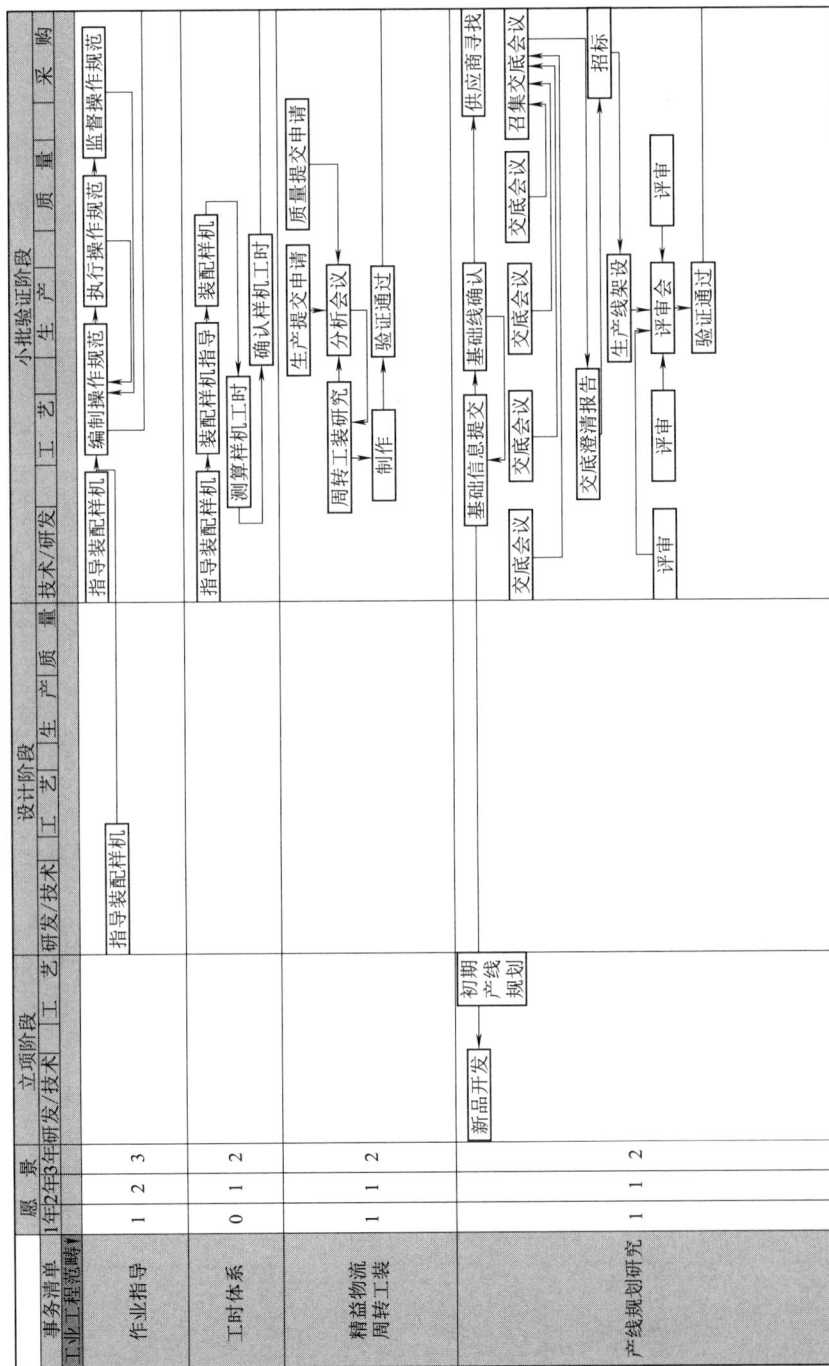

图 3.15　某领先制造企业跨部门跨阶段核心业务流转模板

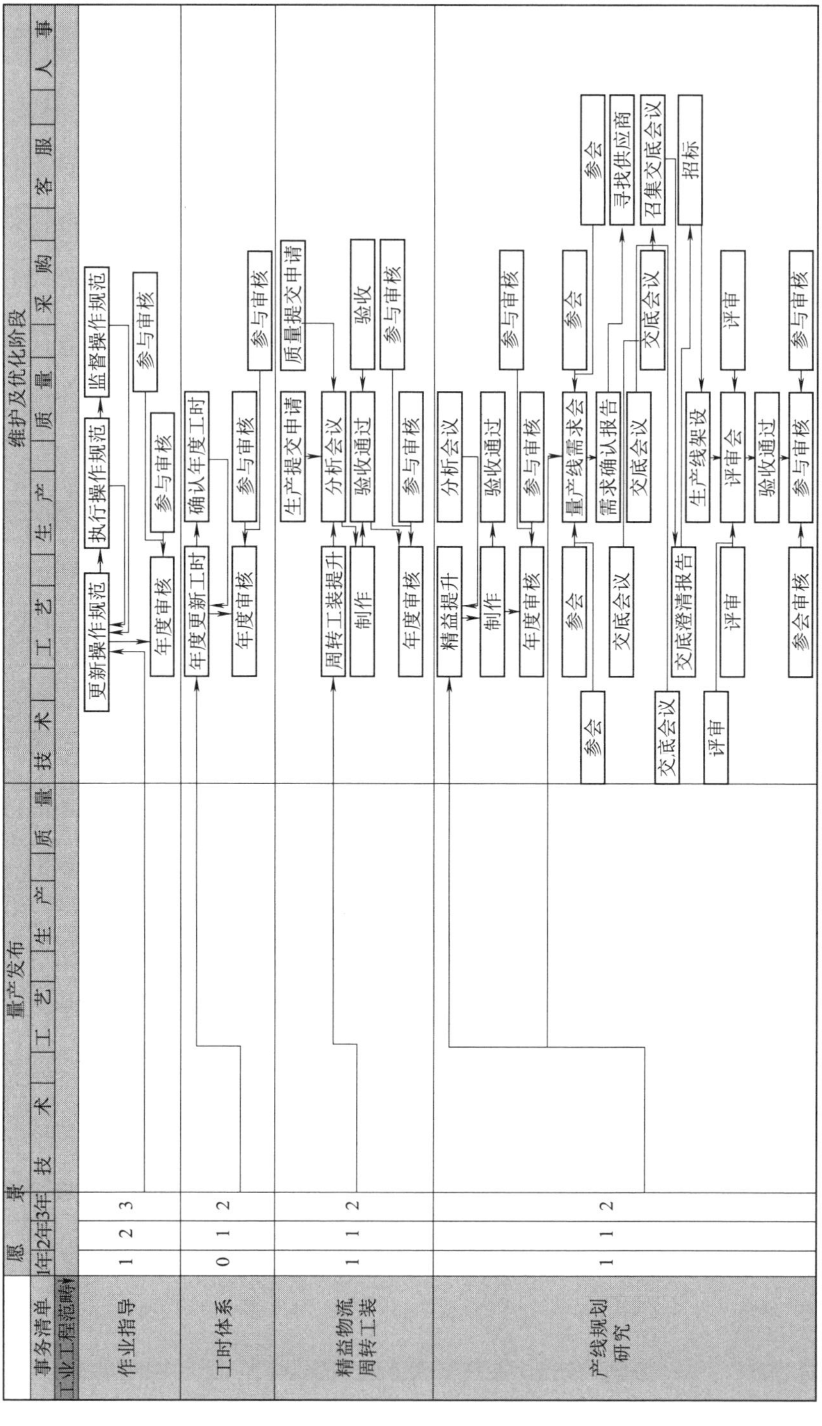

图 3.16 某领先制造企业跨部门阶段核心业务流转模板

事务清单范畴（工业工程范畴）	愿景			量产发布				维护及优化阶段						
	1年	2年	3年	技术	工艺	生产	质量	技术	工艺	生产	质量	采购	客服	人事
作业指导	1	2	3						更新操作规范	执行操作规范	监督操作规范	参与审核		
工时体系	0	1	2						年度更新工时 / 确认年度工时	参与审核 / 年度审核	参与审核 / 年度审核			
精益物流周转工装	1	1	2						周转工装提升 制作 / 精益提升 制作 / 年度审核	生产提交申请 / 分析会议 / 验收通过 / 参与审核	质量提交申请 / 分析会议 / 验收通过 / 参与审核			
产线规划研究			1	1	2			参会 / 交底会议 / 评审	参会 / 交底会议 / 交底澄清报告 / 生产线架设 / 评审会 / 验收通过 / 参会审核	量产线需求会 / 需求确认报告 / 交底会议 / 评审会 / 验收通过 / 参与审核	参与审核	参与审核	参会 / 寻找供应商 / 召集交底会议 / 招标

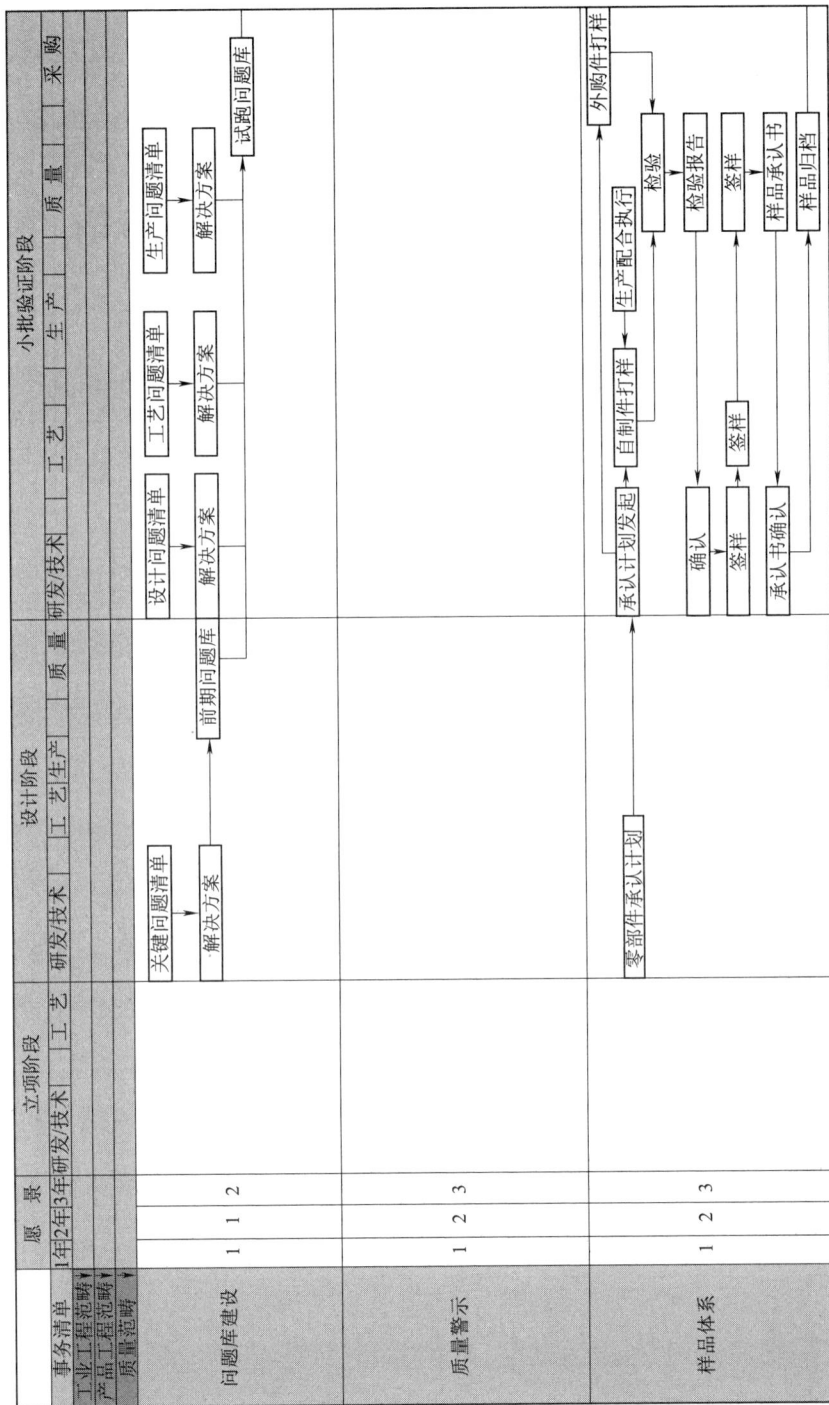

图 3.17 某领先制造企业跨部门跨阶段核心业务流转模板

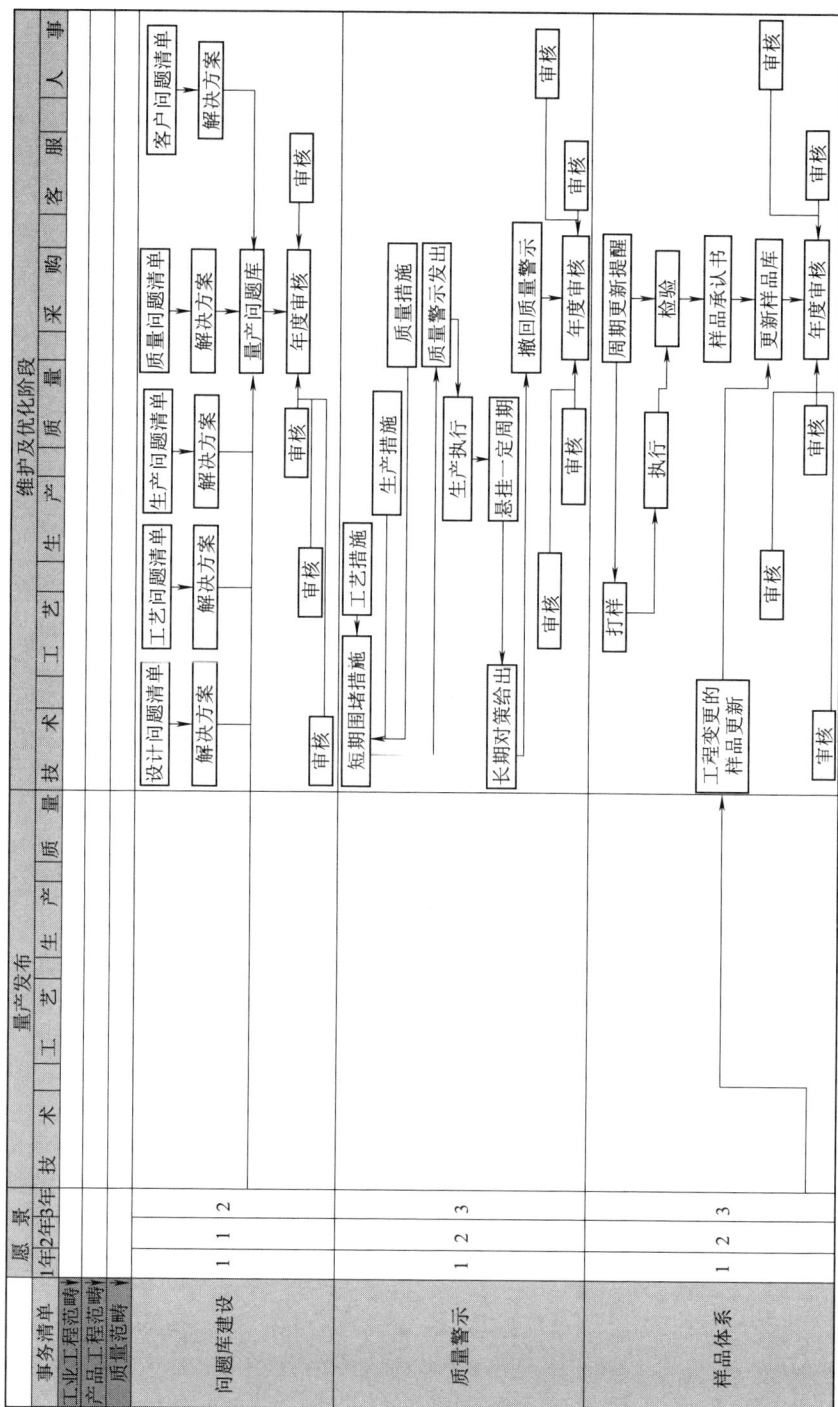

图 3.18 某领先制造企业跨部门跨阶段核心业务流转模板

（1）需求表是开局的发起文件，文件中的部分内容必须要强控，属于前期关键点，如果用企业 OA（Office Automation，办公自动化）系统创建数字化需求并审批，创建需求的时候要在系统中设定为需求表强控。

（2）表中要求强控所需要的业务数字化要关联现在已有的数字化管理制度，在表格里填写好制度编号，信息部可以根据编号查到该文件并仔细研读是否有上数字化平台的必要，变革评估团成员也会根据该制度来检查是否已经执行到位，若没有执行到位，会要求业务部门先执行到位后再实施数字化平台。

（3）表中需要选择该需求对运营的直接或间接影响的程度，分大中小，这是初级的分类方式，意在判断该项目的重要程度，配置相应的资源。

（4）表中业务模板的梳理有完成、待商讨、无须三个分类，无论选择哪个，都不影响提交需求表，已经完成是最好，待商讨也是正常现象，因为业务部门表达不清楚需求是常态，无须模板意味着该业务比较简单。

（5）表中需要选择是不是核心业务，比如考勤这种边缘事务就不是核心业务，罚款平台同样也不是核心业务，非核心业务不是不能做，只是优先级排后。

（6）表中需要选择核心业务的类别，匹配实践落地制度的核心业务判定法。

（7）若难以计算数字化平台上线前的金钱损失，需要说清楚基于常识判断，需要数字化平台来支撑，比如第二章第五节第四段中就说明了现场管理平台是个常识需求，无数据衡量也没有关系。无数据衡量还可以横向和行业内标杆企业对比。

（8）表中业务数字化属性有工具、体系拉通、工具＋体系拉通三个选项需要填写，确保即使是单独的工具，也不是孤立的存在。体系拉通天然是跨部门的，践行数字化转型必须要破除部门墙这个原则。

（9）表中上下游的人员必须要签字，因为是利益相关者，后续做数字化评估时也会由利益相关者来确认。

(10)表中业务的关键支持方必须强控签字,项目一开始就定义了由业务部门发起,价值汇报一开始就定义了由业务部门汇报,总经理必须签字匹配,数字化转型天然是一把手工程,和各个级别的管理层权限无关,数字化转型项目是直辖项目。

表3.6为一个典型的例子,读者可以参考。

表3.6 工程变更数字化转型需求表

业务数字化背景					
业务数字化需求提出人	张三	期望数字化转型业务	以数字化手段支撑达成工程变更闭环		
提出日期	2023年1月25日	该业务关联的数字化管理制度	工程变更数字化管理制度编号		
对运营的直接或间接影响	大	期望交付日期	2023年6月30日		
业务模板梳理	待商讨	是否核心业务	是	是否满足核心业务的原则	2
数字化转型后的KPI详述	合规率=当前已经完成的工程变更的细节点选率/已完成工程变更的所有细节总数量;闭环率=当前时刻的闭环数量/当前时刻所有在途变更数量				
当前业务痛点	工程变更管理粗放,经常发生工程变更流转丢失,新的零部件不能及时导入				
当前业务痛点导致的财务损失	每年因工程变更没有及时且完整导入而导致的业务损失=××亿元				
期待达成的效果					
提高质量	工程变更的及时正确导入使质量提升了××××个DPPM				
降低成本					
提高效率	总体工程变更的及时正确导入率提升到90%				

续上表

业务上下关系简述					
业务数字化属性	工具＋ 体系拉通	上游/上 组织确认	研发总经理	下游/下 组织确认	运营总经理
已经执行到位的跨部门跨阶段业务流转图					
未来将要承诺执行的跨部门跨阶段业务流转图					
工程变更跨部门业务流转图					

工程变更跨部门业务流转图
维护及优化阶段

事务清单 工程变更	技术	工艺	生产	质量	采购	更多部门…

若仅仅是工具软件需求,提供工具软件在整个业务流中的位置					
业务关键支持方					
业务领导确认	业务经理	最终业务 价值汇报方	业务总经理	总经理确认	企业总经理

制定完整的企业的数字化转型实践落地制度后,自然而然地要制定各个部门的数字化管理制度,匹配需求表中所对应的数字化管理制度。

本节假设已经有了部门管理制度,正规的企业通常一定有部门管理制度,规定基本的组织架构(用于调研层级判定)、业务范围、任职资格、工作流程等,部门管理制度大家都会编制,部门数字化管理制度的编制就比较严肃了,因为编制好之后,这些管理制度就要固化入数字化平台里,原先线下的部门管理制度反正不要固化入数字化平台,有部分欠妥也无妨,但是数字化时代一旦来临,把原先的部门管理制度换个名称说成是部门数字化管理制度,噩梦就来了。

所以,部门数字化管理制度必定是部门管理制度的精简版、提升版,是真正能够固化入数字化平台里的制度,否则把原先不合理的部门管理制度固化入数字化平台,简直就是错上加错。

部门数字化管理制度和原先传统的线下部门管理制度的差异如下:

(1)数字化管理制度里面的业务蓝图匹配了前述数字化转型实践落地制度,已经可以开发进入数字化管理平台。

(2)有自己部门的 KPI 和协同部门的 KPI,尤其是协同部门的 KPI,该KPI 要在协同部门的数字化管理制度里找得到。

(3)数字化管理制度里的 KPI,已经定义清楚了取数规则,无论有没有数字化平台都是同样的取数规则。

(4)表 3.7 为主流程图的表头,规定了需要有每个流程节点花费的时间、输出物存放位置,这两点非常重要,流程节点的时间尽管不是非常精确,但是可以看出相对准确的效率,在企业层面可以绘制辅助部门的价值流程图以缩减时间,也可以有的放矢地找到花费时间最多的节点并给予改善的对策,如果没有时间支撑,可能数字化转型项目在某个点上花费了大量的时间,但是瓶颈时间不是该点,那就走了歪路;输出物存放位置体现该节点的输出物是放在某个平台上还是部门公共盘上或是个人电脑上,本书第四章第二节将仔细介绍有助于调查数字化程度。

表 3.7　数字化管理制度规定了流程节点时间和输出物存放位置

数字化转型实践 落地主流程图	时间	责任代表		记录	保存位置
		负责	支持		

至此,在启动数字化转型项目前,必须要先行制定线下的数字化管理制度,在制定数字化管理制度的同时,就必然会考虑清楚为什么要做数字化转

型,如何做数字化转型,做了之后的收益在哪里等关键问题。做事之前制度先行,不管是大型企业还是中小型企业都可以实施,这个不花钱的制度先行以最低成本规避数字化转型风险,何乐而不为呢? 当然,若是连内部的数字化管理制度都想不清楚,也就必须请专业的咨询公司来梳理了,这个费用还要省的话,证明企业暂时还没有走数字化转型之路的意识。企业的数字化转型之路必定要发自内心才好,外力再怎么推动都是徒劳。

第三节　以第一性原理打造数字化转型

前面章节已经多次提及第一性原理,那到底什么是第一性原理,本节详述。

由于业务部门不是 IT 和 OT 的融合体,企业的业务部门在提数字化需求时,和信息部门一样,讲不清楚需求是常态,所以经常会提出一些天马行空、大而全、不符合常识的数字化转型需求,就如我在另一本书《数字化转型底层思维故事》中举的一个需求例子,需求太多、太杂没有重点,最终导致数字化项目举步维艰,那么如何在错综复杂的需求中找到核心的、关键的需求? 一下子抓住重点,把该点排为第一优先级,其他非重点需求要么摒弃要么后期慢慢优化。

一、第一性原理在数字化转型中的应用

在工业领域充分运用的第一性原理是解决该痛点的钥匙,以下是第一性原理的定义:回归事物最基本的条件,将其拆分成各要素进行解构分析,从而找到实现目标最优路径的方法。该原理源于古希腊哲学家亚里士多德提出的一个哲学观点:"每个系统中存在一个最基本的命题,它不能被违背

或删除。"形象化地展示如图 3.19 所示。

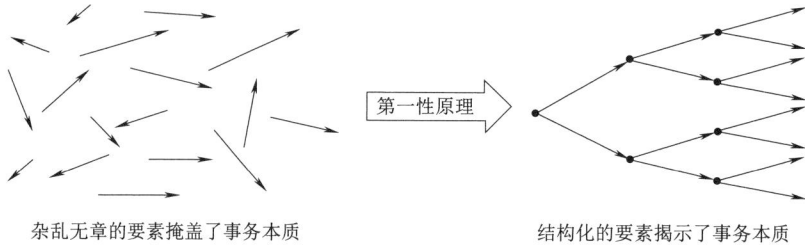

杂乱无章的要素掩盖了事务本质　　　　　　结构化的要素揭示了事务本质

图 3.19　底层假设的演进

　　在数字化转型项目中，第一性原理可以发挥更大的作用，可以正向使用，达成体系化地梳理如何完成数字化转型，也可以反向使用，从错综复杂的需求中找到最本质的需求。市场上有很多一知半解的管理者天天喊第一性原理，却很少见诸真正实践，想要真正地实践，先看图 3.20 展示的第一性原理拆分原则。

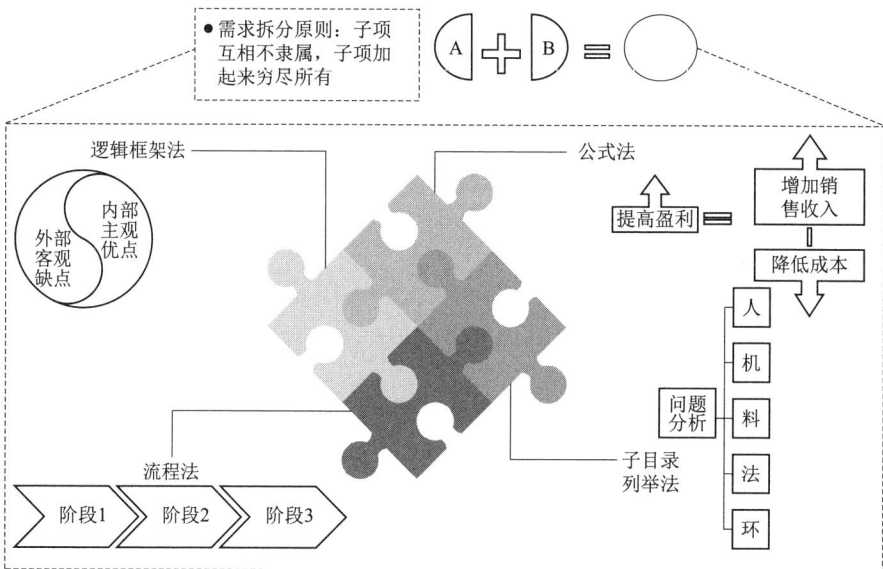

图 3.20　基于第一性原理的拆分法

咨询公司麦肯锡把这个方法称为麦肯锡结构化战略思维,英文名称是 MECE(Mutually Exclusive Collectively Exhaustive,相互独立、完全穷尽) 法。MECE 法,简单来说,就是我们学过的归纳法和演绎法,再加了一个条件即合起来是一个整体,通过这种方法,我们就可以把一个需求像剥洋葱一样层层拨开,找到本质。

先解释该图作用:

(1)当有一个数字化转型需求时,而且这个需求还是非常宏大的情况下,咨询顾问就要想到用以下四种方式来拆分需求,图示已非常明确,需要注意拆分时,要子项互不隶属,子项加起来穷尽所有,这是一定要坚持的金科玉律。

(2)在业务部门已经把数字化需求细化了的情况下,把这些细化点代入已绘制的逻辑树(也可以称为工业级的思维导图),会发现哪些细化的需求是真实的。

(3)拆分问题不仅仅用一个拆分法,可以用多种拆分法,发现真实的需求,如果用四种方法拆分下来,都有一个同样的指向,那基本就是核心需求。

(4)基于逻辑常识来拆分,即使不是本行业的咨询顾问,也可以和客户侃侃而谈。

(5)产生新的洞见,由于是体系化的思维,有可能业务部门提的需求是片面的,在体系化的逻辑树里,可以发现哪些是缺失的,更有可能在逻辑树里,业务部门自我发现提的需求是伪需求,在咨询顾问的引导下,走了正道,此刻更体现了咨询顾问的价值。本书第四章、第五章就充分展示了该作用。

记住了拆分法后,就要真正地绘制逻辑树了。在讲述工业级的需求拆分之前,作者先举两个生活中的例子由浅入深地讲清楚第一性原理。

延伸阅读:生活中的第一性原理

例子 1:夫人买衣服

作者的夫人每次买衣服,都给自己设定了好多条件,去苏州的各大商场逛了一圈又一圈,我已经很累了,夫人还是兴致盎然,最终的结果通常就是什么都没有买,下次再来逛。我却意兴阑珊如泄了气的皮球,满满的失落感,想到下次还要这么逛,就不寒而栗。

要怎么解决这个困扰我十几年的问题呢? 我和夫人进行了一场对话,如下:

我:你这样每次花大量时间逛街买衣服都无功而返,你是不觉得累,我要累垮了。

夫人:你不爱我。

我:不不不,我是真心想要帮你买到衣服的,可是每次根据你设定的要求,我们都是买不到呀。

夫人:我享受的是过程,买不到也开心,买到是终极开心。

我:好,那我们直奔主题,一步到位地达成终极开心。我来整理下你买衣服的条件,我先听你说。

夫人:我买的衣服要贴身显身材,要有气质,要有文化感、质感要好,可以春夏秋穿,不要烂大街款式,有中国风,让人眼前一亮,和我的包及高跟鞋完美搭配,清洗方便,可以看出我的穿衣品位,不能暴露。

我:你的条件是真的多,怪不得每次都买不到衣服,还有吗?

夫人:暂时就想到这么多,你打算怎么办?

我:我来分析下你的需求吧,来看看你到底要穿什么衣服,这样我们的目的会非常明确,一步到位地让你终极开心。

图 3.21 是我运用第一性原理来拆分夫人的需求。

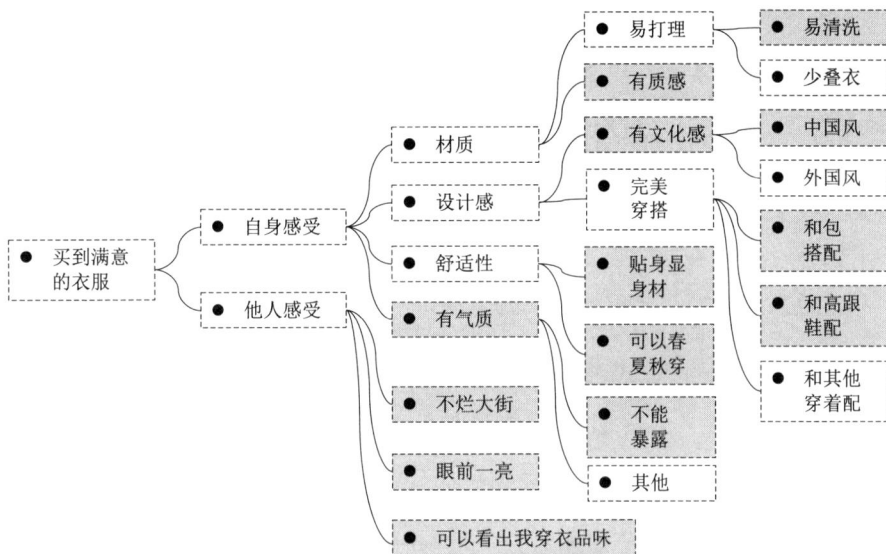

图 3.21　以第一性原理拆分买衣服需求

该图把夫人原先随口说的买衣服的条件全部代入了逻辑树里,没有考虑到的情况也一并列上了,我们来做进一步的解读:

(1)穿透到最底层的易清洗,中国风,和包配,和高跟鞋配,是核心需求,原先设定的 13 个条件一下子减少到 4 个,但是生活不能像在工业领域里那样完全按照第一性原理,只做核心,其他都不管。万一哪天又说其他也是核心,所以一定要兼顾夫人所有的要求。

(2)第一次拆分为自身感受和他人感受,用的是逻辑框架法,加起来就是整个感受了,这是全的。

(3)自身感受用子目录列举法拆分为材质、设计感、舒适性,此时还无法代入夫人的要求,要用子目录列举法再拆分一次,材质可以用易打理和有质感来衡量,有质感就是夫人的一个要求。然后什么是易打理呢? 又可以拆分为易清洗和不要叠衣服,有一个易清洗的要求浮出了水面,但是夫人应该还忘了不要叠衣服也是衡量易打理的一个方面。从分析中可以知晓，夫人的要求隐藏得有多深。

(4)自身感受拆分出来的设计感又可以分为有文化感和完美穿搭，拆分的原则是逻辑框架法内外部法，内在有文化感，外在穿搭漂亮。有文化感这个条件已经浮出水面，有文化感又可以分为中国文化和外国文化，用的还是逻辑框架法内外部法，夫人喜欢中国风的衣服又浮出了水面，落在了逻辑树里。

(5)穿搭的拆分使用子目录列举法，分为和包配，和高跟鞋配，当然还有其他如和丝巾配，和手表配，这全部列出来太多了，故归入其他类。和包配，和高跟鞋配正是夫人的条件，又在逻辑树里连了起来。

(6)自身感受拆分出来的舒适性又可以用子目录列举法分成贴身显身材，可以春夏秋穿，不能暴露和其他，加起来是一个整体。可以春夏秋穿的衣服凭常识就知道舒适了，只有舒适的衣服才能贴身也是常识，不能暴露是基本的要求，肯定要端庄稳重的。这些条件在逻辑树里连了起来。

(7)满意的衣服肯定是自身满意和他人也满意该衣服，用的拆分方法是逻辑框架法的主观和客观，自身满意已经分析过，他人满意可以使用子目录列举法。夫人不喜欢和别人撞衫；夫人买的这件衣服，通常要被她单位的同事们惊艳羡慕；可以看出穿衣品位应该是夫人的特别要求。这三个子项也是互相不隶属的，可能还有更多，夫人没有说出来，我也列不出来。

解析之后，我向夫人演绎了为何老是买不到满意的衣服，在没有绘制逻辑树的情况下，我们去买衣服时的逻辑关系如下：

(1)如果我们以着装不能暴露为牵引，那么肯定会误入歧途，我们会挑选长袖的衣服、长裤子、呢子大衣等，当挑完这些后，我们再加入一个条件易清洗，那么呢子大衣肯定被淘汰了，再加入一个条件贴身显身材，那些长袖的衣服、长裤子也很难达成，于是可挑选范围又缩小了。

（2）如果我们以和高跟鞋配为牵引，那么我们会挑选过膝盖的裙子，当选完裙子后，我们再加入一个条件有气质，那肯定不能买长袖的衣服了，通常比较美观的就是短袖、裙子配高跟鞋，范围又缩小了。

夫人也还算认可我给她的解释，但是不能解释后就彻底躺平不去买衣服，我们还是奔着买到衣服的，于是我建议按照我们分析出来的核心需求来找衣服，把易清洗、中国风、和包配、和高跟鞋配这四个要求当作一个组合拳出击，不再以 13 个要求全面出击。终于成功地买到了心仪的衣服，逻辑关系如下：

（1）中国风和外国风是一个宏大范围的两大子项，故从这个地方筛选是合适的，万一中国风不喜欢，还有大量的外国风可以选，选择中国风时，我们发现是真的好看，于是夫人一下子喜欢上了中国风，要在四类衣服里选择。

（2）把另外的条件易清洗加上，发现有些衣服挂了好多东西，不好清洗；有些没挂什么东西，好清洗，于是范围缩小了。

（3）旗袍可以和高跟鞋与包配，其他通常配的鞋就是平底黑色皮鞋，夫人的包包和高跟鞋是典型的中国风，这是她一直以来的风格，于是筛选下来，为了配她喜爱的包和高跟鞋，只能选择旗袍了。

根据核心要求筛选出来的目标衣服就是旗袍，于是我们两个人就辗转于各大旗袍店，旗袍材质又有真丝的、棉的、麻的、涤纶的，最终我们选择了真丝的旗袍。当选定后，我们夫妻俩神奇地发现真丝旗袍不光满足了夫人所有 13 个条件，还满足了更多她没有想到的需求，以下是详述：

（1）真丝旗袍是易于清洗的，在水里浸泡 15 分钟后，拿出来阴干即可，更夸张的是旗袍不能折叠，只能挂起来，满足了她没有想到的少叠衣要求，真是出乎意料。

（2）旗袍贴身显身材，几乎就是完美贴合。

（3）真丝材质用手抚摸极其有质感，和棉质旗袍不可同日而语。

（4）旗袍穿在身上，给气质加分。

（5）旗袍可以在春、夏、秋季穿，又满足了这个非核心要求。

（6）旗袍绝对不是暴露的，而是端庄稳重的，符合夫人平时着装。

（7）旗袍不是烂大街的，真丝旗袍物有所值。

（8）旗袍会让人眼前一亮。

（9）旗袍适合有品位、有文化、有底蕴的人穿。

当我们夫妻俩定下了买旗袍是最适合的，从此我们只要一想到买衣服，就第一时间冲进旗袍店，很迅速地买到了心仪的款式，原来逛8小时还买不到，现在不到2小时就满载而归，真正地找到了共同点，皆大欢喜。

在买衣服的事情上，我们成功地运用了第一性原理来拆分，这些拆分只要结合生活常识，几乎都能得到解决方案，广大读者在生活只要坚持常识，也可以发现这类有意思的案例。

例子2：提升女儿名次

有天正值叛逆期的女儿心情很好，我乘机和她谈谈如何提高名次，对话如下：

我：女儿你看，老父亲可是天天盼着你得第一名呐，你什么时候让老父亲心想事成呀？

女儿：有几个同学很厉害，我好像很难超越他们。

我：这样，我们一起来想想有哪些途径可以提升名次，用爸爸教你的第一性原理来找办法。

女儿：那该怎么办呢？

我：乖女儿你不能"躺平"，爸爸给你画个提升名次的逻辑树吧。

图3.22的逻辑树比夫人买衣服简单多了，我也是费尽心机帮她想到了这些办法，

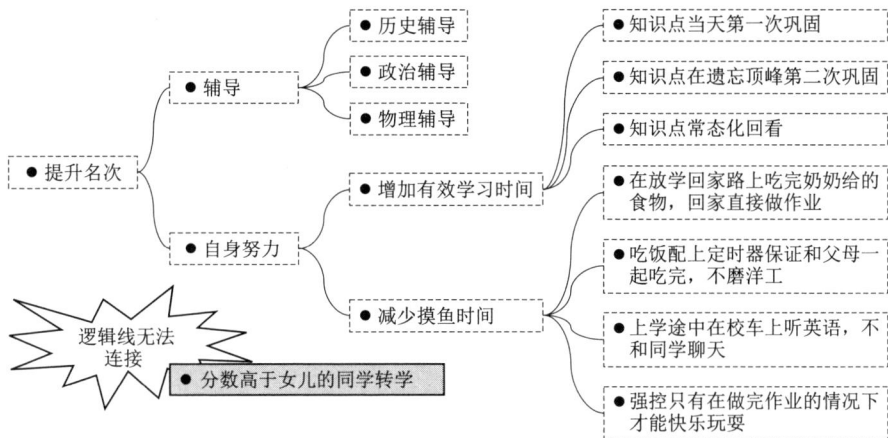

图 3.22 提高名次的逻辑树

我们来解析该逻辑树：

(1)提升名次的手段无外乎自身努力和辅导外力驱动,用的拆分方法是逻辑框架法的主观和客观。这种只要加强背诵的课,没有谁愿意辅导的。所以辅导这条路是行不通了。

(2)只好自身努力,自身努力用公式法拆分下来就是增加有效学习时间和减少摸鱼时间,这两者加起来是一个整体的过程。

(3)增加有效学习时间是基于遗忘曲线来的,有科学家做过统计,学习后的一段时间只剩了30%的记忆,一天之后更少,如果以后不复习,几乎都会遗忘。所以女儿要根据自己的遗忘曲线,及时复习,让记忆深刻,这是典型的流程法。

(4)减少摸鱼时间的拆分方法是子目录列举法,可能不全,但是我想到的就这么多了。在放学途中吃完奶奶给的食物和上学途中听英语是充分利用了并行时间,因为我以前当学生时在剪头发期间想试卷考题,在吃饭期间想魔方归位。吃饭配定时器和做完作业才能玩耍是为了营造紧张感,挤出更多的时间用于学习。

女儿提升名次的分析用上了第一性原理的四种办法,是一个典型的体系化解决问题的方式,把现有的问题点代入进去,如果不能连起来,那么逻辑上不通,没有因果关系。

为了尽快掌握第一性原理的真谛,可以看看如下一道练习题,如何找出图 3.23 中不符合第一性原理的点,读者可以自行练习。该图是学校的学生根据课本画出的思维导图,和工业级的逻辑树有大量不同,不能把平常生活中的思维导图当作逻辑树,二者有所不同。谨记子项互相不隶属,子项加起来穷尽所有就可以发现大量的不同。

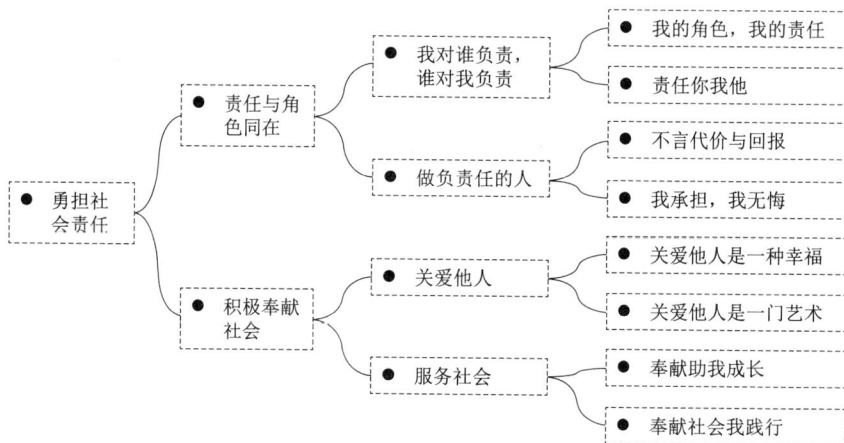

图 3.23　思维导图和工业级的逻辑树是不一样的

延伸阅读中的故事和案例可以很好地帮助我们理解第一性原理,工作和生活中充斥着第一性原理。

二、第一性原理在制造业生根发芽

回归本书制造业属性,接下来讲解第一性原理如何在制造业生根发芽。本书第四、第五章中的典型例子基本上都是基于第一性原理来解决数字化转型中的需求,而且还会产生新的洞见。

制造业的数字化转型天然是烦琐的,因此绘制制造业的第一性原理逻辑树,最好有制造业基本业务逻辑常识这个基本功。

以下为三个基于第一性原理绘制的保障数字化转型成功的逻辑树典型案例,请读者仔细思考其中的逻辑关系。

1. 构建研发线下数字化评估体系以支撑研发核心业务的未来数字化实践切实落地

研发位于企业价值链最前端,保障研发数字化转型的成功,将为后端制造的数字化转型打下坚实的基础。

没有数字化平台,我们要如何达成线下的 KPI 呢?KPI 不应"内卷",过度的 KPI 就是没有 KPI,适当的 KPI 才能提升员工动力,而且研发作为智力密集型的部门,天然不喜欢 KPI,这是作者做了十几年研发的感触。逻辑树如图 3.24 所示。

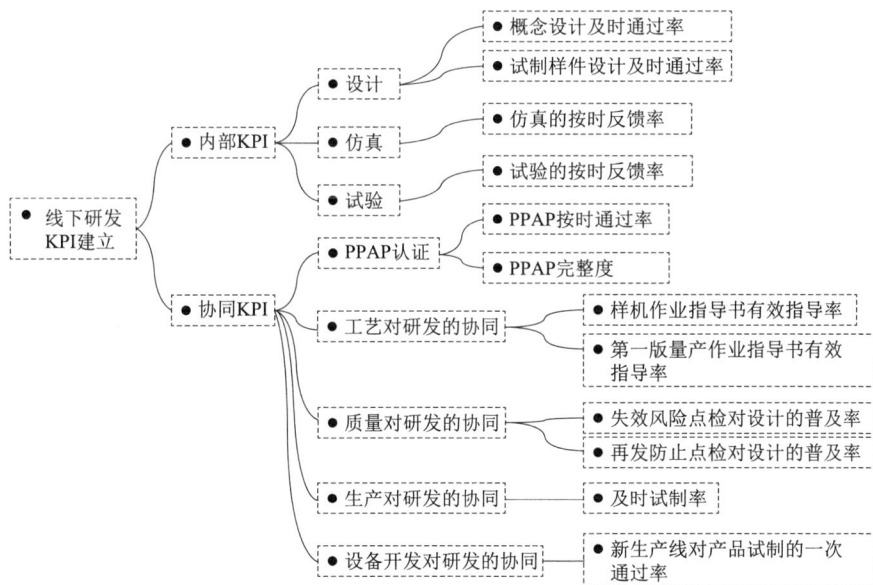

图 3.24　用于建线下研发 KPI 的逻辑树

解析:

(1)研发的 KPI 一定是基于逻辑框架法之内外部法拆分成内部自身的 KPI 和外部协同的 KPI。关于协同 KPI,研发是一个天然需要跨企业几乎所有部门的组织,KPI 是关键绩效指标,既然是关键的,就必定是少量的,所以仅从产品能否及时释放量产来设定关键协助部门的 KPI 就足够,无须考虑财务、人事、销售等协同,因为这些部门只有在过项目节点时才出现,而工艺、质量、生产、设备等部门可是全程陪同研发的。

(2)关于内部自身的 KPI,通常情况下,研发内部有设计组、仿真组、试验组,都归于研发部统一管理,在小组之间其实还是协同 KPI,但是放到整个研发部就是内部 KPI。协同 KPI 总归比内部自身 KPI 重要,所以我们把小组之间的协同 KPI 当作是内部 KPI,不再颗粒度到小组内部的 KPI。这种拆分方式结合了业务逻辑,用了流程法。因为流程就是一个典型的前后衔接做法,对应了设计完成后做仿真再做实验这个闭环,本书第五章第四节就重点阐述了这个闭环。

(3)设计的拆分还是流程法,分概念设计及时通过率和试制样件设计的及时通过率,概念阶段和试制阶段加起来就是设计阶段的整个过程。

(4)仿真和实验已经不能拆分,直接用各自的一个按时反馈率即可。

(5)协同 KPI 的拆分方法是子目录列举法,PPAP 是研发项目的关键交付物,只有交付了该文件,新产品才能释放量产。有些企业归采购部、供应商管理部、研发部负责,有些归项目部,本书设定为归项目部,若设定为归研发部,就是内部 KPI。PPAP 是关键中的关键,所以要有两个关键指标。拆分方法是子目录列举法,当这两项合起来,就代表 PPAP 完全通过,缺一不可。不能说 PPAP 中包含的若干个文件个数达到了数量就让通过,有可能是滥竽充数的,也不能仅仅按时提交了文件给项目经理就让通过,有可能是文件的下一层级单独的文件打开,里面的内容不完整。

(6)工艺对研发协同 KPI 的拆分法是流程法。匹配产品释放量产前后,前后加起来是研发释放量产整个过程,不含释放量产之后的持续工艺优化。故拆分的时候要时刻盯着最高目标,不能跑题,最高目标如北极星方向,是不变的。

(7)质量对研发协同 KPI 的拆分法是逻辑框架法的主观和客观,产品设计的失效风险点检就是主观认为可能失效而进行的点检,再发防止是点检已经发生的问题是否会在设计上重演,这两者加起来是一个整体。

(8)生产和设备开发对研发协同无须再次分解,一个 KPI 就足够了,想要更多也可以拆分,但是没有必要,KPI 贵精不贵量。

2. 提高数字化转型的成功率

我们可以采用第一性原理来绘制逻辑树,从理论上支撑本章第二节数字化转型实践落地制度的重要性、正确性。逻辑树如图 3.25 所示。

解析:

(1)假设现在忘了本章第二节的数字化转型实践落地制度,从一开始以结果为导向的常识性需求进行拆分,提高数字化转型的成功率就是常识性需求。用子目录列举法拆分,可以分成图示 5 个类型,为什么是 5 个,不是 6 个、7 个,是因为结合了数字化转型的常识和经验。常识之一是需要有一个现代企业制度分立的闭环,即业务部门立项、信息部门执行、数字化转型专家团第三方监理,犹如现在广泛认可的制造业共识即工艺定方法、生产执行、质量监督闭环。常识之二是一把手工程,由于数字化转型转的是管理方式,那么根据可追溯原则,管理向上追溯到终点就是一把手。很多中间地带的管理以前在线下可能互相推脱,谁弱势谁做,到了数字化时代,和强弱势没关系,需要一把手基于业务逻辑来判给哪个部门执行,这就是管理的革命了。经验是一开始就设定了未来数字化项目的 KPI,至于如何设定 KPI,信息部门有责任帮助业务部门制定自我提升的 KPI,这是经过长期数字化转型实战得出的正确战术。我们已经用第一性原理在错综复杂的需求中找到了核心需求,但是核心需求是用什么来衡量的呢? 还是要定义清楚,所以就是核心中的核心了。

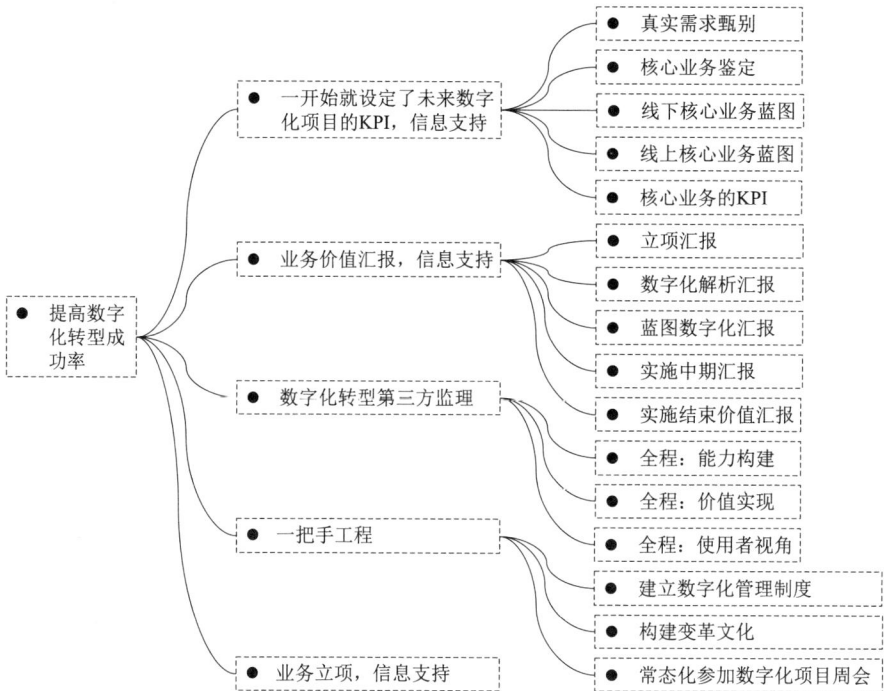

图 3.25　用于提高数字化转型成功率的逻辑树

"永远和客户站在一起"是一句美好的商业口号。仅知道赚钱而没有真正的客户服务意识的实施方是不会告知客户哪些是核心,一定要做,哪些是第二梯队的,可以后续慢慢做。即使实施方知道要甄别核心需求而且有能力甄别,也绝无动力,因为只做核心的话,商业合同金额就会大量减少。所以作者在本节中说明了一开始定义 KPI 极其重要,希望帮助企业少走弯路。

（2）设定 KPI 的拆分方式是流程法，从甄别出核心真实需求开始到最后 KPI 定义清楚，每一步互相不隶属，加起来是一个整体。

（3）业务价值汇报的拆分方式是流程法，贯穿于项目的整个过程。

（4）数字化转型第三方监理和一把手工程的拆分方式是子目录列举法，满足拆分原则。

3. 以数字化手段破除部门墙，实现业务端到端拉通

大量企业只要一跨部门就推动不下去事情，或者要管理者各种协调，好像也体现了管理者不可或缺的关键价值。只是，天然自带破除部门墙功能的数字化时代的来临，理论上最终会取代管理者，因为在数字化转型的项目中，就天然要绘制跨部门的蓝图，导致原先线下扯不清的管理问题会浮上水面，直到扯清楚后才固化入数字化平台，一旦扯清楚了，管理者的职能将大大减少，最终达成管理和数字化的平衡融合，在这个过程中，低级的管理者必将淘汰出局。

即使是不合适的管理者，也会意识到数字化转型的影响，因为数字化平台将把权力固化入流程里。所以在数字化转型项目中，来自基层管理者的隐形反抗一定要加倍重视。基于第一性原理的逻辑树，将从理论上实际上论证打破部门墙的必要性、合理性、紧迫性。如图 3.26 所示。

解析：

（1）第一层级的端到端拉通的拆分方式用逻辑框架法内外部法，为什么不用拉通的优势和劣势来拆分呢，还是要基于对业务逻辑的掌握，拉通肯定是企业管理者需要的。其实大部分的管理者都知道，用优势和劣势拆分下来反而被认为只是把显而易见的办法写了一下而已，没有触及痛点。尽管一级级拆分下去还是会找到痛点，只是比内外部拆分多几个层级而已。用内外部拆分,将一下子直达核心,在第三个层级就达到了。

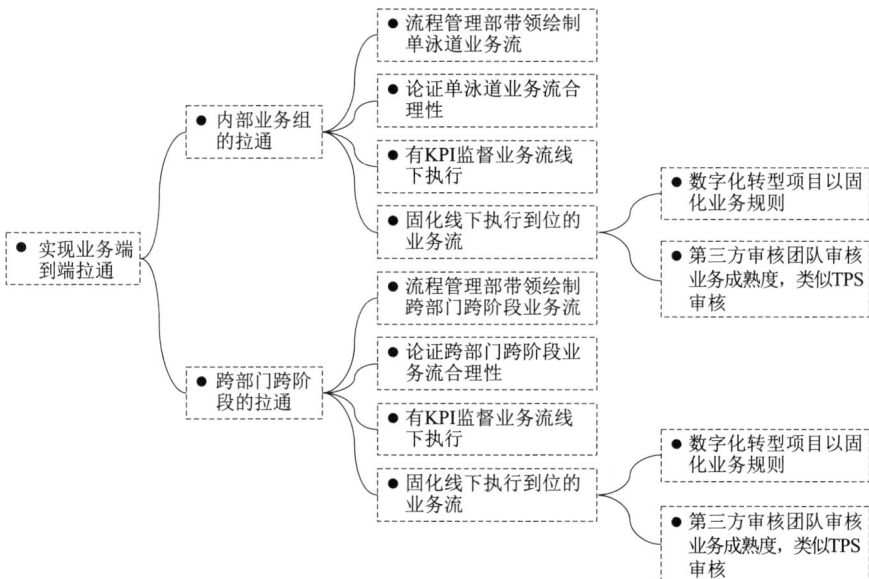

图 3.26 论证破除部门墙必要性、合理性、紧迫性的逻辑树

(2)内部拉通和外部拉通都使用了流程法进行拆分,除了单泳道和跨部门跨阶段有不一样,其他都是一样的,关键是在企业内部要有专门的部门来理顺流程。可以设立专门的流程管理部,也可以挂在质量部体系组,这个职能要带领各部门绘制流程并监督执行到位。执行到位需要有 KPI 来衡量,从这个层面讲,数字化转型确实是一个革命的过程,是线下业务管理方式的变革,数字化平台只是手段,用来固化已经执行到位的管理方式。再次强调数字化转型期间,精通业务逻辑是多么重要。

(3)固化业务流的拆分用了流程法。第一步是推行数字化转型项目,天然论证了推行数字化平台项目对于业务变革的合理性;第二步是推行完数字化转型项目后,如何常态化年度审核就提上了日程。数字化平台是线上管理手段,并不能取代线下管理,而是达成线下管理和数字化平台管理的有机融合。所以结合了线下和线上的年度审核就非常有必要，以审核来驱动业务的持续改进，创造更优的企业绩效。已经有先进的年度审核数字化平台，读者可以参阅本书附录章节附图 1.9，来开发企业自身的年度审核数字化平台。

工作中运用第一性原理比在生活中运用稍难，初级的管理者只会基于本部门做简单分析，高级的管理者会基于跨部门来做相对完善的分析，专业的数字化转型专家或顶级咨询顾问会达成和业务充分融合状态下的拆解分析，体系完整，无懈可击，更有洞见，更有说服力。

企业基于自身对数字化转型的定位，来决定分析的层次。依靠企业内部管理者来分析的优势是其懂得工作职责之内的业务逻辑，劣势是很难站在企业高维视角来考虑业务逻辑，导致基于第一性原理绘制出来的逻辑树可能会经不住推敲；企业采用价格高昂的顶级咨询顾问的优势是很容易从企业高维视角来全方位审视业务逻辑，缺点是顶级咨询顾问虽然可以和你侃侃而谈，但是也不是一时半会就能够精通业务逻辑的；企业采用从业务出身、精通业务和信息技术融合的更加昂贵的数字化转型专家，将达成事半功倍的效果，从市场上招聘数字化转型专家，企业需要开出百万年薪就可见一斑。

第四节　数字化转型专家的关键作用

在前述数字化转型制度里面已经初步讲述了变革评估团，这些变更评估团的成员就是各个业务条口的数字化转型专家。基于对业务逻辑的深度理解和基本的软件开发思维，来为数字化转型项目保驾护航。

一、数字化转型专家的作用

很多企业没有数字化转型专家,而是由企业信息部和业务部门互相"撕扯"出来所谓的需求。这两个独立的部门都有自身的 KPI 考核,所以很难找到共同点,就如前述的数字化转型的问题一样,导致大部分的数字化转型项目都是失败的。

痛定思痛下,一些企业已经意识到了这个中间专家的重要性,这个意识的产生是经过横向对比得来的,倒不是反思自身的数字化项目失败而得来的,这个横向对比的对象就是工艺。在国家没有推行数字中国战略的时候,通常情况下,技术部会直接下发设计图到生产部,生产部门哪怕是用榔头敲、用肩扛、用牙咬都会把产品做出来。

在数字化时代,已经没办法直接把图纸扔给生产部做了,于是工艺部门得到了空前的重视。工艺部门承上启下,拿了研发的图纸,设计了各类工装夹具,编制了作业指导书,鉴定了工时,设计了生产线,导入了设备,开发了模具等巨量的生产资源。生产部拿了工艺部给的资源,实现了高质高效生产,这个共识在数字化时代已经得到了充分认可,原来没有工艺的企业,在推行数字化转型时,迅速地组建了工艺部,并给予了前所未有的重视。

这种意识就如星星之火可以燎原,企业管理层发现从业务部门直接到信息部就如从技术部门直接到生产部,会发生大量的不匹配,于是思考是不是需要一个中间部门来保证业务部门到信息部的平顺过渡,于是数字化转型专家就应运而生。可以从社会层面得到证实,数字化转型已经极度需要数字化转型专家来支撑,各大招聘网站有大量的数字化转型专家职位释放出来。

数字化转型专家的作用到底有哪些?是不是犹如一个专家学者?我们先看一份数字化转型专家出的试卷。

部门:工艺部 姓名:张三 成绩:_____

一、填空题(每题4分) 得分:

1. 计算机辅助工艺设计CAPP的国家标准是GB/T 28282—2012。

2. 结构化的数据在数字化平台中的最大特点之一是跨部门跨阶段流转。

3. 业务数字蓝图之前的蓝图是业务蓝图。

4. 数字化变革评估的维度是能力构建、价值实现、使用者视角。

5. 在调研一家企业时,需要第一时间知晓该企业的生产模式是流程制造还是离散制造还是二者兼有。

二、选择题(每题4分) 得分:

1. 当前制造业数字化转型最贴切的解释是(C)。

A. 线下业务搬到线上

B. 实现透明工厂

C. 把优秀的管理思路固化入数字化平台

D. 机器换人

2. PLM的特色有(ABCD)。

A. 数据结构化　　　　　　B. 文档标准化

C. 知识覆盖　　　　　　　D. 业务流程化

3. 基于第一性原理,找到业务数字化的核心真实需求有哪些方法?(ABCD)

A. 逻辑框架法　　　　　　B. 公式法

C. 流程法　　　　　　　　D. 子目录列举法

4. 以下哪种方式数字化最彻底?(C)

A. 文档上传　　　　　　　B. 文档上传＋名称结构化

C. 文档结构化

5. 数字化转型的收益有(AB)。

A. 破除部门墙   B. 达成数据拉通

C. 裁员   D. 满足领导要求

三、判断题(每题 4 分)   得分:

1. 数字化转型的价值汇报由使用部门负责人汇报。(√)

2. 实施项目管理平台的目的仅仅是减轻项目经理的重复工作量。(×)

3. 实施 CAPP 的目的是达成在线编辑作用指导书。(×)

4. PLM 平台可以把设计 BOM 传递给 CAPP。(√)

5. 业务蓝图和业务数字化蓝图无须在意是否跨部门跨阶段,实施方基于业务蓝图开发而无须甄别蓝图合理性。(×)

四、简答题(每题 8 分)   得分:

1. 为什么尽量要求业务部门在提出数字化需求的第一时间就要给出未来数字化平台下的 KPI 指标?

答:(1)推动业务部门提业务数字化需求时,考虑清楚自身是否真的需要该业务的数字化转型,想不明白未来的 KPI 时,业务部门就无须提该数字化需求;

(2)后续数字化平台开发围绕 KPI 来进行展开,确保数字化平台精练高效,没有冗余的功能,不会浪费企业费用。

2. 简述研发、制造数字化转型的实践路径。

答:(1)需求提出;

(2)需求甄别;

(3)梳理业务流转蓝图;

(4)定义业务数字化流转蓝图;

(5)数字化转型项目书编制;

(6)甄别数字化转型实施方；

(7)项目实施；

(8)变革评估团队全程监理；

(9)数字化转型价值汇报。

3. 简述工艺数字化规划的方式。

答：(1)基于工艺部门数字化管理制度，首先要清楚初步工艺的核心业务，核心业务的典型特征是跨部门跨阶段，现场调研核心业务的执行状况；

(2)基于实际的执行状况，甄别出真正的核心业务，核心业务需要画业务蓝图，基于业务蓝图形成业务数字化蓝图；

(3)在数字化蓝图里，结合工具软件和系统拉通软件编织业务网，工具软件是系统软件上的一个点；

(4)形成系统拉通上的数字化转型项目需求和工具软件项目需求。

4. 简述研发数字化转型中可以结构化的部分，哪些信息结构化无意义？

答：设计图是数字化的，但是管理是针对整个设计图进行管理，把设计图结构化难度极大且收益不足；设计 BOM 自带产品装配，天然结构化；材料设计均是参数驱动，是结构化的；仿真是基于材料或 3D 结构进行后续处理，可以认为有结构化输入。除此之外，各类设计文档、产品规范、材料物性等要在项目管理平台交付的文件，都是文档管理，不可能也无必要进行结构化，故真正的知识穿透要基于彻底的文档结构化才能达成，而现阶段几乎不可能达成，即使请 IT 大厂来实施制造业的需求也无法达成。

5. 简述信息化和数字化有什么差异？

答：信息化包含 IT 硬件建设、单个工具软件导入、在线编辑文档等，数字化不一定需要上软件，是业务的数字化，数字化可以用一个 Excel 表设定数字化衡量的标准，线下忠实执行，当需要把该线下管理的业务转到线上时，导入软件即可。

从该试卷上,可以得出数字化转型专家的典型特征是有业务体系化的思维,有把业务数字化的常识性认知,对数字化转型有极深刻的认知,是有战略高度的专业人士,是理论和实践的综合体,是学术应用型人士,是数字化转型的导师,是业务部门数字化转型的贴心伙伴即 ITBP,不是程序员。

尤其要注意制造业数字化转型专家一定要是业务出身,IT 出身的人或许无法理解业务逻辑,由于认知偏差,业务部门认为稀松平常的业务逻辑,存在事实上的隔行如隔山。就如作者以前是做产品研发的,对精益生产一窍不通,别人和我讲述精益生产的道理,也是鸡同鸭讲,当我下场实践精益生产时,发现其实也不是那么难,难度比做产品研发小多了,真的是会者不难,难者不会。

在数字化转型项目里,数字化转型专家的定位如图 3.27 所示,优秀的企业一定会设立这个职务,并分解具体的工作内容。

二、数字化转型专家的定位

我们正好用上本章第三节的第一性原理来解析数字化转型专家的定位,第一性原理不光是用来拆分一个结论,当把数字化转型专家的定位当作是一个结论时,同样可以拆分,如下:

(1)按照逻辑框架法的主客观法进行拆分可以分为新业务的指导和当前业务的改进,新业务属于即将要开展的,还没有实物,所以是主观的,当前业务是已经存在的客观事实,归于客观,两者合起来是一个整体。

(2)新业务的指导拆分按照流程法,即项目前期、中期、后期,三个周期加起来是一个完整的项目周期。

(3)新业务前期要做什么,再用流程法分四个层级,即从常识层开始到KPI层结束,这四个层次又是一个完整的整体,当然若有第五层也是可以列出来的，一切基于企业的特定情况。

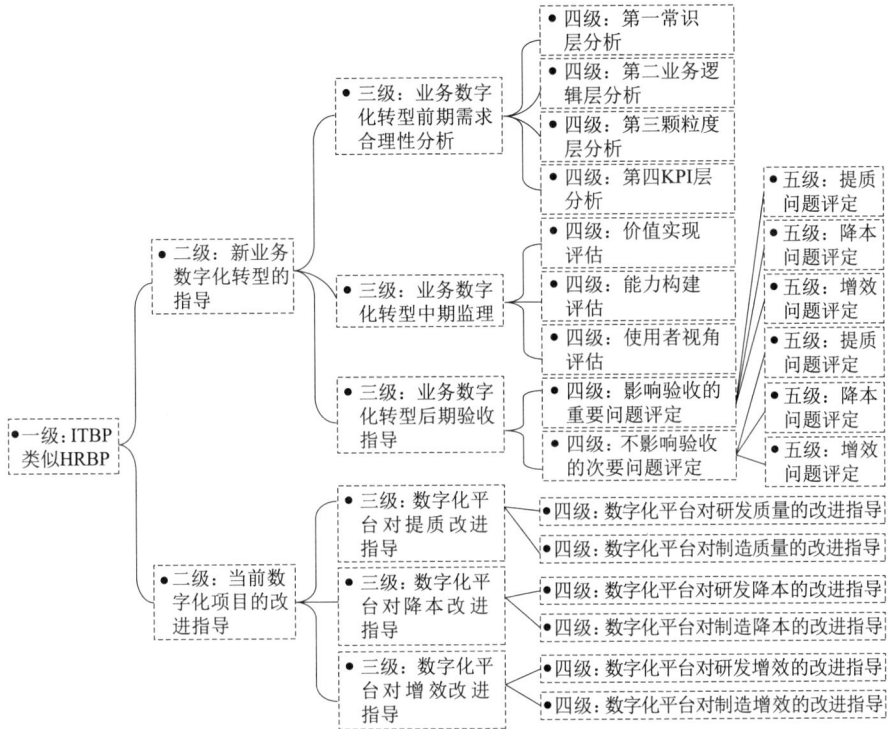

图 3.27　用于梳理数字化转型专家定位的逻辑树

（4）新业务中期要做什么，用子目录列举法，即从价值实现、能力构建、使用者视角三个维度进行评估。为何要把使用者视角放入，理由是若开发的平台，使用部门都不使用，即使功能都达成，也认为是不达要求的，所以客观上要求在前期就绘制好未来的业务操作场景图，在中期全部实现当时的业务场景时，该问题就不是问题。

（5）新业务后期验收要做什么，用逻辑框架法进行拆分，从影响和不影响验收维度来拆分，加起来是一个完整的验收清单。

（6）影响和不影响验收，用提质降本增效这三个维度来拆分，用的是子目录列举法,为何是这三个子目录,因为是基本的常识,数字化最终要实现提质降本增效,否则没有任何意义。

(7)当前数字化项目的优化是在已有基础上挖掘新的洞见,用子目录列举法是最贴切的,从提质降本增效维度拆分是一个互相独立又合起来完整的方式,同第(6)点。

(8)对第(7)点的再次拆分使用了流程法,分研发阶段和制造阶段,加起来是一个完整的阶段。该业务极其重要,详细请参阅本书的第四章第四节。

三、分阶段突出数字化转型专家

至此,基于第一性原理,从顶层定位分解出来的事务,我们可以看出,数字化转型专家定位于数字化转型过程中全方位的伴跑者。业务部门通常会有如下疑惑但不仅限于此,数字化转型专家将解开以下疑惑,真正地传道授业解惑。

1. 在需求提出阶段

使用部门的困惑:我的业务到底要不要数字化转型?提业务数字化转型前,我要如何调研? 已经提出的需求在未来实现的可能性到底怎样?能不能实施不要取数的KPI数字化平台?

数字化转型专家逐一解惑:基于常识审视业务逻辑的合理性,判断是否有数字化转型的必要;按照跨部门跨阶段调研,前提是工业逻辑需要清晰;甄别伪需求,挖掘真实的需求,实现的可能性才大;KPI取数是数字化平台的基本要求,也是业务本来的要求,原则上没有KPI的数字化需求都是错误的。

2. 在数字化项目实施阶段

使用部门的困惑:业务蓝图为什么不能是一个泳道? 实施方是否真的

能够达成业务的需求？如何知晓数字化转型项目没有偏离目标？为什么某些文档一定要结构化,结构化有什么好处？业务蓝图不跨部门跨阶段有问题吗？数字化转型是不是就是简单线下转线上？

数字化转型专家逐一解惑:数字化转型必定要打破部门墙,不能在数字化平台里砌部门墙;指导业务颗粒度的细化将达成需求的逐层清晰,进而达成业务需求;结构化的文档必须在数字化平台里流转,流转的意义在于拉通数据链,数据瞬间即达,不再是传统的手动传递,仅仅一个孤立文档无必要结构化;至少需要跨部门,不跨部门的需求属于部门内部制度的数字化,在数字化平台里尽量少地部门内部签审,因为在部门内部,上级对下级直接口头传达即可;真要简单线下转线上,那么现有流程必须是优秀的且已经执行到位,不假思索地把业务流搬到线上是不负责任的。

3. 在数字化项目结案阶段

使用部门的困惑:使用部门到底要如何汇报数字化转型的价值？团队成员就是不想用数字化平台,要怎么推动？个人在数字化项目中得到了哪些提升？数字化 KPI 真实地驱动 QCD 提升了吗？

数字化转型专家逐一解惑:从使用者角度呈现数字化平台对业务的价值,不一定完全以数字来衡量,比如前述第二章第五节第四段落的现场管理的数字化,是基于常识的,没有收益计算也无妨;数字化的流程先僵化再优化,以适当奖惩的方式推动员工使用;数字化不仅为企业,更提升自身的逻辑思维能力和结构化思维能力;指导基于实施前后的数据,取得真实的对比,常识性的需求可以例外。

至此,通过第一性原理分析、数字化转型试卷解读、数字化转型专家的全方位伴跑,我们可以清楚地知晓数字化转型专家的标签:一是支持信息部门工作;二是 IT 和 OT 的融合体;三是精准解读业务需求;四是支持业务部门;五是常识践行者;六是调研＋审查专家;七是项目公用资源;八是精通知识穿透业务需求;九是需求挖掘者;十是精通业务逻辑拉通;十一是培训工业逻辑;十二是精通 KPI 取数逻辑定义;十三是精通研发、工艺、质量、精益逻辑;十四是变革评估团成员。

在一些专注口号的企业里,数字化转型专家正如前面第二章第四节第三段落描述的那样,被当作吉祥物束之高阁,究其本质,是没意识到数字化转型是一个自我革命彻底重生的过程,需要有不破不立的勇气,如果只想小打小闹,当然用不着数字化转型专家从整个体系上来重构运作模式了。管理层若没有破釜沉舟的勇气践行数字化转型,作者还是建议早点放弃,以免执行了一半打了水漂,成了反面典型就不好了。

第五节　简述中小企业数字化转型方法论

印象中,似乎数字化转型是大企业的专属,大企业预算丰厚,随便投资一个数字化平台,都愿意花费几千万元,即使砸下去后并没有见到水花,也还会持之以恒地在数字化转型的道路上奔跑,有政策引领,终究会收获成果。

回到现实,第四次经济普查数据显示,中小企业的从业人数占全部企业从业人数的比例达到 80%。这就是现实,中小企业没有雄厚的财力、高级的人才,难道就不要践行数字化转型了吗?其实也是需要的,因为每一个中小企业主对于企业的成长天然有自我鞭策的动力。

本节简要阐述中小企业应该如何走数字化转型的道路。有以下要点供参考:

(1)在财力并非雄厚的情况下,中小企业的管理者更要熟读本书的第一性原理,找到当前最需要实现数字化转型的痛点,而不是盲目随大流,万一跟随不好,满盘皆输。

(2)各级政府通常会鼓励辖区企业推行数字化转型,存在相关补贴。中小企业不能把数字化转型项目执行成一个形象工程,起码应该解决一个真实的痛点。

(3)参考本书第四章第四节的做法,采用短平快的逆向思维,立竿见影地见到效果,花小钱办大事。可以参考附录章节的部分软件平台,现场管理平台就是一个好的例子。

(4)在持续不断地获得短平快收益的同时,建立中小企业数字化转型的信心,认识到数字化转型是一个提升核心竞争力的革命过程,不是一蹴而就的。

(5)中小企业的数字化转型,更重要的是考虑清楚在没有数字化平台的情况下,业务的 KPI 是什么,若不想清楚 KPI,导致投资不菲的数字化平台并没有发挥出效能,会恶化中小企业的财务状况。若中小企业把错误的管理方式固化入数字化平台,更会导致业务的衰败,比如一家小企业天天要求销售人员来企业打卡,计算出勤率,导致拜访客户的时间大量减少,订单自然少了,而大型企业却可以这么做,因为就算销售人员不出去拜访客户,大企业让人放心的稳定的合作关系还是会带来送上门的销量。

(6)鉴于数字化转型人才的匮乏,中小企业的数字化转型可以采购市场上的数字化转型专家服务,专家会帮助中小企业梳理整体业务流,设定企业跳一跳够得着的 KPI,推荐适用于企业的工具软件等。在项目完成后,中小企业可以自行选择市场上的实施方,或者由管理层自行推动即可,相比找市场上大型全流程实施商,投资回报率极大。需要注意的是要找市场上深耕制造业几十年的数字化转型专家,才能保证真正的实施效果,不要找初级专家。

(7)实施数字化转型 Quick Win(快赢)项目,方式是找到市场上知名的数字化转型承包商，只实施成功某一个业务的数字化转型，比如质量管理平台、数字化工艺平台等。学会数字化转型的方法论，后续其他业务的数字化转型，由企业的业务部门提出，信息部实施。该方法的注意点是一定要学会知名承包商的方法论，否则画虎不成反类犬就不好了。

（8）中小企业对于数据的缺乏是天然的，在数字化转型前，需要企业一把手推行以数据来说话的企业氛围，在相对准确的数据基础上实施数字化平台，对于中小企业管理水平的提升是显而易见的，通常所说的精益数字化就是这个道理。

（9）数字化平台将把权力固化在流程里，将极大地减少一言堂，对大企业来讲有极大的利好，而中小企业流程不完善，很多事情都要上升到企业一把手决断，故中小企业一定要把握好企业一把手和被数字化平台固化的流程之间的边界，不能上了数字化平台，企业一把手自己破坏管理规则。

以上，中小企业的数字化转型和大型企业的数字化转型有区别，也有共通之处，在财力雄厚的基础上，大企业数字化转型成功，会强者愈强，但是并不意味着中小企业在强者面前会此消彼长，成弱者愈弱，马太效应在数字化转型时代不见得适用。当中小企业摸索到适合自身企业的数字化转型方法论，同样会慢慢崛起，不是没有机会的。

04

第四章
战役级实战场景

在深度阅读了前述章节后，读者一定会明白数字化转型落地之道。数字化转型实践的道路漫长且充满挑战，实践是检验落地之道的唯一标准。

本章的实战场景将带领读者了解KPI取数背后的工业逻辑、如何真实调研企业数字化程度并给出发展的方向、基于第一性原理分析出的精益手段如何在数字化时代发扬光大并真正对企业产生实效、为何要基于智能制造生产线背后的设计及运行原理来承载数字化理念等。

这些叙述都是从业务角度出发，而非信息化角度出发，真正的目标是用数字化手段来解决业务痛点。

第一节　数字化平台里的 KPI 取数规则参考

在第三章第二节中已经明确说明没有未来的 KPI，不予立项数字化转型项目，KPI 是何其重要，我们基于数字化转型实践落地制度的流程图再专门绘制一个展示 KPI 重要性的整体业务流转图，如图 4.1 所示。

KPI 要如何定义呢？这是一个很纠结的事情，自己给自己定 KPI 会流于形式，管理者给各个部门定 KPI，由于不知晓最细节的操作，执行下来通常会被化解于无形，又不能不定 KPI，尤其是在数字化时代。

我们来横向比较标杆灯塔企业吧，正如作者在另一本书《数字化转型底层思维故事》里所述"企业有干练高效的用 KPI 衡量的业务流，业务流由运营体系来有效支撑，比如制造业的丰田 TPS、施耐德 SPS、美的 MBS、丹纳赫DBS 等，即使没有数字化软件平台，仍然不影响他们几十年来霸屏 500 强排行榜。究其原因，是优秀的管理制度保障各级员工都充分忠实执行一个运营体系，就算是一张朴素的 Excel 表格都可以有效执行优秀的管理思路，所以不见得没有数字化软件平台，这家公司就没有数字化转型成功"。

下面以某制造企业的运营体系来说明 KPI 应该如何开展，该企业在其所处的行业是无可争议的灯塔，那么这个灯塔企业的底层运作到底是什么系统呢？如下叙述：

该企业聘请顶级咨询公司设计了一套年度运营评估体系，这个运营体系

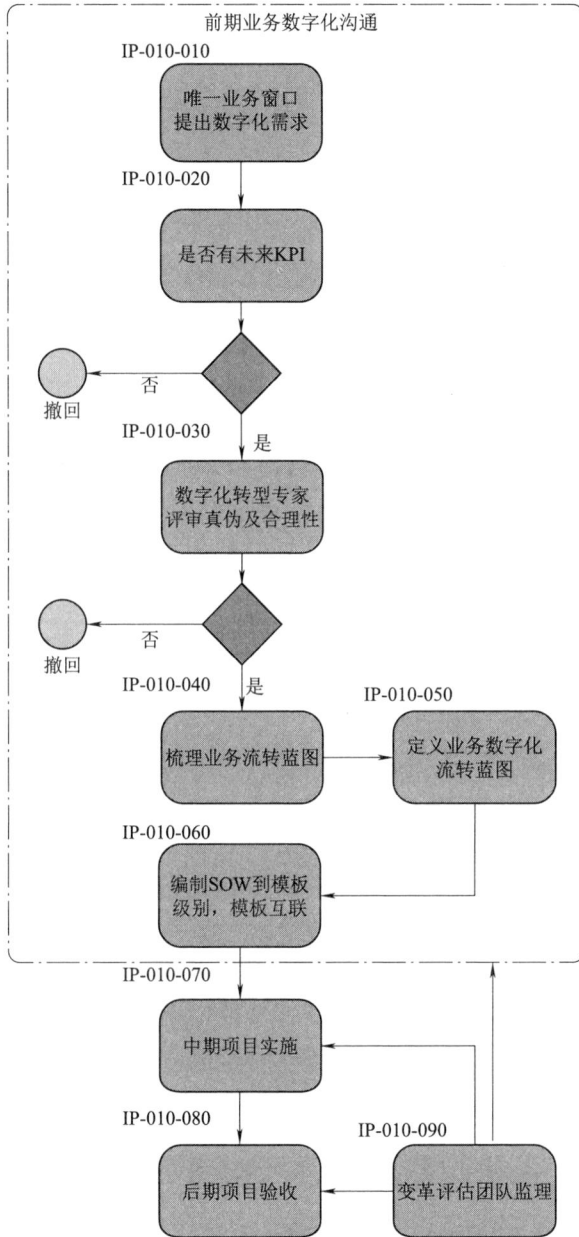

图 4.1　一开始无 KPI 即无数字化转型项目

分为了几十个子模块,每个模块在当年的执行效能又被设定为 5 个等级,即概念级、基本级、标准级、高级、专业级，每一个级别都有衡量的标准，每个财务年度，集团总部精通业务逻辑的审核专家团（注意不是通常认为的审计部）会基于制订的审核计划飞临到各地的基地，进行现场年度审核（注意不是在线）。该套运营评估体系的几十个模块都会——被审核，最终给出让人信服的审核分数，当该基地本年度审核下来是 1 分，那么该基地的总经理会被当场免职；当达到 2 分，会给予一年的改善机会；当达到 3 分，是达标，可以正常拿年终奖；当达到 4 分，可以每两年审核一次；当达到 5 分，可以作为标杆向集团其他基地推广，当然三年审核一次也是可以商讨的了。

在年复一年的滚动审核下，整个集团的竞争力越来越强，这种方式穿越了经济周期，该运营评估体系就是一个 Excel 表，甚至都没有把 Excel 表格在线化，全体员工忠实执行，即使没有数字化的辅助手段，仍然达成了高效运营。

制造业里有意识的企业已经把该 Excel 表格开发成了一个审核平台，该审核平台可以自动抓取到卓越工业平台中其他模块的数据用于计算，本质还是让审核人员对企业的年度审核分数更快出来，是高效的数字化辅助手段，原先要线下手工计算几天，现在只要几秒钟就计算出来，参阅附录章节附图 1.9。

这个 Excel 表格里到底是什么，凭一张朴素的表格就打败了各种"高大上"的数字化平台，实际就是该标杆企业所有的数字化平台里面的 KPI 都是源于该表格，都和该表格有千丝万缕的联系。下面以作业指导书这个场景来展示。如下：

作业指导书的结构是两个层级（具体细节参阅第五章第五节或书籍《数字化转型底层思维故事》），即整体概述级别简称概要级和把整体概述极度细化简称分解级，一份作业指导书由两个层级来构成。

一、作业指导书的评审维度

作业指导书不是工艺部一个部门的独角戏,作业指导书必然会指导现场,故作业指导书的编制还必须有员工参与度的衡量(在数字化平台就可以用协同 KPI 来衡量)。

作业指导书践行工艺定方法、生产执行、质量监督,故质量人员也必须包含进来。

至此,作业指导书的评审维度有四个:一是概要作业指导书;二是分解作业指导书;三是员工参与;四是质量。这四个维度的打分从 1 分到 5 分,作者来简述。

1. 概要作业指导书

1 分概念级的衡量标准:概要作业指导书可看到,悬挂在工位上,安全、健康、环境风险、质量要点均有效显示。每两月更新一次。

2 分基本级的衡量标准:概要作业指导书按步骤构成以保证操作步骤易于追踪,包含了质量方面的关键点。每月更新一次。

3 分标准级的衡量标准:概要作业指导书可视化且易于理解。全工厂均是标准化的格式比如符号、标识等。每半月更新一次。

4 分高级的衡量标准:概要作业指导书 100％可视化,按步骤展示,放置在员工正面,无翻页,无身体扭转查看文件(包含质量警示文件)。

5 分专业级的衡量标准:所有的概要作业指导书,包括安全、质量、组装均 100％可视化(使用数字化的作业指导书,自动分页)。

2. 分解作业指导书

1 分概念级的衡量标准:分解作业指导书用于换模(若适用)和测试设备(若适用)。操作员工培训了分解作业指导书(需要培训证明)。每两月更新一次。

2分基本级的衡量标准:分解作业指导书按步骤分解到每一个步骤和要求。格式和构成是跨工厂的标准化,每个操作员工必须遵从分解作业指导书操作。每月更新一次。

3分标准级的衡量标准:分解作业指导书包含了操作的所有细节比如工作步骤、步骤工时、关键点、可视化、关键点、符号(关键质量点、安全、标准在制品等)和符号的解释。每半月更新一次。

4分高级的衡量标准:分解作业指导书放置于操作员工易于获得阅读的位置且设计成易于轻松使用的。设备的分解作业指导书80%是标准格式。

5分专业级的衡量标准:分解作业指导书持续改善,操作员工非常满意(使用了数字化作业指导书)。

3. 员工参与

1分概念级的衡量标准:操作员工培训了概要作业指导书(需要培训证明)。

2分基本级的衡量标准:概要作业指导书是跨工厂的标准化格式和构成,操作员工必须遵从(质量警示张贴在风险区)。

3分标准级的衡量标准:概要作业指导书的格式和位置反映了人机工程学的要求之易于查看和阅读。有标准的方法用于培训工作标准。

4分高级的衡量标准:操作员工参与了作业指导书的制定。

5分专业级的衡量标准:有证据显示概要作业指导书的改善带来了质量和效率上的提升。有证据显示操作员工参与了作业指导书的更新。有流程告知员工如何参与。

4. 质量

1分概念级的衡量标准:质量的概要作业指导书张贴在工位上(质量警示、偏差、关键制程参数、报废和返工流程)。

2 分基本级的衡量标准：有一个标准的程序文件，操作员工知晓当缺陷被发现时必须遵守此流程。根据此流程，获得的帮忙是可靠和及时的。质量警示必须有截止日期，张贴后不超过 30 日。

3 分标准级的衡量标准：标准的质量警示张贴在风险工位上，没有失效的质量警示张贴。制程更新时，有流程保证更新概要作业指导书和分解作业指导书。

4 分高级的衡量标准：有任何的制程审核、制程失效模式分析、控制计划、关键质量点、客户投诉、8D（Eight Disciplines Problem Solving，8D）报告等的执行，概要作业指导书和分解作业指导书必须要更新。至少年度需要检查是否更新。

5 分专业级的衡量标准：质量警示有效减少了质量风险（悬挂历史问题记录）、重复问题、客户缺陷。

以上是运营体系中一个作业指导书模块的年度审核条款，以数据来衡量，读者阅读到此，一定会感慨想要做一个审核专家，得有多少年的制造业沉淀才可以呀，这再次印证了制造企业的数字化转型不应该由信息部门主导，业务部门理解这些审核条款都有难度，更何况信息部门。所以，自然而然，根植于该运营体系里面的数字衡量在数字化时代会演化成数字化平台里面的 KPI 取数规则，更加不可能由信息部门来主导了，信息部门做好辅助引导即可。

二、数字化平台的 KPI

接下来，基于作业指导书的年度评估，我们来思考在数字化平台里面的 KPI。

1. 数字化平台的 KPI 指标

（1）前述的作业指导书年度评估体系要求日常需要看到文件更新，那么在数字化平台里可以设定作业指导书的及时更新率。

（2）前述的作业指导书年度评估体系要求分解作业指导书展示所有的操作步骤、所有的关键要点等，那么在数字化平台里面就可以设定作业指导书完整度衡量。

（3）前述的作业指导书年度评估体系要求员工易于根据作业指导书操作，那么在数字化平台里面就可以设定作业指导书的有效指导率。

（4）前述的作业指导书年度评估体系要求操作员工注意关键点，质量巡检员要检查关键点，可以设定有效监督率。

（5）技能波动率在作业指导书年度评估体系中未提及，但是员工稳定的技能就是基于作业指导书熟练掌握，若不熟练，技能水平自然是下降的，所以在数字化平台中可以设定技能波动率。

（6）前述的作业指导书年度评估体系要求操作员工参加作业指导书编制，那么在数字化平台里面就可以设定及时协同率。

2. 数字化平台的 KPI 逻辑关系

数字化平台 KPI 的六大指标在数字化平台里面到底如何计算？请参考如下逻辑关系，每家企业都有自身的特色，读者要参考以下方式，找到适合自身企业的计算方法。

（1）作业指导书及时更新率：某一类型的产品即使只有一份在半月内更新一次，就符合要求。某一产品的一份更新等于某产品更新，计算公式为已经更新的产品总数/总产品数量，在系统中抓取数据。

（2）作业指导书完整度：基于 CAPP 的规则，软件自动判断输入的结构化类型是否完整或者表格是否完整，少参数意味该份作业指导书不完整，计算公式为完整的作业指导书的数量/总计作业指导书数量。

（3）有效指导率：基于已经在系统中设定的工位复训周期，复训周期又根据工位难度而设定,系统自动抓取复训后的培训记录,计算公式为当前时刻已经完成的复训数量/当前时刻所有的复训数量。

(4)有效监督率:只有在开机运行时,自动化设备抓取作业指导书的关键点,计算公式为关键点已经被自动检查的数量/总的自动设备检查的数量;在 QMS(Quality Management System,质量管理系统)中导入所有的作业指导书上规定的人工检查的关键点,在产线运行时,从系统中设定的巡检表格抓取是否有巡检员把信息输入系统,计算公式为输入系统关键点之和/所有人工检查的关键点之和。

(5)技能波动率:基于作业指导书的培训,对操作员工的技能等级进行了上下波动,前提是操作员工资质的产生过程已经在系统中建好,参阅附录章节附图 1.8。在一段时间内,以周为单位,看到技能波动小于 20%,波动率分单个员工和所有员工,单个员工是实际技能分数围绕设定的技能的上下波动,所有员工技能波动率是单个员工的求和平均值。

(6)及时协同率:在发布结构化工艺时,系统强控要提交工艺人员对操作员工的培训记录,否则不予发布,计算方式是在当前时刻,系统抓取到已经提交了培训记录的结构化工艺的数量/(待发布+已发布的结构化工艺数量之和)。

三、产品开发部门 KPI 的取数规则

图 4.2 是围绕产品开发的关键部门的 KPI,再继续讲述研发和质量的取数规则。无限制地讲下去意义不大,读者学习了该思考方式后,可以自行练习。

1. 研发在数字化平台中的 KPI 取数规则参考

(1)概念设计及时交付率:截至某时间点,某产品类别下,在项目管理平

台 PMS 中总计按时交付给客户的数量/所有交付给客户的数量。系统中创建日期和客户需求日期不可更改,除非获得客户认可。

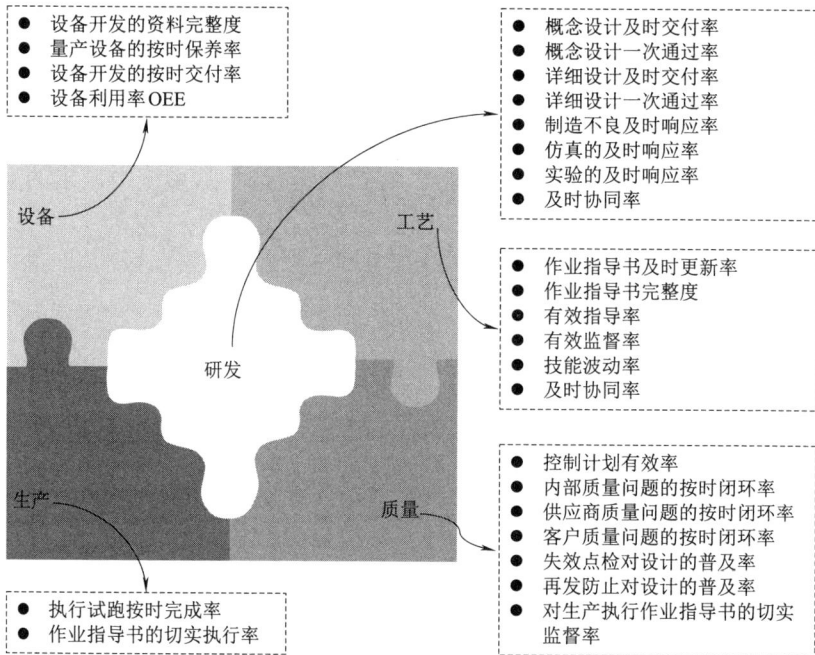

设备
- 设备开发的资料完整度
- 量产设备的按时保养率
- 设备开发的按时交付率
- 设备利用率 OEE

工艺
- 概念设计及时交付率
- 概念设计一次通过率
- 详细设计及时交付率
- 详细设计一次通过率
- 制造不良及时响应率
- 仿真的及时响应率
- 实验的及时响应率
- 及时协同率

- 作业指导书及时更新率
- 作业指导书完整度
- 有效指导率
- 有效监督率
- 技能波动率
- 及时协同率

研发

生产
- 执行试跑按时完成率
- 作业指导书的切实执行率

质量
- 控制计划有效率
- 内部质量问题的按时闭环率
- 供应商质量问题的按时闭环率
- 客户质量问题的按时闭环率
- 失效点检对设计的普及率
- 再发防止对设计的普及率
- 对生产执行作业指导书的切实监督率

图 4.2 与产品强关联的核心部门 KPI 建议

(2)概念设计一次通过率:截至某时间点,某产品类别下,产品生命周期平台 PLM 抓取在概念设计阶段,该设计图的概念定型版本次数,单个图通过率为 1/版本次数,总计通过率即取所有图纸的平均值。

(3)详细设计及时交付率:基于 PMS 的不可更改的交付日期,某产品类别下,抓取在 PLM 中发布的小于 PMS 规定日期的图纸数量/在交付日期前的所有发布和未发布数量之和。

(4)详细设计一次通过率:类似概念设计一次通过率。

(5)制造不良及时响应率:在质量管理平台 QMS 中创建的质量问题,在系统设定的时间内提交了长期和短期对策,小于等于短期时间限定的数量之和/总数量,小于等于长期时间限定的数量之和/总数量,以在一段时间内,某个产品类别为牵引计算及时响应率。

(6)PPAP 的通过率:量产时刻,已经完成的 PPAP 的数量/总计 PPAP 数量。

(7)仿真的及时响应率:基于系统中设定的默认仿真时长数据,和现有的实际仿真时间之比,所有仿真条目花费的实际时间之和(系统以仿真部门提交结果为判断标准)/所有仿真条目理论时间之和。

(8)实验的及时响应率:同仿真。

(9)及时协同率:PLM 中推送给质量和工艺的制造审核在规定的时间内回复,规定时间在系统后台输入定值强控,实际花费时间(系统以工艺和质量在系统中反馈的时间为判断标准)/所有协同条目的理论时间之和。

2. 质量在数字化平台中的 KPI 取数规则参考

(1)控制计划有效率:入料检验的控制计划已经进入 OMS,每一件物料在收货时刻,即联动到控制计划和入料单号,检验要求从控制计划中自动发送到检验员,检验员已经按照要求检验,输入到系统中,形成基于控制计划的实际检验数据。某段时间内已经有的实际检验结果单数量/总入料单数量。

(2)内部质量问题的按时闭环率:系统中抓取的已经有再发防止措施导入的信息,比如作业指导书警示、防呆器具保证、技能波动后的补贴下降等,前提可以抓取到而不是手动输入。抓取小于系统设定时间的已有措施的信息数量,这些有措施的信息数量和/总数量。

(3)供应商质量问题的按时闭环率同上。

(4)客户质量问题的按时闭环率:在 CRM(Customer Relationship Management,客户关系系统)中创建的客户问题,解决对策已经获得客户认可的数量之和/总计数量,约束条件是在客户要求的时间之前完成。

(5)失效点检对设计的普及率:根据失效点检的类型,研发人员在设计某款产品时点检记录数量/某款产品所有失效点检数量。

(6)再发防止对设计的普及率同上。

(7)对生产执行作业指导书的切实监督率:某产品生产期间,QMS抓取MES操作界面中的操作员工点击的关键要点的数量/总计关键要点数量;自动化设备同工艺的有效监督率。

至此,以作业指导书为例,参考灯塔企业的做法,从年度审核分解到数字化平台到底如何设定KPI取数规则,是一个系统性的工程,也是正向的正确做法。当企业没有固定下来的年度审核条款时,KPI的取数也只能具体问题具体分析,咨询顾问或企业内的数字化转型专家要有能力发现真实的痛点,业务部门也要说真话,仔细商讨后定下KPI,而不是为了交差随意地糊弄一个KPI。数字化转型必定是以始为终,一开始定义了虚假的KPI,项目团队花了大量的时间把虚假的KPI开发入数字化平台,最终必定呈现虚假的效果。爆雷时刻,是绝对掩盖不过去的。

第二节　体系化调研数字化程度

产品研发是企业的火车头,新时代的研发必定采用了大量设计软件,再也不是20世纪用画图板设计,设计人员汗流浃背地在绘图室里挥舞着三角尺、圆规、直尺等绘图工具。在新时代,研发人员在窗明几净的办公室里操作着电脑设计产品,时代变迁的脚步是如此迅速,不以人的意志为转移。

研发的环境是越来越好了,只是我们若要追本溯源的话,环境只是辅助工具,背后是一以贯之的基本的设计逻辑思维,最终仍然是研发人员的技能呈现。

在当前数字化转型的时代洪流中,研发人员已经有大量设计软件的情况下,如何更进一步地规范研发管理,如何调研研发数字化现状并给予改进的对策,其实是有章可循的。不能融合 OT 和 IT 的数字化人员会找不到正确的办法,该办法展示出来后看起来简单,但想到不容易。

本节以调研研发数字化现状来阐述该方法,以启迪读者在本企业如何进行现状调研。

调研需求:调查集团旗下 A 机械厂的研发和系统一致性状况。

调查期限:两个月。

当数字化团队拿到这个上层领导提出的需求后,第一感觉是模棱两可,不知道如何下手。疑问如下:

(1)调研是泛泛而谈吗? 还是要聚焦于某个产品?

(2)是以产品为牵引调研软件使用状况,还是以软件为牵引调研某个产品使用软件的程度?

(3)是调研正在开发的产品还是已经释放量产的产品?

(4)信息部门找用户中的哪些人去调研? 仅仅着眼于研发的人员够不够? 配套研发的其他部门人员要不要调研?

(5)有没有理论上研发数字化率? 这样可以用于调研后的理论和实际对比,对比后找到差异。

(6)以被研发使用的软件的年度登录次数和时长展示数字化平台对业务的支持程度? 好像哪里不对劲,因为可以登录之后不操作来积累时长的。

(7)一致性以什么来定义? 是根据制度查执行吗? 制度上哪里找得到衡量标准?

…………

疑惑太多了,感觉无从下手。通常情况下,在企业管理层的头脑里也是一个模糊的概念,若是管理层已经说得够仔细,方向给得极明确,反而是有问题的。因为管理层若是清楚每一个细节,那么该企业必定是一个管理层做工程师事务的企业,工程师只做传话筒,有事就推给领导处理,职责混乱不清,工程师能力低下。在数字化时代可能会爆雷,因为本末倒置的工作方式会导致连业务蓝图都绘制不出来。

基于这个模棱两可的需求,我们来进行拆分吧,基于前述的第一性原理的拆分方法,我们可以转换一个说法,逻辑思维是这样的:

问:为什么要调查 A 机械厂的研发和系统一致性状况?

答:感觉这家机械厂没有好好使用研发的数字化平台。

问:调研完成后,要做什么事情?

答:肯定是一致性不好的情况下,提升一致性,若一致性好,高层就放心了。

我们现在不知道一致性好不好,这是个未知数,所以要有这个调研的过程,图 4.3 是形象化的思维过程。

于是我们可以转换需求描述方式,以第一性原理来倒叙第一层次的需求,即:提高研发和系统的一致性。

绘制逻辑树如图 4.4 所示。

该逻辑树利用到的第一性原理的拆分手段是逻辑框架法和流程法,只用简单的逻辑树,我们就可以基于结果(注意不是过程)来拆分达成结果的手段,而且思维严谨不遗漏。

第一次拆分的逻辑框架法为内部和外部,内部本身的广泛使用率和外部协作部门的使用率互相不隶属,加起来是全部。为什么第一次拆分先用这个逻辑框架法,因为业务体系非常复杂,从简单到复杂是一个逐级演进的过程,而逻辑框架法是简单拆分法,只有两个维度。

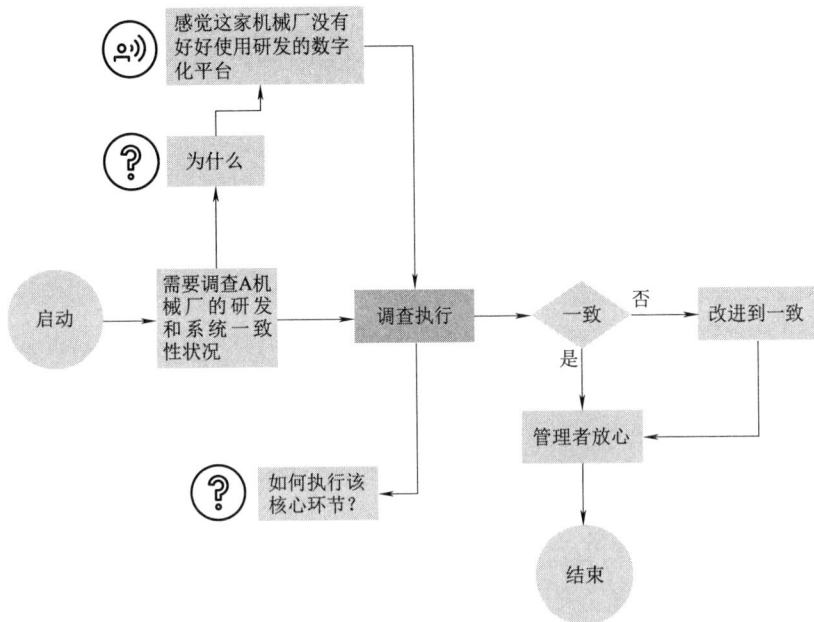

图 4.3　调研需求的逻辑梳理

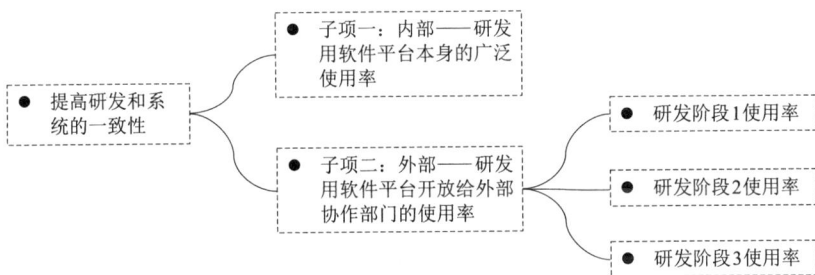

图 4.4　提高研发和系统一致性的逻辑树

第二次拆分的方式是基于研发流程来拆分,研发的1、2、3阶段是有阶段里程碑的,所以不互相隶属,这三个阶段全部完成后,就是一个完整的研发周期。

针对第一次拆分出的子项有两个,需要找到该两个子项具体的执行办法,获得软件平台本身的广泛使用率。

子项一的思路如下：

第一步：找到 A 工厂研发人员的账号和姓名。

第二步：找到研发人员用到的所有系统平台。

第三步：判断哪些人需要使用该软件平台。

第四步：信息部后台抓取年度登录次数和在线时长。

第五步：抓取后计算登录率和在线率。

第六步：到该单位现场找对应的人去询问为何有偏低的情况。

第七步：理论上应该全员登录，全工作周期时长都达到100％，共同制定偏低的对策。

表4.1为调研表格，其中年度理论登录次数以员工一个工作日登录一次计算，正常情况下，研发人员只要上班，至少需要登录一次的，所以可以计算出该员工一年的总计登录次数，是一个定值；年度理论在线时长，以一天8小时计算，计算全年度工作日，如软件不是年初导入，以导入日期计算起点。

表 4.1　从信息部后台抓取信息的调研表

序号	工厂	研发登录账号	研发人员姓名	研发软件平台1	研发软件平台2	研发软件平台3	是否需要该软件平台	年度登录次数	年度理论登录次数	年度在线时长	年度理论在线时长	个人登录率	个人在线率	现场用户访谈使用率偏低原因	整改对策	承诺日期
1	A															
2																
3																
4																
5																
6																
7																
8																
9																
10																

当该表格已经填写完成,可以做以下分析:

某软件的年度总计登录率＝所有使用该软件的员工的年度实际总计登录次数/该软件年度理论登录次数。

某软件的年度总计在线率＝所有使用该软件的员工的年度实际总计在线时长/该软件年度理论在线时长。

全部软件的年度总计登录率＝所有软件的年度总计登录率平均值。

全部软件的年度总计在线率＝所有软件的年度总计在线率平均值。

这是从信息部后台抓取信息作为起点,我们称为方式一,比对的标准是一个定值,定值是由常识来判断的,该方法侧重于从总体层面来评估。当有了这些数据后,如果登录率、在线率偏低,我们可以和使用部门商讨解决的对策,有同理心地询问使用部门的难点在哪里,然后给出相应的对策。

子项二的思路如下:

第一步:根据产品开发程序列出在各个开发阶段需要的交付物、交付物的存放位置、负责人、岗位名称。

第二步:找出某产品在各个开发阶段的交付物存放的位置,位置分为数字化软件平台和传统的个人电脑/公共盘。

第三步:计算各个开发阶段交付物的理论数字化率,计算公式＝程序文件中规定放入数字化平台的文件类型数量/所有文件类型数量。

第四步:线下调研实况,逐个检查交付物有没有按照开发程序规定的要求进入数字化平台,计算出实际的数字化率。

第五步:计算该工厂产品开发的整体实际数字化率＝各个产品的实际数字化率的平均值。

第六步:和用户商定把数字化率提升到程序规定的要求所做的改进对策。

表 4.2 为调研表。

表 4.2 以数字化管理制度为起点的调研表

开发产品名称	阶段	交付物	负责人	岗位	程序规定应上传到数字化平台	理论数量	实况数量	程序规定无须上传到数字化平台	理论数量	实况数量
产品 1	阶段 1	交付物 1				3	1			
		交付物 2							2	1
	阶段 2	交付物 1				2	1			
		交付物 2							1	0
	阶段 3	交付物 1				1	1			
		交付物 2							3	2
产品 2	阶段 1	交付物 1				2	2			
		交付物 2							3	1
	阶段 2	交付物 1				3	2			
		交付物 2							4	2
	阶段 3	交付物 1				2	1			
		交付物 2							3	2

当该表格填写完毕,我们会知晓如下信息:

产品 1 的阶段 1 的理论数字化率＝3/(2+3)×100％＝60％

产品 1 的阶段 2 的理论数字化率＝2/(2+1)×100％＝66.67％

产品 1 的阶段 3 的理论数字化率＝1/(1+3)×100％＝25％

产品 1 的整体理论数字化率＝(3+2+1)/(3+2+1+2+1+3)＝50％

同样方式,我们可以知晓产品 2 的整体理论数字化率＝(2+3+2)/(2+3+2+3+4+3)×100％＝41.18％

该工厂产品开发的理论数字化率为各产品的理论数字化率的平均值。

在开发程序中找到理论上的数字化率后,作者可以自行设定各种取数规则,以计算实际的数字化率。

现场调研需要信息部专家带队,进行真正的最细节的现场数字化平台

的调查,调查的方式如下:

(1)经检查存放在个人盘或公共盘的信息直接标注个人盘/公共盘,无须提供其他证据。

(2)用了数字化平台的,提供相应的证据截图,证据若有网页链接的提供网页链接供打开。

(3)没有网页链接的要提供截图,截图细化到和产品关联。

方式二以产品开发程序文件为起点,找寻到理论数字化率,和上一个基于常识应该是100%数字化率不一样,基于开发程序的理论数字化率反而不是100%,这种方式调研更加接近真实的状况,因为需要和业务充分结合起来,逐个检查交付物的数字化状况,和业务的互动非常频繁,要讨论到细节,说清楚没有用数字化平台的理由,信息部就必须来来回回地和业务部门剖析最底层业务,进而才能给出改进的对策。

需要注意的是,采用第二种方式的前提是数字化管理制度里已经明确说明了交付物要上传到平台,和前述章节数字化管理制度一脉相承,这是体系,上下环节必须环环相扣。

两种方式的对比见表4.3。

表4.3 两种调研方式的对比

对比维度	方式一	方式二
破局点	以信息部后台信息抓取为起点	以产品开发程序为起点
调研颗粒度	总体层面	最细节的业务操作层面
前提	有账号即可	数字化管理制度规定了交付物放置位置
和业务的沟通	简单沟通	模板级别的沟通
数字化率	按常识100%	按开发程序不一定100%
对信息部的难度	简单难度	极端难度,因为需要信息部精通业务

选用何种方式,在于企业对于数字转型需要细化到什么程度,不是绝对的,主要看管理层对于数字化转型的细化意识。

若我们采用方式二,会面临新的问题,研发的产品开发程序涉及广泛的部门,基本上企业的所有部门都会涉及,于是会存在一个问题,即召集各使用部门来配合调研,是非常艰难的一件事,就算是总经理指定对接人,实际执行下来还是大打折扣,于是问卷调查就是一个比较有效的方式。现在已经有低代码平台可以迅速搭建所需要的问卷调查,还是以方式二为例来说明如何设置问卷调查。

第一步:问卷调查天然以员工账号为牵引,故条件关系是如果该员工是A工厂的员工,调查继续,如果该员工不是A工厂的员工,调查终止。

第二步:强控如果满足第一步的调查继续,则选择产品,匹配表4.2中的产品1或者产品2。

第三步:强控如果已经选择了产品,则选择员工岗位,匹配表4.2中的岗位。

第四部:强控如果已经选定了岗位,被筛选过的问题将发给特定的人员,开始进行问卷调查。

图4.5为最终呈现的调研平台场景,背后就是上述逻辑关系。

这种经过三级筛选过的问卷调查针对性极强,只发给需要的人,需要的人只回答该回答的问题,不需要的问题不会展示,该回答的问题就是产品开发程序文件中规定要提交的交付物。为什么要特定的人回答特定的问题,除了精准询问外,更重要的是产品开发要交付的文件多达几百个,每个人都要在问卷调查上回答几百个问题的话,员工会直接不填写,筛选成每个人十几条调查信息,反而有填下去的意愿。

通常情况下,客户若有数字化意识,会给出整体的数字转型需求,属于有规则的,但是整体需求分解下来的子需求,客户是基本不会给出明确的需求,属于无规则的,调研者要把无规则的需求变为有规则的需求,这才是真正的价值所在,才能走到下一步的开发阶段。若调研者不仔细研判子需求,找到子需求的规则，有一定的困难。

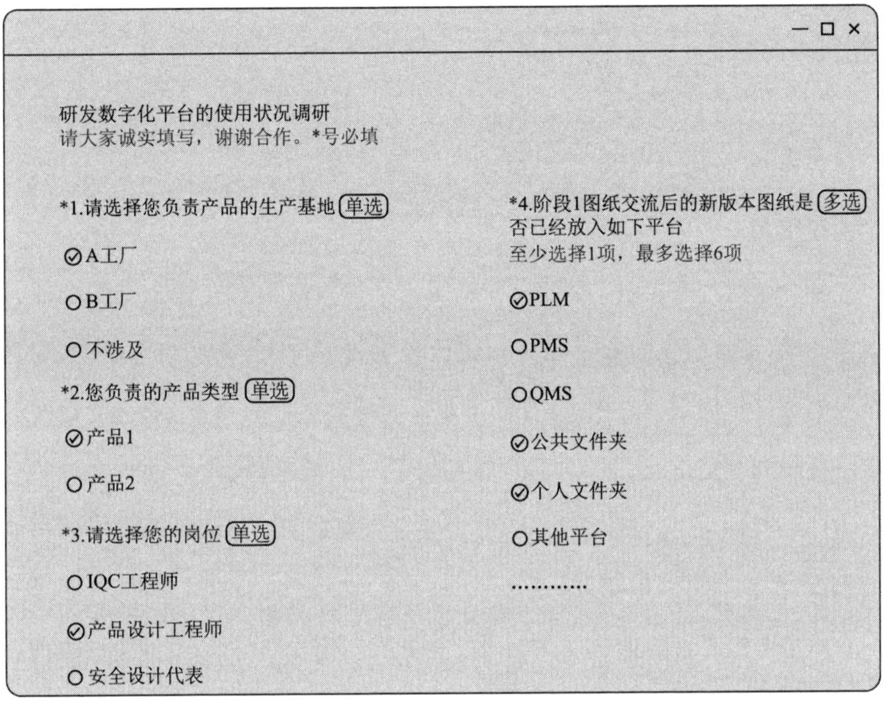

图 4.5　方式二的问卷调查

　　总结，以上两种调研方式典型满足了 SMART 原则中的 S（Specific，有规则的），当你去调研一件事务，没有一把衡量的标尺，是难以想象的，只会导致你在调研期间像一只无头苍蝇到处乱撞，找不到出口，最终交付给客户的调研报告还不被认可。

第三节　业务数字化规划

　　每一位 CIO 都会遇到这个问题，企业领导把 CIO 招聘过来，都会丢下一句话:"把我们企业的数字化规划做好。"对深刻理解业务逻辑的 CIO 来说,是手到擒来的事情;只是表面理解业务逻辑的 CIO 可以把规划 PPT 写得很漂亮,表面上也过得去;完全不懂业务逻辑的纯粹 IT 出身的 CIO 就不知道怎么办了,只好从信息安全、硬件建设、远程 AR 工厂、咨询机构合作、高校合作等方面写,这典型脱离了信息技术为业务服务的朴素原则,这类 CIO 在市面上还很多。

各个企业都有自身的特色,不能用一个模板套所有企业。有些企业是研发驱动,那么研发的数字化规划就比较重要,有些企业是销售驱动,那么销售的数字化规划就是重点,有些企业是内部制造比较重要,那么制造端的数字化规划就是重点。CIO 不能眉毛胡子一把抓,当从各个方向出拳的时候,有限的精力必将分散,所以 CIO 做数字化规划的第一步需要调研出当前的重点,在重点上聚焦发力。

本节专门讲解价值链前端的研发业务数字化规划场景,其他业务类似。

第一步:调研

(1)与高层领导的交谈:知晓企业的愿景,知晓企业未来 5 年需要达成的行业市场占有率。

(2)与各业务部门负责人交谈:从管理者口中知晓各自部门的痛点,某些管理者反对数字化转型,需要从该部门的协作部门负责人口中知道对该部门的期待。

(3)不能仅仅聊部门内部,请各职能部门说出对协助部门的期待,当所有的期待合在一起,会得到真实的内外部痛点。

(4)与各业务部门关键执行人员交谈:获得一线真实的信息,不要假借他人之手,躬身入局是获得基本准确信息的前提。

（5）CIO要有能力设定问题，引导业务部门向CIO预想的方向走。即使不了解具体业务，也必须要基于某个主题分解出若干个问题，若调研期间发现不对，当场调整即可。

设定问题的能力不是一个普通员工培训一段时间就可以有的，必须要长期深耕制造业，懂得底层业务逻辑才能够提出正确的问题，叫一个纯粹IT出身的CIO去提出制造业的问题，是一件极其艰难之事，故而读者们很难看到CIO亲自下场调研，不是不愿意调研，而是没有这个能力。

从下面几个数字化调研场景，能看出数字化调研场景的难度。

1. 知识管理的提问

（1）知识管理是否基于员工职责、设计产品类型、工序类型、产品结构类型等维度来真正实现知识找人？

（2）是否在产品结构设计时，某工程师在某结构上备注了注意点，该知识点会自动匹配到类似结构，其他工程师在设计类似结构时，会自动弹出该注意点？

（3）材料属性库是否已经固化在PLM里面，在创建物料时刻就定义了材料，显著提高效率？

（4）知识在平台里结构化占比，而不是所有的知识都是Word、Excel、PPT格式的。

（5）来自问题库中的问题是否驱动了知识管理的更新？

（6）是否有知识被查阅的排行榜以真正体现知识对业务的保障和促进？

（7）员工采用知识管理平台中的知识来保障各类业务开展，是否有相应的奖励举措？

（8）国标规定的结构工艺性审查，底层审查规则是否来自知识管理平台？

2. 变更协同的提问

(1)是否为只流转一次的变更单有效达成提高效率?

(2)CAPP属于PLM,是否存在于一个平台里?

(3)是否已经细化到各个部门需要提交的事务,事务是否结构化?

(4)是否召开工程变更线下会议?

(5)工程变更是否为闭环,即从工程变更窗口开始到工程变更窗口结束?

(6)工艺变更是否和设计变更集成入一张表单并结构化到具体事务?

(7)任何变更是否都有试跑,试跑物料是否有专门标识?

(8)在工程变更试跑前,零部件是否完成了当前阶段的PPAP?

3. 工艺制造协同的提问

(1)是否达成了按照国家标准,在没有出正式设计图前,工艺已经进行了可制造性审查?

(2)是否达成了工艺常态化参与产品设计问题解决?

(3)是否基于DFMEA(Design Failure Mode and Effects Analysis,设计失效模式),工艺完成了 PFMEA(Process Failure Mode and Effects Analysis,制程失效模式)?

(4)电子作业指导书是否为结构化制造数据的报表输出?

(5)电子作业指导书里的制造参数是否结构化在系统里?

(6)是否提取了作业指导书步骤进行PFMEA?

(7)作业指导书的来源是否为研发、技术、试装等部门?

(8)系统是否可以抓取作业指导书中的关键要点给质量部进行巡检?

4. 项目管理的提问

(1)项目进度是否影响到了员工绩效,项目进度和员工绩效在系统里是关联的而不是线下手工记录?

（2）是否抓取了按时完成率、文件正确率、交付完成率等基本的KPI指标？

（3）项目管理是否扁平化，最高管理者是否可以根据权限查看到基层工程师的事务？

（4）项目经理的考核建议权重是否有设定的规则？

（5）项目管理是否达成项目核心要求，是否有数字化评判的维度，比如质量、成本、交期？

（6）除了项目经理，在项目实施期间是否有独立的第三方来鉴定项目的按期达成？

5. 结构工艺性审查的提问

（1）是否已经制定了管理规定、业务流，确保任何结构零部件均需要做结构工艺性审查，没有审查过就不能发布零部件图？

（2）提供历史数据是否反复改模，原因是前期结构工艺性审查不过关？

（3）是否知晓工厂仿真和数字孪生不可以和零件级别的审查结合在一起，它们是两个概念？

（4）是否有证据展示了结构工艺性审查避免了制造障碍，进而加快了项目进度？

（5）工艺人员是否知晓结构工艺性审查国家标准的内容？

（6）研发人员是否真正地懂得 DFM（Design for Manufacture，设计为制造服务），在研发人员懂得制造的情况下，结构工艺性审查将无须工艺介入，更加速了项目进度？

6. 设备开发知识管理的提问

（1）是否根据产品生产节拍定义设备原始参数？

（2）点检内容及频率是否根据设备需求和产量来定义？

（3）设备的操作手册、使用说明是否已经关联到该设备？

(4)设备开发是否有方法论,单个设备是否放入整个流水线来考虑?

(5)设备开发若涉及产品设计更改,如何达成,是否有相应的快速流程?

7. 参数化设计的提问

(1)参数化设计是否已经达成了实物零件的稳定?

(2)相似件是否仅仅以名字来判断,还是以结构相似来判断?

(3)是否有参数化设计逐步提升的比例?

(4)参数化的设计规则如何定义,比如孔位标注?

还有更多,本段就不一一列出了,不了解业务逻辑的信息部人员难以问出这些直达核心的问题,遗憾的是大部分 CIO 也是不懂的。在不懂业务逻辑的情况下,即使是绘制逻辑树,也不能一次直达核心,仍然需要在现场和业务部门反复拉锯多次。

从以上七个提问中,我们使用第一性原理的归纳法,提炼出提问的共性特征如下,读者可以参考:

(1)制度:会询问做该事务,是否有制度来保证,符合 SMART 原则中的 S(即有规范)。

(2)前后对比:会询问做该事务,前后的差异是什么,符合持续改善的原则。

(3)4W1H(What、Where、When、Who、How):会询问如何做该事务,为什么做,有什么意义等信息。

(4)协同:会从整个体系上思考该事务到底应不应该做。

(5)本质:直达核心的询问,符合 B to B 原则(Back to Basic,回归本质)。

(6)有 KPI:会询问做该事务,是否有衡量的标准,符合 SMART 原则中的 M 即可衡量的。

关于差异性的询问,只能是基于企业状况,逐个剖析了。

第二步:筛选

从错综复杂的问题中大浪淘沙找到共性,找到最高战略精神非常重要,如第五章第一节所示的场景,否则一定无法找到核心的、真实的需求。

在该步骤,我们可以使用第一性原理来绘制逻辑树,进行战略解码,假设企业在未来第五年,要达成企业所在行业 50% 的市场占比,我们要如何绘制逻辑树呢? 如图 4.6 所示。

用逻辑树来进行战略解码,即使数据不完整,也仍然可以在思考问题上成体系化,没有遗漏,高层管理者知晓全方位的思考无懈可击,无法在管理层会议上刻意反驳。作者来解释该逻辑树,如下:

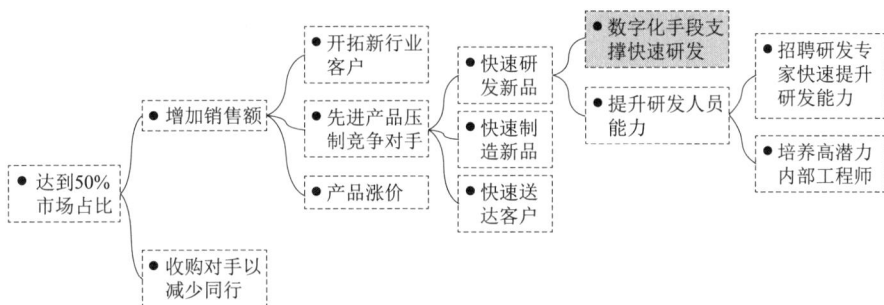

图 4.6　提升市场占比的逻辑树

(1)分解最高目标用的是公式法,自身去增加销售额是简单直接的做法,同时企业收购竞争对手是一个可行的手段,只要财务允许,市场上一些被风投过的企业是真的有实力开展收购的。

(2)增加销售的拆分用了子目录列举法,现有产品涨价是简单直接的办法,开拓新行业需要增加人手,用先进产品压制竞争对手实现技术领先,客户一定会选择拥有最先进技术的产品,这是常识。快速推陈出新的手机行业就是典型的常识性例子。

(3)先进产品压制竞争对手的拆分使用了流程法,从研发开始到送至客户手中,都是快速的,这是一个完整的过程。

(4)快速研发又可以用逻辑框架法的主客观法,即人员自身的技能提升归于主观,客观是用辅助数字化手段提升研发效率。这两个因素加起来是一个完整的环。

该逻辑树中的其他模块也可以充分地展开,本节主题是以研发为例,故不一一展开。

当从逻辑上证明了研发的快速推进对市场占有率有作用,接下来需要明确企业研发到底在整个系统中占据的作用百分比,否则会被质疑是为了达成推行研发数字化转型这个结果而刻意绘制有利于预期目标的逻辑树。

论证研发比较重要有如下方法(其他部门亦类似):

(1)用历年来研发资金投入和其他部门的资金投入相比较,研发多,证明重要。

(2)用历年来工程变更的数量和花费的费用来支撑研发的重要度。

(3)用历年来研发投资的上升趋势和企业的销售额的上升趋势来比较。

(4)横向对比行业内其他标杆企业对研发的投资。

当然还有更多维度,每家企业都难以一致,例如咨询类企业就和制造业企业完全不一样,咨询类企业研发天然不是重要的,客户成功率才是重要的。读者需要根据本书,自行思考最适合自身的论证维度。

第三步:规划

既然需要用数字化手段支撑快速研发,那么就必须要鉴定清楚现在的研发速度是否已经匹配不上企业的快速发展了,如果企业的研发本身就有相当多的裕度可以支撑快速研发,数字化转型倒也可以缓缓。

当前经济状况下,人员富余的情况不多见,大部分在一个萝卜一个坑的情况下,管理者不希望增加人力,不想逼着员工加班加点,也能够快速研发,于是从管理协同上着手,期望能够提升研发效率。

还有可能是高层管理者感觉研发资源富裕,而基层管理者一直在抱怨资源匮乏,做数字化规划并执行后,会清楚明白地证明确实资源富裕或者资源匮乏,不再模棱两可,达成了企业的精益化管理,也是巨大的价值。

如何提升研发效率,数字化辅助手段是不二之选,数字化辅助手段的规划着力点如下:

1. 体系

根据第一步的调研,运用归纳法找到研发体系上的痛点,为何要从体系着眼,是因为基本的制造业解决问题的思路是:任何问题的背后都是流程和体系的缺失。

在数字化时代,如果企业的流程还停留在传统的 1 级、2 级、3 级、4 级、5 级流程上,将难以跟上时代的步伐,数字化时代的毋庸置疑、不证自明的常识就是要扁平化,扁平化不能曲解成精简中间管理层,而是高层管理者可以根据权限简单直接地看到最基层的数据,传统的流程分多个级别就天然挡住了信息的迅速传递,能否把 5 个层级的流程简化成 2 个层级? 这是体系管理部门要思考的事情。

根据第一性原理,找到每个部门的核心事务,每个部门的核心事务如何跨部门跨阶段流转,这就达成了扁平化的诉求而且还方便开发入数字化平台,如本书第三章第二节所示。

执行体系需要建立一整套 KPI 体系,参考本章第一节即可。需要强调的是建立 KPI 体系难度较高,有条件的话应该请市场上专业的咨询公司来实施：一方面是确实拥有专业剖析方法论；另一方面企业高层要求各业务部门自行设定 KPI，很难推动，因为任何一个人都不喜欢在头上戴紧箍咒。

当企业和咨询公司签订了商务合同后，通俗来说是付了不少钱后，这些在企业内部不好干的事情，都可以交给外面的咨询公司，外来的和尚好念经，在项目周期内，咨询公司有绝对的动力每周拉着总经理和各业务部门经理开 KPI 会议，有问题当场在高层会议上解决。为何咨询公司有绝对的动力？在商言商，双方都想实现完美收益。

接下来把跨部门跨阶段的核心事务和对应的数字化 KPI 固化入数字化平台，一定要寻求市场上的专业实施方来达成，这涉及企业的全方位变革，即使企业内部拥有大型信息化团队，都无法自行达成，读者一定要清醒地认清这个事实。

2. 工具

在体系的框架搭建完成后，工具软件是体系上的点，每一个点都不是孤立的，在规划报告里需要清楚地说明在某个点上引入某个软件，对整体效率的提升有促进作用，没有在这个点上引入软件时，该业务价值流程中的 PCE（Production Cycle Efficiency，制程周期效率）是多少，在引入之后，预估的 PCE 是多少，这需要 CIO 具有精益管理的思维。读者可以自行查阅 PCE 的专业解释，PCE 不仅仅适用于生产一线的产品制造，同样适用于辅助部门。

通常情况下，要求部门数字化管理制度需要描述清楚在节点上花费的时间，只是完全由人来主导的业务所花费的时间，只能相对准确。故若实在无法计算出 PCE，基于常识和横向对比能说服管理层亦可。

3. 优化

一份完整的规划报告里必须要有对现有数字化平台的优化思考，任何一家企业都不是完全没有数字化软件工具的，就如现在已经不可能还存在用画图板绘图的企业了。优秀的 CIO 必须说清楚如何优化，企业管理层天然会采纳优化建议，因为没有人会反对花更少的钱办更多的事，本书第五章第五节就是典型的优化，供读者参考。

数字化的优化方案要着重于以下要点：

(1)流程小范围更新：大范围更新属于流程再造，属于体系层面的事务，费用高昂。

(2)现有软件工具的小幅提升：在已经实现了基本功能的前提下，赋予新的功能，不是把现有软件底层架构推翻重来。

(3)有相对准确的收益预估：体现小投入、大产出。

(4)风险可控：充分说明不会一旦实施，就导致战线无限制拉长，优化归结于短平快的小项目。在改善分类中属于 Quick Win(快赢)。

(5)优化方案已经获得业务部门认可：在认可的情况下，即使未来业务部门不愿意汇报项目价值，信息部亦可以作为自己立的项目来汇报价值，不至于被反驳。

以上是业务数字化规划的方法论，相对普适，每家企业都有自己的特色，但是仍然可以提取出共性，比如切实调研、第一性原理拆分到业务重要度级别、以战略高度从体系上开启等。

规划必定是基于切实的调研，调研才是重点，没有调查就没有发言权。只有专业的、靠谱的、彻底的调研才会呈现真实的现状，如何专业、靠谱、彻底，本节以例子抛砖引玉，当然还有更多的办法未被发现，希望大家可以带着深深的思考来践行数字化转型，在实践中找到真知。

规划必定要有水平方向上的广度和垂直方向上的深度，所以对 CIO 的能力是巨大的考验，正如本节开篇所说，没有 OT 和 IT 的深度融合，做出来的规划必定是粗制滥造的，若这种不符合要求的规划还不幸地被企业管理层采纳了,噩梦才刚刚开始……

数字化规划是企业战略规划的左膀右臂,规划好了,将极大助力企业腾飞,反之将极大拖累企业的发展。数字化转型的 CIO 犹如刀剑上的舞者,要么功成名就,要么惨遭淘汰,企业在数字化转型的征途上,识别这个关键少数的真实能力将在数字化转型的征途上事半功倍,希望企业家读者们看到本节,可以有所助益。

第四节　精益数字化手段对制造运营的支持

数字化转型是端到端业务流的打通,打通有正向打通,也有反向打通,正向打通着重于数据流的全线贯通,这是技术和管理上的革命,印证数字化转型是一个艰难的过程。而反向打通,更多地聚焦于已经跑到后端的问题如何反馈到源头部门进行及时处理,这是管理上的革命,数字化实现难度上,比正向打通稍微简单。

本节充分阐述如何理顺思路,如何取舍正向还是反向。

课题:以数字化手段支持研发部门对大运营的贡献。

背景:担忧经济下行,数字化转型的投资会趋于理性,在已经有了大量数字化工具软件后,深挖工具价值,找到短平快的新的数字化手段,为卓越运营提供高效的支撑。

基于课题和背景,找出最朴素的描述:现在已经没有钱做大型数字化转型项目了,我们要"小打小闹"地获得大收益。

如何"小打小闹"地获得大收益呢? 作者想起了曾经经历过的先进企业的精益管理,比如制造业的丰田 TPS、施耐德 SPS、美的 MBS、丹纳赫 DBS

等都是极其优秀的精益管理体系,这是典型的花小钱办大事的体系,希望读者在读到这里的时候,可以自行关注学习这些知识。网络上有一些浅显的资料,若想真正地掌握,还是要躬身入局,通过做项目来掌握这些知识。

本节通过理论分析来证实选择精益化管理的正当性,而且这些精益化管理已经有专门的短平快软件工具来支撑。以下为理论分析。

首先以朴素的语言来回答到底什么是制造业运营?

运营是指在产品释放量产后,以生产制造为核心,企业为保证高质高效生产而采用一系列的技术手段和管理手段。

在外企,生产制造单位被定义为 DL(Direct Labor,直接劳动生产力),是真实执行把合格产品做出来的部门,围绕着把合格产品做出来的其他部门被定义为 IDL(Indirect Labor,辅助生产力),关键的辅助生产力是研发部、工艺部、质量部、采购部等,当这些部门充分支持了生产部,那么产品也就可以高质高效地生产出来了。图 4.7 是典型的反向业务逻辑图。

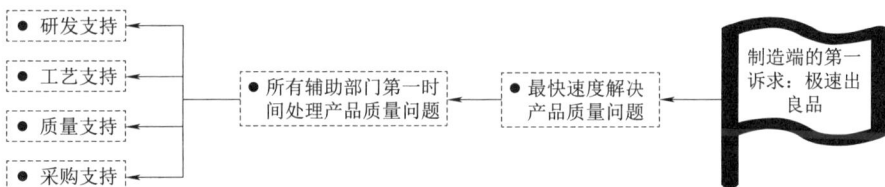

图 4.7 基于制造端第一诉求反向推导出所需要的支持

解析:

我们采用第一性原理分析,先说结果,生产制造端第一诉求毫无疑问是极速出良品。因为这是生产部背的最大的 KPI 指标,要是出不了货,一切的借口都是苍白无力的。基于这个第一诉求,我们可以反推回去,如果发生了产品质量问题,生产部希望辅助部门以最快速度来解决产品质量问题,只要有人来解决产品质量问题,其实生产部并不在意是哪个部门的人来处理,而且生产管理人员也没有能力判定到底应由哪个部门来处理该质量问题。若能判定了是哪个部门的问题,生产部自己也就发现了问题的解决对策了,辅助部门都已经没有必要存在了。

不管生产部到底有没有能力判定问题归属哪个部门,我们都知晓核心的解决产品质量问题的部门不外乎研发部、工艺部、质量部、采购部。研发部从源头来解决产品质量问题、工艺部从制程上来解决产品质量问题、质量部从预防胜于治疗方面来解决产品质量问题、采购部推动供应商紧急改进产品质量问题或及时供货。这是基本的常识。

从产品技术流向来看,一切问题的源头大部分在研发部,这是作者做了十几年研发得出的结论,背了十几年质量问题的锅,其实是有理论依据的。业务逻辑关系如图 4.8 所示。

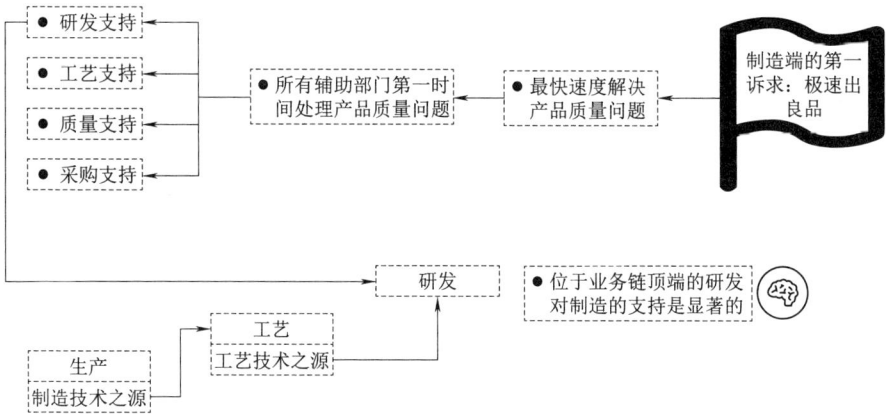

图 4.8　追溯到研发源头的技术支持路线

从逻辑关系图可以看出生产在制造产品的时候需要有制造技术,制造技术的来源是工艺部,工艺技术的来源当然是研发部了,这是基本的产品开发逻辑,所以问题上升到研发条口,就是终点了,当然有些简单的问题上升到工艺条口就解决了也不胜枚举。从图上可以看出,工艺和研发天然就是一对难兄难弟,接"第一锅"的是工艺、接"第二锅"的是研发。

所以,从业务技术链转移层面来看的话,位于业务链顶端的研发对制造的支持是显著的。通常情况下,只要研发出手,再难的产品质量问题终究会解决,因为已经到业务链终端了,不可能再把锅甩出去,难道可以甩锅给市场部,说不应该接这个客户的订单?

既然通过反向逻辑图论证了研发对产品质量的解决居功至伟,但是毕竟已经造成了问题,是后知后觉的,已经造成了金钱上的损失。我们反过来问,如果我们正向开发一个产品,在产品释放时,我们已经提交了经过严格实践论证的各类报告,那么释放量产后,理论上是不会有产品质量问题。

至此,按照前述第一性原理,我们来绘制体系化的逻辑树,全方位展示研发对制造的支持,如图 4.9 所示。

解析:

该图是体系化的展现研发对制造支持的逻辑树,按照拆分原则,一级到二级的拆分是运用了流程法,分为释放量产前和释放量产后,加起来是一个完整的产品全生命周期过程。

把二级的释放量产前用子目录列举法进行分解,基本上可以分解为 PPAP 完整＋正确、DFMEA、先期 PFMEA 等模块,读者可以参考该方法,在产品开发程序文件中找到交付物清单。

无论有没有数字化平台,这些事务都必须要在产品开发期间做好,这些事务都不是一件简单的事情,需要耗费大量的人力物力财力,是正向的。在数字化时代,产品开发期是一个长周期,所以有足够的时间把这些事务线下做完,甚至全部数字化转型。但是一旦在释放量产后,匹配花更少的钱办更多的事的要求,要求研发部以正向的方式一遍又一遍梳理这些高难度交付物,是不切实际的,因为研发在开发完一个产品后,精力必定会放到新的项目

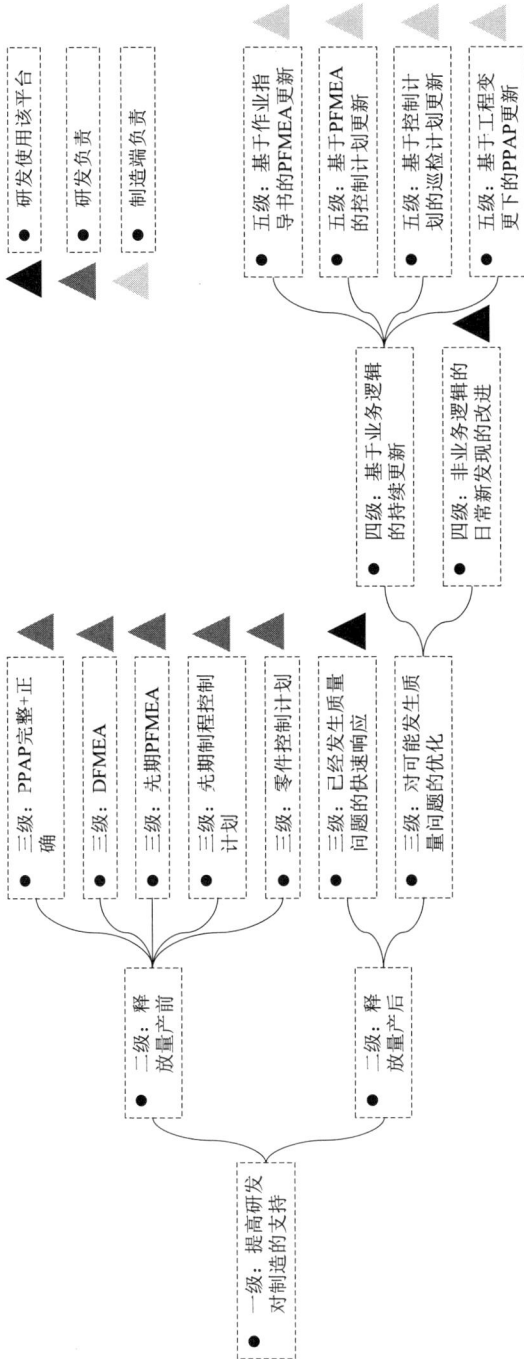

图 4.9 以第一性原理绘制的研发支持制造的逻辑树

上，就算研发部配备了对制造的支持人员，也仅仅是支持一段时间，从主导变为了辅助，天然不会为你梳理这些高难度文件。所以信息部若是要求研发部做集中梳理的事情是无理取闹的，可惜就是有好多信息部人员不懂，在外面听了这些"高大上"名称，就告知研发要在数字化项目中做这些事情，通常情况下研发都不予理会。

基于逻辑树的拆分，新产品在释放量产后，需要技术支持，那么就必须要执行，因此必须设定专门的人员来支持新产品制造质量问题的解决。我们可以分解二级的释放量产后，用逻辑框架法中的主观和客观来拆解成第三级已经发生质量问题的快速响应和对可能发生质量问题的优化。对可能发生质量问题的优化，又可以第四级拆分为基于业务逻辑的持续更新和非业务逻辑的日常新发现的改进，用的拆分法还是逻辑框架。第五级拆分用了子目录列举法，是释放量产前的交付物在释放量产后的日常更新。

现在回归本质，研发人员在这张全方位的逻辑树中，有哪些业务满足该要求呢？我们可以发现释放量产后，对已经发生质量问题的快速响应和非业务逻辑日常新发现的改进是典型的花小钱办大事。

对已经发生质量问题的快速响应是被动的响应，对非业务逻辑的日常新发现的改进是要主动去思索如何改进，这归于精益管理范畴，研发也是需要精益的。

数字化时代，我们要如何以短小精悍的数字化手段实现这两块业务呢？我们需要先想清楚该两块业务的逻辑图。

对已经发生质量问题的快速响应的逻辑如图 4.10 所示。

该逻辑图用一句话阐述：工程师员工的安灯系统，不是生产现场的物理安灯。

该逻辑图解释如下：

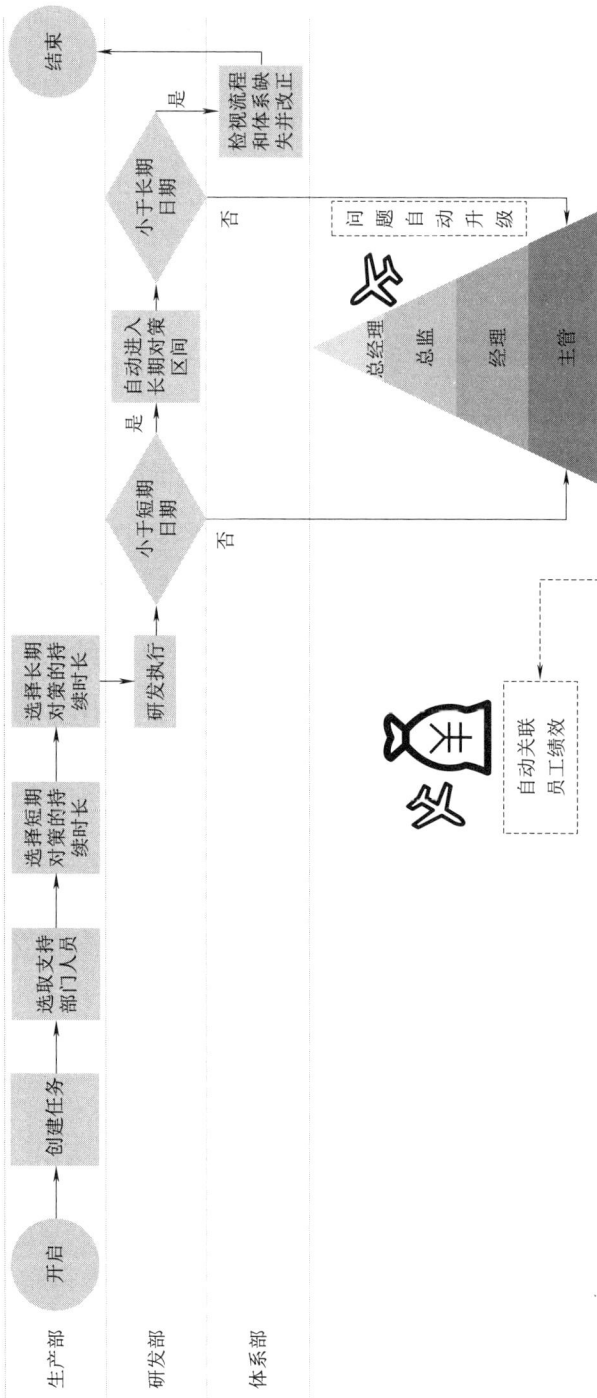

图 4.10　工程师员工的安灯逻辑图

(1)当生产部发现产品质量问题,生产部的主管在平台里创建一个任务,选取期望的部门和员工来处理该质量问题,按照常识填写期望的短期对策,因为要确保生产线能暂时运转起来,同时还要选取期望的达成永远解决的时间。选定之后,就在平台里创建任务,这种短平快的创建任务一般持续在一分钟之内,若创建太复杂,直接就吓退了使用者。

这里有一个软件没有办法协助的问题,即软件没有办法在用户创建问题后自动寻找到对应的处理人员,现在这个时代还达不到真正的智能化,所以生产部就必须在平台里手动选择处理人既然是手动选择,这里就有一个问题,由于生产主管对业务的不精通,可能会选错问题处理人,当这个问题到了错误的处理人后,处理人一定会去和生产主管沟通叫他撤回并重新发给别人。若生产主管是弱势的,那么他会重新发给别人,当他发给另一个人之后,那个人如果是一个精于推诿的人,就会找到生产主管,给出一堆理由,于是生产主管又撤回了,犯难了,这问题还能不能发出去了呢? 难道这问题就一直在生产部的手上? 这问题就搞成了谁提谁负责?

其实,平台背后,都是管理手段。针对这个问题,企业管理层要充分地意识到,任何问题只要找理由甩锅,终归可以把问题甩出去的,所以管理层要营造一个"问题到我这边就是终点"的理念,哪怕生产部选错了人,此人就是问题的第一责任人,此人要追踪别的部门的人把问题处理结束,不能要求生产主管撤回,也不能在软件平台里面转给别人,否则大家一起甩锅,问题永远得不到解决。

还有,我们要记住一个常识,不能把极端状况当普遍状况开发入数字化平台。经常有人会在数字化项目中花费几天几夜讨论一个极端情况,而实际上这个极端情况一年也发生不了几次,就如本例中的生产主管,其实一年也发生不了几次选错问题处理人的事。

(2)选定了问题处理人后,问题处理人需要在规定时间内提交短期的处理办法,如果没有在规定时间处理,平台会发邮件逐级把问题递交给总经理,问题只要有升级,就可能会关联到员工绩效。

(3)当问题处理人及时提供了短期对策,且对策已经被生产主管确认通过,平台会自动创建一个长期对策的任务,同样,若没有按时提交长期对策,和第2点一样会关联到员工绩效。

(4)当长期对策完成后,系统会自动创建一个任务给体系部门,要求体系部门检查是否有流程和体系上的缺失导致了该问题的产生,若有,补足流程和体系上的缺失,以防止同样的问题再次发生。这种处理的方式是基于基本的原则:任何一个问题的产生都是流程和体系的缺失而导致。

(5)当体系部确认已经完成后,平台会通知生产部确认该问题是否已经最终解决。

已经有制造业的先进企业根据该逻辑关系开发了及时响应平台,参阅附录章节附图1.5。读者可以参照该方式自行开发。

对非业务逻辑的日常新发现的改进逻辑如图4.11所示。

该逻辑图的一句话阐述:共享基于数字化衡量的改进收益。

该逻辑图解释如下:

(1)研发部管理者要制定研发部基于现场调研的产品持续改进制度,驱动每一个研发工程师常态化地深入现场,发掘产品优化点。

(2)当研发工程做出的优化得到了生产部的认可后,平台会推送任务到财务部,由财务部人员来计算该优化的预期年度收益,年底再正式评估一次。

(3)评估过后的收益按图示规则进行新年度调薪。

已经有制造业的先进企业根据该逻辑关系开发了持续改进平台,参阅附录章节附图1.6。读者可以参照该方式自行开发。

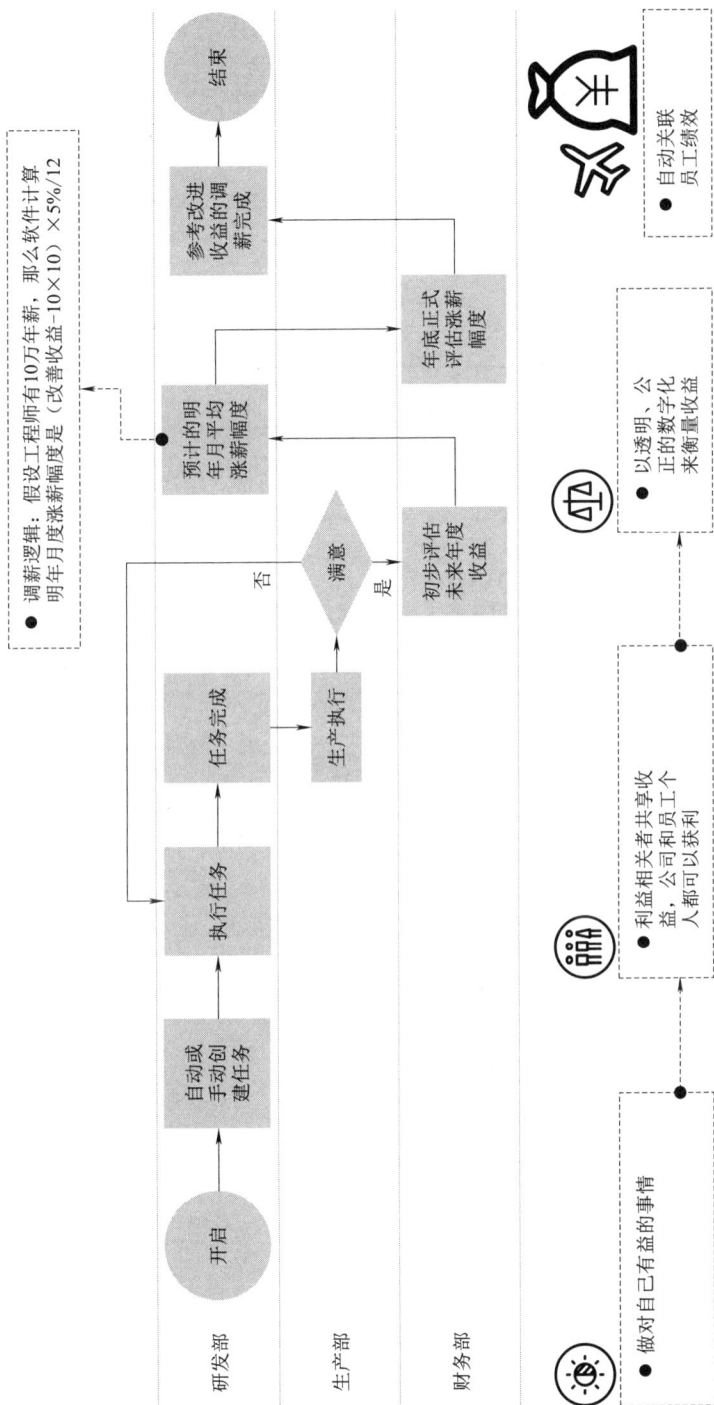

图 4.11 关联绩效的研发对产品日常革新改进的逻辑图

研发部

生产部

财务部

开启 → 自动或手动创建任务 → 执行任务 → 任务完成

生产执行 → 满意（否/是）

初步评估未来年度收益

预计明年月平均涨薪幅度

年底正式评估涨薪幅度

参考改进收益的调薪完成 → 结束

调薪逻辑：假设工程师有10万年薪，那么软件计算明年月度涨薪幅度是（改善收益-10×10）×5%/12

- 做对自己有益的事情
- 利益相关者共享收益，公司和员工个人都可以获利
- 以透明、公正的数字化来衡量收益
- 自动关联员工绩效

其他部门也可以用这两个软件模块,并非局限在研发部,只要开通账号,组织架构搭建后,就可以扩展到整个企业,前提是该企业是一家勇于变革的企业。

图4.12是及时响应和持续改进两个模块在领先的卓越工业平台里的位置,有共同的优势如下:

持续改进 CI	结构化工艺 CAPP	问题库 Problem Library	5S及可视化 5S and VC	工时及工时测定 DT and MTM	周报 Weekly Report
工厂布局 Layout	物料供给 Material Feeding	实时绩效管理 RPM	制造执行系统 MES	工装夹具 Fixture	制程失效模式 PFMEA
设备开发文档管理 Equipment Document Management	样品承认体系 PPAP	单点课程 Single point lesson	全员生产维护 TPM	价值流程 VSM	培训与发展 Training and Development
制程变更 PCN	巡查 Gemba Walk	客户关系管理 CRM	设计平台 PLM	人机工程 Ergo	制程稳健 Process Robustness
合理化建议 Idea System	生产线设计 Line Design	及时响应 Short Interval Management	仿真及实验平台 Simulation & Test	快速换模 SMED	年度工业能力审核 Annual Industrialization Audit

图4.12 及时响应和持续改进是领先的卓越工业平台主界面里的两个子模块

(1)管理提升类,可以设定各类KPI。

(2)典型的跨多部门拉通工具,不是部门内部的工具。

(3)利益相关者共享收益。

(4)少技术调研,易实现。

(5)多管理调研,在梳理完组织架构、汇报关系、年薪、权限等管理信息后即可使用。

(6)承袭先进企业关于研发对制造的支持方式。

(7)匹配某些企业对数字化的定位:为运营服务。

(8)市场上有成熟的短小精悍的跨部门工具软件可供参考。

（9）软件扁平化、简单易用，非常适合制造部门使用。

用体系化的业务思维来分解战略要求，从顶层一直细化到数字化工具如何开发，都必须用尽量严谨的逻辑来认证。没有体系化思维的人，将很难找到真正的数字化落脚点。

新经济常态下，用短小精悍的数字化手段以小博大，是数字化转型未来发展必须长期坚持的方向。

第五节　数字化生产线底层逻辑设计

数字化转型除了管理思路的优化并固化入数字化平台外，最直接的物理呈现是生产线的改善或新建。经长期调研发现，一些企业设计生产线的思路欠缺方法论。通常的做法是定义产品的节拍，提供产品的测试规范、提供产品样机等给生产线设计方，在生产线设计方提供方案后，评审方案是否满足需求方的要求。经多轮技术交底，达成最终的方案定稿。

该方式的弊端是严重依赖供应商对产品的理解能力，对精益化的理解能力，通常情况下即使是专门设计生产线的供应商，对于需求方的产品理解程度终究是一知半解，导致生产线设计后的真实效果不尽如人意。本节阐述生产线设计的底层逻辑，更详细的生产线设计实践，请参阅作者的另一本书《数字化转型底层思维故事》。

好的生产线设计需要由企业内部的工艺人员进行底层理论数据计算，如图 4.13 所示，一切最终呈现在外的数字孪生工厂，虚实结合，均无法脱离底层数据的整理、治理、应用。数字工厂是底层数据的物理呈现。

本着对制造业的责任心及优化数字化转型方法论的决心，本节重点阐述数字化生产线的底层逻辑设计。在阐述之前，附上制造业一张经典布局图,如图 4.14 所示,以朴素的方式展示生产线设计的方法论。关注底层,无论多么科技感的生产线,底层永远朴素,逻辑必定通畅,脱离了底层朴素数据逻辑的支撑,即使是大量先进装备堆叠成一条物理上先进的生产线,仍然极有可能达不成产能目标。

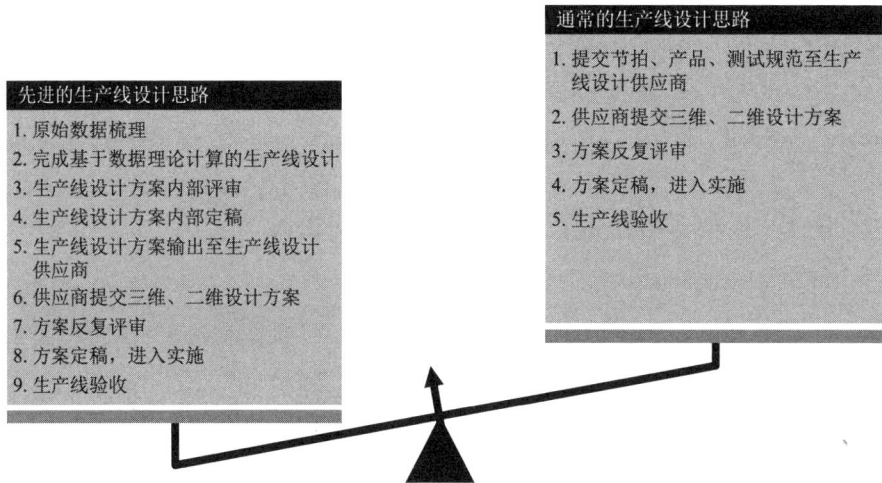

通常的生产线设计思路
1. 提交节拍、产品、测试规范至生产线设计供应商
2. 供应商提交三维、二维设计方案
3. 方案反复评审
4. 方案定稿,进入实施
5. 生产线验收

先进的生产线设计思路
1. 原始数据梳理
2. 完成基于数据理论计算的生产线设计
3. 生产线设计方案内部评审
4. 生产线设计方案内部定稿
5. 生产线设计方案输出至生产线设计供应商
6. 供应商提交三维、二维设计方案
7. 方案反复评审
8. 方案定稿,进入实施
9. 生产线验收

图 4.13　先进生产线设计着重于前端数据自行计算

图 4.14　某制造企业的经典布局图,即使是手工生产线也赏心悦目

一、生产线设计

以先进的生产线设计思路为例,以项目为维度进行生产线设计,通常如

图 4.15 所示,有四个阶段。项目经理需要跟踪每个阶段具体事务的进度,常态化地召开项目会议以推动按时完成。

场地调研
- 改善或新设计生产线区域确认
- 现场测绘
- CAD制图现场区域数据
- 培训企业关键用户生产线设计方法论
- 驱动到考试合格

原始设计数据梳理
- 产品未来三年需求数据
- 节拍定义
- 鉴定准确的工时
- 工位划分
- 线体平衡计算
- 看板制、配料制物料主数据定义
- 产线流程图

硬件实施
- 制作一体式工作台
- 制作配料周转
- 搭建线体框架
- 自动化设备的投入
- 基于设计要求验收产能

规划图设计
- 基于基础数据绘制规划图
- 设计基本的看板工作台
- 设计基本的配料制周转
- 若自动运输,设计运输导轨
- 运用机械手的考虑
- 生产线三维造型设计

图 4.15　先进生产线设计阶段概览

以先进的生产线设计思路为例,以技术为维度进行生产线设计,生产线设计方法论是一个系统综合性工程,生产线的设计需要从宏观层面的整个厂区来考量,基于整个工厂的原始布局,设计到生产线的每个细节。生产线设计通常由八大步骤构成:初始规范→产能和需求→产品架构→产品流程→物料供给→产线布局→管理→投资回报。

在厂房建设之前,需要考虑到生产线精益摆放的位置,需要有全局观的生产线布局,充分考虑未来参观流、物料流、产品流、信息流的顺畅和最经济距离,在此情况下,考虑厂房布局的立柱位置,体现了局部决定整体的要求。

整个工厂的布置图包含了生产线、仓库、入料检、出货检、包装、办公区、维修区、研发工坊等显著的功能区,清晰、直观、可控、有工业美感。

根据实际市场产能的波动或内部效率的提升,工厂布局一直处于动态变动中。

通常在制造行业,布局每年一小变,三年一大变,单位面积的产出可以考虑作为 KPI 指标,推动企业精益改善以节约生产线面积。

员工休息区和生产线长办公区是生产线的一部分,休息区必须离员工近而不能太遥远否则移动距离太大(因此不能设置集中休息区),50 m 距离是推荐的最长距离。

生产线改善或未来建设新生产线时必须要遵循以下原则:

(1)仓库必须垂直于生产线,离生产线间距 3 m,满足最小移动原则和消防通道 3 m 的要求。

(2)仓库外面有备料区,备料区用于提前准备好生产需要的一定时间内的物料,以防生产突发缺料状况导致无效等待。备料区不能无限大导致仓库无主次之分,通常深度方向放置两台 1 200 mm×800 mm 的配料车即可。

(3)从仓库→生产线→发货区是一条龙,不走回头路。

(4)每条生产线间隔 3 m,小火车送料时不走回头路。

(5)每条生产线的区域内有线长办公区和小型员工休息区。

(6)生产区域不得用围栏围起来,要开放式生产线,便于补料和可视化。

(7)收货检验区必须紧挨仓库。

(8)仓库一定是有进有出的双门,不要共用仓库门。

(9)厂房立柱顺生产线流向,不能垂直于生产线流向。

(10)参观通道同样必须不走回头路,故不能布局为十字架生产布局,会导致参观走回头路,小火车送料无法调头。

(11)布局一定越可视化越好,布局确保开门进入工厂即可看到全局。

(12)生产所用的水电气必须走架空线,禁止走地面。

最终呈现的理论规划图必将如图 4.16 所示。

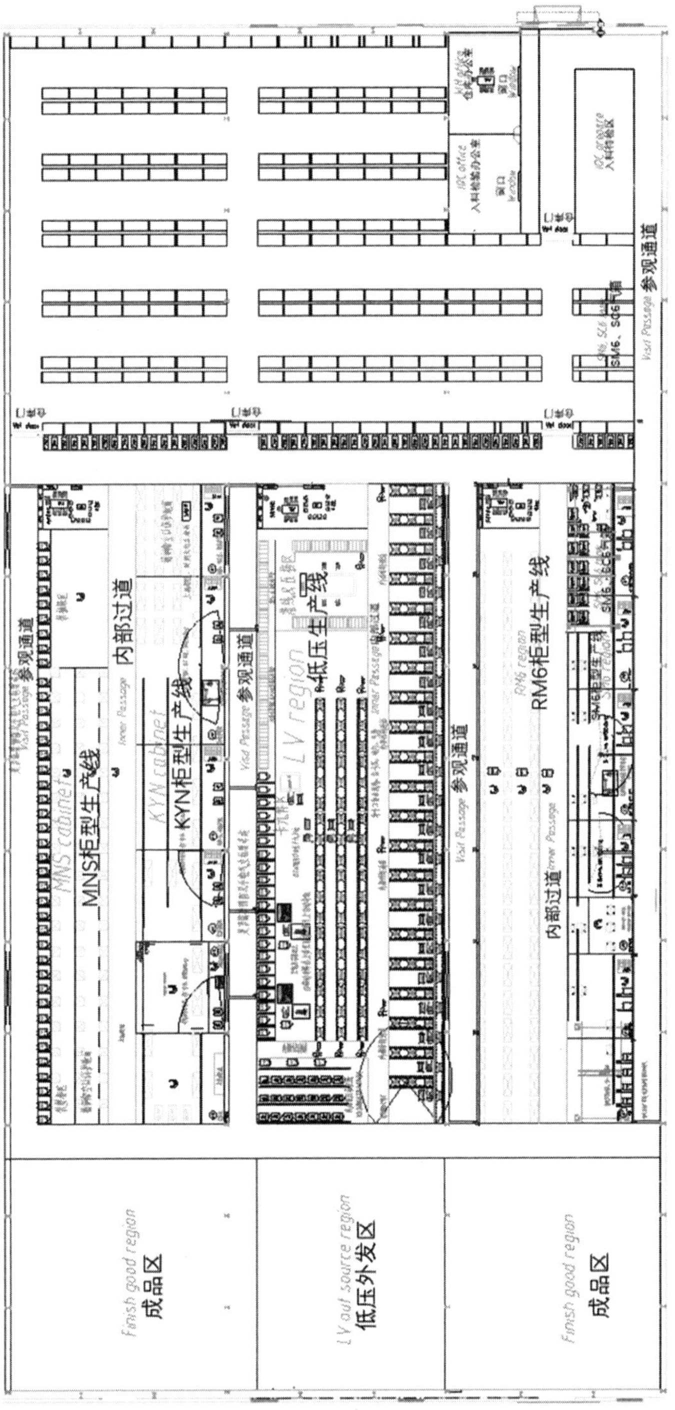

图 4.16 某大型装备企业及其规整的生产线布局

二、定制化装备生产线设计的八大步骤

以最有难度的混线生产的大型复杂定制化装备为例,关于生产线设计的八大步骤,简要阐述如下:

1. 初始规范

知晓产品的长宽高最大尺寸用于初步估算占用面积。

知晓产品的最大重量以预估生产线的承重。

针对从零开始建立的生产线,需要知晓市场的需求,通常市场部难以给出准确的市场需求。若没有相对准确的需求提供,将导致设计生产线所产生的各种数据均错误,因此企业高层有责任推动前端市场部做出相对准确的预测,预测未来三年的需求量。

针对现有产品销量随市场波动导致生产线的扩大或缩小的现象,市场部需要做出预测,结合历史数据给出某些型号数量定下典型型号,对于混线生产的定制化产品,定义典型型号的原则是查找过去三年历史数据中哪款型号的数量占比达到80%,若达到80%,设计生产线以该款产品为典型型号,但是注意生产区域最终大小还是由最大型号决定,若没有哪款产品数量达到80%,必须对型号计算加权平均值。

针对相对单一且标准无定制产品,则比较简单,混线生产的类型比较少,确定典型型号比较方便。

本步骤的关键点是前端给出的市场需求是准确的。

2. 产能和需求

针对从无到有的生产线建设,得知 C_{max}(Customer need maximum,客户年度最大需求)后,将知晓 Takt Time(生产节拍)=年度工作时数×60/C_{max},每个工位的节拍时间就等于生产节拍,需要订购的设备生产节拍必须小于等于该节拍才能确保设备不是瓶颈,该参数要向设备供应商提出。

针对现有生产线因为产能的增加而需要重新设计生产线时,需要在历史数据中找到该生产线瓶颈工位的产出,然后比对是否可以满足新的市场需求,若本身设备在建造时即留有余量或有升级的机会,则无须投资新设备。需要注意,在设计生产线时,设备永远是瓶颈,人员是机动调配,不能把人说成瓶颈。

本步骤的关键是甄别现有产能和市场需求是否匹配,如图 4.17 所示。

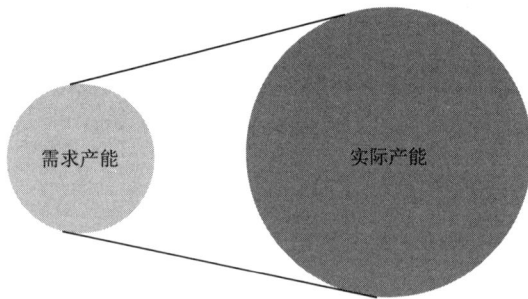

图 4.17 甄别需求产能和实际产能以防止盲目投资

3. 产品架构

差异减少是体现生产线设计标准化程度的指标,生产线必定是由多个流水线工位构成,当把同一个零件放入不同的工位,即产生装配的先后顺序,混乱的安排会导致从第一个工位即开始分叉,如图 4.18 所示。分叉导致做各种工装夹具费用上升,若合理安排工位顺序,把需要变化的零件安排到最后一个工位,可变的工装夹具只要一套,前端工位均为标准化。

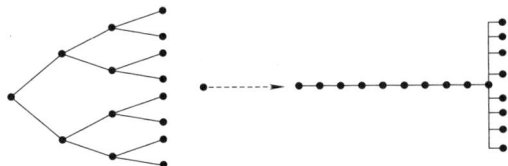

图 4.18 生产线设计严格执行差异后置

为达成要求,必将倒逼通过各种手段如统一零部件、统一材质、统一测试顺序等来达成差异减小的目标。若设计出来的生产线差异指数不达标,必将导致生产线设计的成本巨大。

4. 产品流程

工位数量的设计第一步不是根据产品结构,而是根据最前端的市场需求和研发交付的工时数据来初步定义。举例说明:假设一款产品的年度市场部需求是4 680台,年度工作小时数是2 340小时,每出一台产品的时间是 $2\,340 \times 60/4\,680 = 30$ 分钟,即 TT 节拍时间是 30 分钟,研发部新设计的产品从头至尾做出来需要的 DT(Design Time,设计工时)是 300 分钟,生产效率是 90%,操作人员的数量 $= 300/0.9/30 = 11.11$。

根据精益生产原则,流水线必定一个工位安排一个员工,由于定制化以及员工技能的难以统一,必将导致工位之间的不平衡波动,于是操作员工在工作期间需要可以互助本身工位的前后两个工位,注意是前后相邻工位而不是距离远的工位。

基于工艺工程师的生产线平衡性数据、工位数量、人员数量、产品结构、得出产品的工艺流程图,工艺流程图有一条主线贯穿,部装线垂直于主线特定工位以实现最小化移动距离,有返工区规定了不良品的流向。

5. 物料供给

根据生产线平衡率要求定义的工位时间进而定义出每个工位需要的物料,工艺工程师需要给出工位最基础的物料数据,该物料数据展示了工位物料的消耗周期、物料的属性、使用看板料盒还是周转车补料、超市看板和顺序拉动 FIFO(First In First Out,先进先出)的组合使用等,若定制化产品较多,大部分企业仅使用 FIFO 送料方式,很少量的企业使用超市看板送料方式,而我们追求的目标是大量使用超市看板送料,因为超市看板的物料可以设定成和专门订单不挂钩。

只有基于物料主数据充分且准确的前提下,才可以进行生产线硬件的设计,比如一体化工作台的大小由微小单元看板物料盒的大小和数量决定,工作台不光是用来放置看板物料,还要兼顾人机工程学的要求,比如操作台面离地 80 cm,台面深度 41.5 cm,最大宽度不要超过 180 cm 等硬性要求,工作台应符合人机工程要求。一体化工作台的样式如图 4.19 所示,有进料通道和空料盒回收通道,有为操作员工服务的信息展示看板。

配料制的物料需要设计专门的物料周转车,周转车等工装夹具装夹物料原则上不要超过三个步骤,步骤太多浪费直接生产效率,生产线设计工程师要基于该原则设计生产装备,多采用快

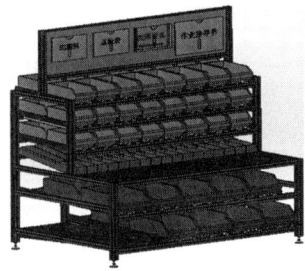

图 4.19　一体化工作台样式

速夹钳进行物料装夹。根据生产线的消耗周期计算出需要制作的数量,通常情况下,精益生产实践优秀的情况下,需要的数量是最少 3 台,一台在生产线,一台在仓库,一台在备料区(备料区是重要的,若无备料区,需要改善)。设计周转车同样需要符合人机工程的要求,同时考虑可以用小火车拉动。

6. 生产线布局

基于前述步骤的演算,每个工位的看板物料主数据决定了工作台的大小,配料物料主数据决定了配料车的大小和数量,人员操作经济半径(走动 3 m 以内是合理的)等因素决定了该工位的大小,上下两个工位间的制品数量和大小决定了两个工位的占地面积,不良品的转移决定了测试工位的大小,以上因素的集合最终决定了生产线的大小和结构。一个典型的定制化或非定制化产品生产线必将满足如下最基本要求:

(1)单件流,一个工位配置一个操作员工。

(2)弹性和柔性,工位和员工可随产能的增减而变化。

(3)物料供给靠边,补料不能影响到操作员工。

(4)生产线开放式、可视化,不使用围栏以免影响送料。

(5)定制化生产线主线采用直线形式,部装线采用单工位或 U 型线。

(6)每个工位配置看板工作台和配料区(若有)。

(7)先进先出不走回头路。

(8)有滑轮必有相配合的地轨,轮式周转车在线内必由地轨导向。

(9)禁止使用叉车补料,需设计带轮周转车补料。

(10)大型行吊只在包装区使用,线内使用悬臂吊或助力机器人专人专用。

7. 管理

线体建设报价需要的事项清单需要工程师列出,按工位分,把线体建设按照操作先后顺序列出细化的工程,以求尽量细化每个环节而不是在施工期间发现前期商讨不完善而导致各种费用增加,要求建设新线或改造现有线体除了项目书外,还要提交工程量清单为正式的报价用。

新生产线设计完成后,需要告知计划部门如何准确将交期给到前端销售部,有准确且简单的交期计算表提供给销售部,销售员只要在表格里面输入数量,即可知道该订单基本准确的交期。

除了要提交上述文件,还要提交每月的产能分析和制造管理报表,输入每月的需求和实际的产出,来预警未来是否要增加投资或者缩减产能,该文件由精益工程师在每个月底或者下个月初提交给计划,用于安排生产检视产能是否满负荷或者不足。当一班情况下,超过 120% 的负荷时,生产开启两班;当开启两班的情况下,仍然超过 120% 的负荷时,必须要投资新的设备来满足市场需求。

8. 投资回报

生产线的投资正常需要三年回本,精益生产线的变动是一年小变革,三年大变革,三年是下一个循环的起点,若三年还未收回成本,该投资失败。人力、工时、场地面积的节约是投资考量的主要因素。

要澄清,人力的节约不是以解雇员工为最后达成的结果,若是粗暴开除员工,违背了精益生产尊重员工和以人为本的宗旨,员工将天然抗拒做持续改进,因为当员工知道改善的最终结果会是自己失业,是绝无动力支持改善工作的。必须把冗余员工调剂到新的岗位,或者企业开辟新的业务以吸收冗余员工。

工时的节约是通过各种优化,达成工时降低,产能增加,一般来讲,年度工时降低的 KPI 是 5%,某些制造企业的操作员工计薪模式是计件制,工时的节约导致计件工资增加是好事,但是站在企业立场上会认为企业是投资了新设备才达成了工时降低,企业天然不想增加工资发放而是倾向于降低工时定额,于是员工必然抗拒持续改善。这样就进入死循环,解决的方式是推行计时制,根据准确的工时计划可以计算出当日的产出,若在各方面因素都完备的情况下,生产仍然没有达成当日产出,是绩效不达标。

任何一家企业的财务有义务计算出每平方米每日厂房费用是多少,通常是每日 1 元 1 平方米,有 KPI 考核单位面积的产出,以推动有效生产面积的持续减小而产值持续增长或持平。若产值降低,有效生产面积必须降低,通常比较好的企业达到了定制化成品在 2 周之内必出货,有效减少了厂内库存占用空间。推行 JIT(Just in Time,准时化)送料方式同样是一个减少零部件存放空间的有效手段,即工厂只有在需要的时候,才把需要数量的零件送到需要的工位上,不多不少刚好,这是工艺团队需要竭力推行的事务。

一线劳动者个人素质得到了极大的提高,有充分的自我思考能力,有主观能动性。而传统的流水线生产抹杀了一线员工的创造力。

有远见的企业将结合员工能力,开发单元式生产系统,作为流水线生产系统的有效补充。单元式生产系统有利于员工充分发挥主观能动性,因为需要一个人做所有步骤,该员工必须具有多技能和能力,想方设法提升自身的业务能力,也从另一方面践行了对工匠精神的打造。

本节观点:从流水线生产回到单元式生产在当前并不意味着倒退,和精益生产原理不冲突,数字化转型专家基于长期的工业领域积累,得出该结论。

以上生产线设计全部基于底层数据计算而得出,每个环节均体现了数据从哪里来到哪里去,数据的无缝贯通是生产线设计的核心,为后续的数字孪生奠定基础。

本节要重点强调:生产线在数字化时代承载了太多的数字化呈现,仅仅是个 AR(Augmented Reality,增强现实)展示是肤浅的,一定要深入到和产品强关联才能真正达成精益生产线设计,进而走向数字化生产线,若专注于表面文章,是伪数字化。

05

第五章
战术级实战场景

企业大多喜爱做全产业链,好处非常多,比如可以保证每个环节的物料可控,在制造业微利的情况下保证每个环节的利润积少成多。典型的企业是新能源汽车,从挖锂矿到整车制造到销售再到售后,全部环节都掌握在自己手中,真正的产业链闭环。还有更多的电气产业集团也是这种做法,从铜排冶炼到电气成套出货都是这个模式。

第一节 需求不明的情况下如何开展数字化工作

本节展示某个大型制造企业里的自主大型设备设计部想要的数字化需求。

在开篇之前,需要说清楚的是,设备开发部(下辖先进设备开发部、设备运营部、设备标准化部)看到其他部门都在轰轰烈烈地提数字化需求,推行数字化转型,而自己部门却在用一个三维设计软件每天埋头画设备图纸,设备运营部每天保养设备,设备标准化部好像无事可做。多少年来都是如此,似乎已经跟不上时代,管理者很焦虑,担心在数字化时代被边缘化,于是在当年底,上报了设备开发运营的数字化需求,总经理看到设备开发部憋了多年终于提出了设备的数字化需求,觉得勇气可嘉,一边鼓励一边批了这个项目,而且还作为了企业新年度的重点项目来推动,毕竟总经理绝对不想看到生产中设备突然出问题。

本来设备部门就是跟风追个数字化转型,设计出来的设备不是批量生产,就算把设计资料存放在公共盘上,也不影响设备的制造、导入。现在高层突然鼎力支持该项目,反而被"架在火上烤"了。真是意料之外,设备部这回是骑虎难下,自己也不知道怎么干了,因为自己的需求都没有搞清楚,于是赶紧找信息部来救急。

在需求都没有的情况下,设备部门主导进行了几轮沟通,本节真实地展示沟通的内容,让读者感受到各方面的需求,如此杂乱的情况下,怎样才能提取出用户当前的真实核心需求并排出优先级呢?

第一次沟通

沟通部门:信息部和设备标准化部

沟通后结论:

(1)和后期的设备运维一起做是最完美的。

(2)核心之一只要可视化展示各个阶段提交的交付物,现在不需要Excel、Word结构化,后续优化的时候再考虑文档结构化,参考某平台的设计文件管理系统。

(3)一是外部的变更影响到设备的变更;二是内部设备优化变更,如设备本身设计上的优化以提升节拍,但是不影响产品。设备部外的就是外部需求,设备部自己的就是内部需求。可以提取KPI。

(4)与传统的先有产品再建生产线不同,本企业的模式是先建生产线,再有产品。

(5)变更关键之一是设备变更完成后,要提交给经管、工厂长确认补预算,作为输入。

(6)变更关键之一是拉通设备部和经管的业务流,要画跨部门跨阶段的业务蓝图。流程能合并的就合并,流程流转一次即可。

(7)变更颗粒度不是仅仅部门签字,需要下一个层级的具体事务分解。

(8)从第一层级创建需求内部评审会,提交证据,如果内部同意,流转到下一个具体执行。

(9)在交付物主界面可以看到问题履历,点击问题履历按钮,直接展示,不要跳转到其他平台,跳转在后台执行。

第二次沟通

沟通部门:信息部和设备运营部

沟通后结论：

(1)一致认为非常重要的是有 KPI、简单、直接、扁平化、一期只做一个核心点。

(2)已经初步地认为核心的需求就是文档管理和点检改进。

(3)认为设备开发变更重要，审批附带文档，要闭环管理，要越简单越好，变更多是因为前端市场部经常需要变化（信息部认为设备变更不应该多），需要仔细探讨为何一年的变更数量有 1 000 多个。

(4)要紧盯为大运营服务，做的事情要为提产、降本、增效服务。

(5)设备问题记录在研发也使用的 QMS 里，被研发抱怨易造成误勾选，因此被踢出来了。信息部认为设备问题分开发类和运营类，运营类放入 TPM。

(6)要先实现设备文档的上线管理，触发点检任务，如果不知道谁来发起设计点检，系统要有提醒功能。

(7)要考虑投入产出比。

(8)会议没有讲到大运营，实际上企业高层已经定义了新年度里所有数字化项目要为最终的大运营服务。

第三次沟通

沟通部门：信息部、先进设备开发部、PLM 厂家

沟通后结论：

(1)与 A、B 两家厂家面谈，没有明确的设备开发平台，展示了一个基本类似产品开发的平台，B 厂家承诺可以定制开发。

(2)B 厂家展示了生产线设计的案例，A 厂家没有展示案例，B 厂家的设计比 A 厂家好。

(3)基于成本考虑,设计所用元器件需要在系统里面推荐。

(4)要有变更管理(信息部认为设备开发变更多是不合理的)。

(5)协同到供应商端,给账号,设定权限,供应商就可以收到图纸。

(6)会议上电气人员阐述:零件管理混乱,可能一个工程师用了某个图纸,改了结构,却没有通知他人,他人还在调用老结构,等新结构发布后,配套的他人设计已经不是用的最新结构了,设计失去价值。

先进设备开发部在会议上即兴阐述了需求:

(1)成本管控:自己设计人员的成本管控和从设计流程上的强制管控,防止低级问题。

(2)问题点横展即以前犯的错误可以方便看到,可以系统归类,等于现在的点检。

(3)变更问题:对不同的错误分类后走不同的变更流程,有快速变更流程,提示要进入快速通道,能自动识别出快速通道是最好。

(4)一物多码要解决,达成一物一码。

C厂家面谈:

(1)介绍比A、B两家好,推断已经收到客户的基本需求,做了专门的准备。

(2)C厂家承诺变更闭环可以达成,可以简单变更,现场快速处理。

(3)非标件转通用件的转化规则和其他PLM不一样,可能其他未介绍,软件是根据引用频率维度来判断转通用,会议讨论其实还有成本、质量、交期等优选维度,C厂家有相应的方案。

(4)设备元器件标准化工作会由标准化部门完成,企业对自身的要求比较高,软件可以支持。

(5)设备所需要的长交期物料可以提前申请,是一大特色。

(6)移动应用相比A、B厂家是优势。

（7）项目上，工程师资源分配是特色，高级工程师做高难度项目。

（8）C厂家的项目管理属于简单直接型，有工时层级是特色，不是无限制地细化，无限制细化是没有必要的。

（9）会议上说到了图号等于物料号，和500强企业的做法一样，在数字化时代就是要去掉中间环节，是很好的理念。

在设备开发部都没有需求的情况下，三次沟通后，信息部门是一定要给出自己的看法的，不能需求部门怎么说就怎么来，每个部门都基于自身的认知，一定会有认知偏差，局限于自己的认知范围内，所以信息部门要善于从错综复杂的需求中找出关键的要求，这是IT和OT充分融合实践。如下为信息部给出的看法，看法要先给出，结构化分析是下一步。

（1）为大运营服务战略，应该更多聚焦于后端TPM（Total Productive Maintenance，全员生产维护）。

（2）需求变更太多，要设定KPI来管控，要考虑因市场变更导致的设备变更所引起的金钱损失，线下需要先设定好该损失指标。

（3）设备分开发和运营，开发对大运营的支持是设备交付给生产端后要适合量产，交付量产时文档齐全，大运营并不需要查看设备开发期间的过程，大运营要交付好结果即可。大运营的重点是TPM，要上专门的TPM是正道，把前面交付的文档放入TPM原始文档管理即可。

（4）行业标杆企业的设备都是找专门的设备厂家设计制造的，因为极其复杂，该企业在少量初级设备开发人员的情况下，要自行设计全套设备，勇气可嘉，但不是一时半会的事情，也不是上一个设备专用的PLM就可以达成的，背后员工技能的提升要先行。

（5）传统ERP平台下的设备开发管理其实就是个文档管理。

（6）分两期，一期关注核心需求文档和点检。

（7）核心需求有 KPI 支撑，这样数字化的目的非常明确。

（8）用户要先编制项目需求书，编制的时候说明自己的痛点，痛点有大中小程度。

（9）因没有上这个设备开发平台导致用金钱衡量的损失要估算出来，这样上完系统后，就有前后对比，项目的巨大价值就出来了。

（10）结合设备开发的特点，说清楚为何设备开发不用现有 PLM。

（11）不要建立超越自身能力太多的平台，如果现在实际状况就是个工装夹具设计或者就大型设备谈方案的话，是不需要全套 PLM 平台的，做好简单直接的文档管理即可。

（12）可以尝试用逻辑树自行发现自己的真实核心需求，信息部门可以协助一起甄别真实核心的需求。

（13）初步的看法是迄今为止讨论的多方公约数是文档管理、点检、变更（建议刚开始变更仅设定 KPI，不做复杂开发）。

当各方的观点都摆在台面上之后，我们如何在几十个需求中找到主干和枝叶呢？信息部人员需要跳出这些细碎的要求，基于对业务逻辑的深度理解，站到更高的层次来审视这些需求，就可以找到关键核心点。从顶层战略维度逐级分解是好办法，图 5.1 是业务逻辑层面的分析思路。

为什么分析出这种图，请看如下解释：

从第二次沟通中的第（4）点和第（8）点，企业的战略是任何数字化转型项目最终必定为大运营服务，大运营包含方方面面，分解到设备开发对大运营的服务即交付给制造端的设备是可以稳定运行的。

如何让生产部放心地接收设备，对于生产部来讲，能够放心的唯一东西是伴随设备交付的验收通过报告，至于这个报告产生之前，有多少工作内容，多少交付物，生产部门是不在意的。

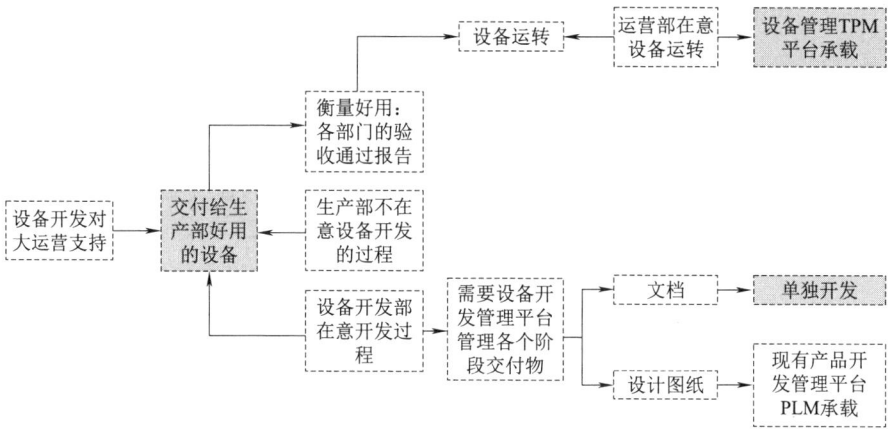

图 5.1 顶层战略分解图

设备开发部正好和生产部相反,在开发过程的各个阶段,需要完成各类图纸和文档,这是设备开发部门的核心需求,和项目管理平台集不集成不是最重要的,因为设备开发天然是单件生产,属于产品开发的精简版业务,当用极其复杂琐碎的项目管理平台(前文已经阐述)去管理设备开发,很可能是没有员工使用的,当然,适当的关联是可以的。

所以分析图中灰色显示的单独开发文档管理是核心点之一,印证了第一次沟通中的第(2)点和第二次沟通的第(2)点即核心之一只要可视化展示各个阶段提交的交付物,现在不需要 Excel、Word 结构化,后续优化的时候再考虑文档结构化;已经初步认为核心的需求就是文档管理和点检改进。

关于设备运营部门的诉求,即维护设备常态化处于稳定的状态,不会因设备故障导致生产不顺畅,故可以使用市场上成熟的 TPM 平台,考虑到企业是要自行设计设备这个特色,设备开发人员需要有权限进入 TPM 平台上传必要的设备资料,比如设备的使用说明、操作说明、设备资产照片等,用于后端设备运营部进行保养周期设定、备品备件的购买、问题处理记录等。匹配第二次沟通的第(5)点即设备问题记录在研发也使用的 QMS 里,被研发抱怨易造成误勾选,被踢出来了。

关于设备开发过程中的变更,这是纯粹的伪需求,基本的常识是企业重大设备的开发,变更必定是少之又少,理由是重大设备价格昂贵,一次变更损失几百万元甚至上千万元,是不应该存在第二次沟通的第(3)点即认为设备开发变更重要。审批附带文档,要闭环管理,要越简单越好,变更多是因为前端市场部经常需要变化(信息部认为设备变更不应该多),需要仔细探讨为何一年的变更数量有 1 000 多个。

不过,为响应需求,一开始并不会把设备变更作为重点,而是先在系统中实现 KPI 抓取,一旦抓取 KPI 后,由市场部随意发起的变更将越来越少。

至此,在多次沟通产生的几十条业务需求下,我们成功地找到了核心点及优先级,即使使用部门一开始都没有明确的数字化需求,只要基于体系化的业务逻辑思维,一样可以成功地找到真实的需求,如下:

第一优先级的需求是设备开发文档管理和点检;

第二优先级的需求用成熟的 TPM 平台来支撑设备运营;

第三优先级是简单考虑设计变更。

至于其他需求,在进行核心需求开发的时候适当考虑,若使用部门一开始提需求时,进行了第一性原理分析,就不会有那么多细枝末节的需求。

基于前述第二次沟通的第(1)点即一致地认为非常重要的是有 KPI、简单、直接、扁平化、一期只做一个核心点。我们对第一优先级的设备开发文档管理和点检进行场景搭建,遵循简单、高效、抓核心、扁平化的原则来搭建,作者认为任何用户都希望使用的软件平台是简单易上手的,这是常识。

在搭建场景前,我们需要找到设备开发管理规定,找寻到这个制度里关于设备开发到底有多少个阶段,每个阶段的交付物到底有多少? 见表5.1。

表 5.1 设备开发各阶段的交付物梳理

设备开发阶段	交付物
阶段 1	交付物 1
	交付物 2
	交付物 3
阶段 2	交付物 4
	交付物 5
	交付物 6
阶段 3	交付物 7
	交付物 8
	交付物 9

打开附录中提及的卓越工业平台并登录,如图 5.2 所示。

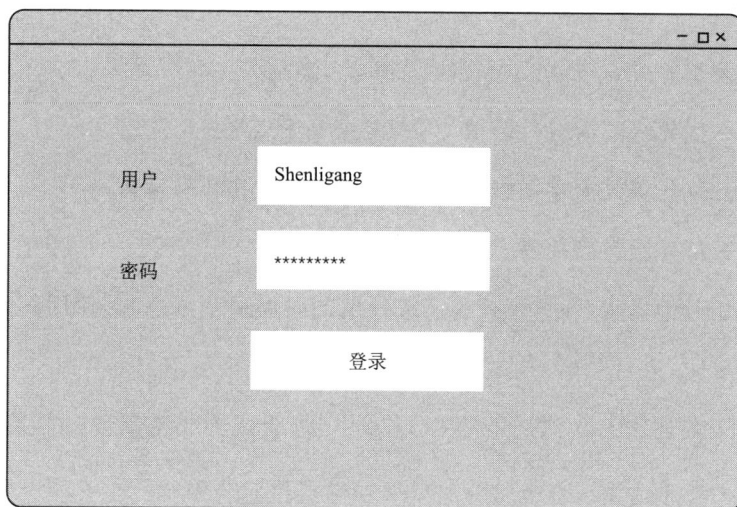

用户	Shenligang
密码	*********
	登录

图 5.2 用个人账号登录卓越工业平台

一、一级主界面

登录后的一级主界面如图 5.3 所示。

持续改进 CI	结构化工艺 CAPP	问题库 Problem Library	5S及可视化 5S and VC	工时及工时测定 DT and MTM	周报 Weekly Report
工厂布局 Layout	物料供给 Material Feeding	实时绩效管理 RPM	制造执行系统 MES	工装夹具 Fixture	制程失效模式 PFMEA
设备开发文档管理 Equipment Document Management	样品承认体系 PPAP	单点课程 Single point lesson	全员生产维护 TPM	价值流程 VSM	培训与发展 Training and Development
制程变更 PCN	巡查 Gemba Walk	客户关系管理 CRM	设计平台 PLM	人机工程 Ergo	制程稳健 Process Robustness
合理化建议 Idea System	生产线设计 Line Design	及时响应 Short Interval Management	仿真及实验平台 Simulation & Test	快速换模 SMED	年度工业能力审核 Annual Industrialization Audit

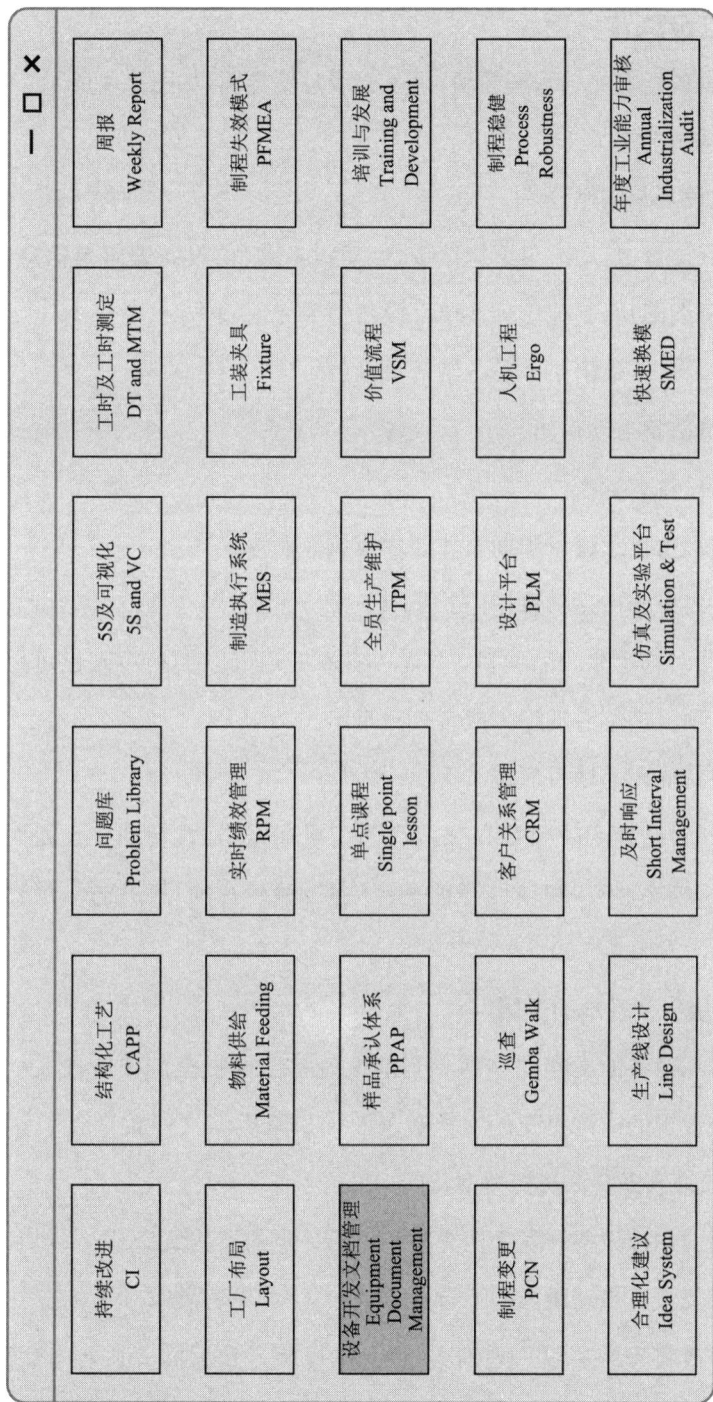

图 5.3　设备开发文档管理模块存在于卓越工业平台主界面

二、二级总览界面

点击设备开发文档管理模块,进入二级总览界面,如图5.4所示。

1. 引导式操作场景

(1)在设备编码栏位:

①鼠标放置:自动跳出下拉菜单,创建设备名称、设备编码等信息,创建时要输入预期图片,其他信息在单个设备细节界面操作。

②鼠标点击:跳出单个设备细节页面。

③人员信息自动带出。

(2)在设备名称栏位:

鼠标放置:显示设备预期整体照片或成品照片。

(3)在对应非产品项目栏位:

在创建时选定非产品项目,非产品项目编码可以手动输入也可以在项目库选择,项目名称手动输入或者自动带出。

(4)在对应产品项目栏位:

在创建时选择产品项目和对应产品。鼠标点击:跳转到该设备对应的项目阶段文档文件夹,和项目管理平台关联,编码在项目库选择,项目名称自动带出。

2. 二级平台基本的逻辑

(1)某一设备的文档完整率=当前该设备已经提交的按阶段文档类型数量/系统设定的应该提交的文档数量。如果某类型文档数量大于等于1,计数1。如果未提交该文档类型,计数0。

(2)当前总计设备开发文档完整率=第一点的平均值。

(3)只读人员自动跳出的下拉菜单灰白显示,无法操作。

(4)修改将导致后续一系列关联更新,删除导致后面一系列均要删除,

当前账号总计设备开发文档完整率 49%　当前账号总计设备开发项目 80%　　　　　负责人　　录入提单信息

序号	设备编码	设备名称	对应产品	对应非产品项目	对应产品项目名称	项目编码	当前状态	当前产品项目	当前产品阶段	位于工厂的位置编码	设备开发阶段	文档完整率	开发负责人	电话	岗位	部门
1	XXX															
2	XXX	A产品	项目编码	某项目	项目编码	某项目										
3																
4																
5																
6																
7																
8																
9																
10																

创建　修改　删除

非产品项目　当前产品项目　等同子项目开发阶段　设备开发制度里的状态

负责人　项目号　部门　阶段　工厂

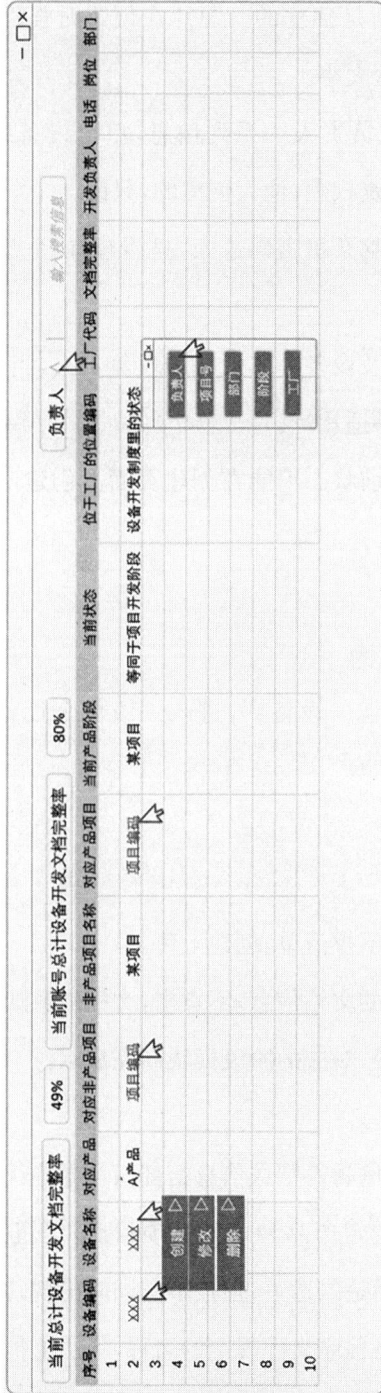

图 5.4　设备开发文档总览界面

要有对话框询问。图片更新是独立的。图片在创建时强控上传,图片大小在系统后台设定统一的展示大小。

(5)谁创建就带出开发负责人一系列信息,单个设备细节页面同样适用,创建者有自身的增删改查权限,他人创建的,只读。

(6)其他部门人员用电脑开机密码进入,只能查看、下载,权限在总页面和细节页面一样。

(7)其他部门仅查看的及设备部非设备开发负责人,当前账号完整率显示"N/A(Not Applicable,不适用)"。

(8)当前产品阶段和当前状态不能在创建页面上创建,要在三级单个设备界面里创建后才显示。

三、三级单个设备界面

点击设备编码栏位的任一设备码,进入三级单个设备界面,如图 5.5 所示。

1. 引导式操作场景

(1)在每个阶段模块:

①鼠标放置:自动跳出下拉清单,创建上传。

②鼠标点击:显示上传的文档信息,不点击,文档信息默认隐藏。

③该设备处于哪个阶段,对应的阶段模块高亮显示。

(2)上传选取按钮:

①上传文件后,即时通信软件推送信息给部门领导确认上传文件。

②在二级总览页面里选定产品和非产品项目后,按钮关联产品和非关联产品项目在按钮展示界面是二选一,强控不能同时出现,否则会混乱。

③强控文档名称若不是程序文件规定的名称,无法上传。

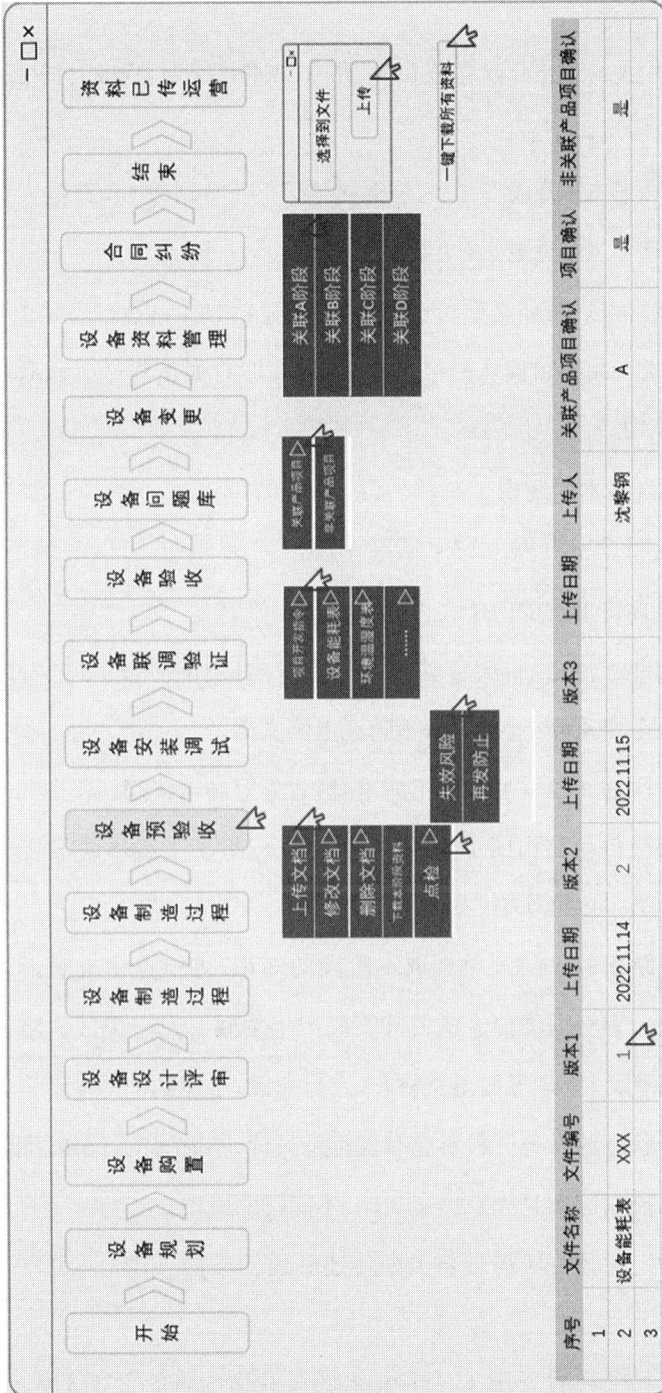

图 5.5　三级单个设备操作界面

(3)文档信息表：

①在版本栏位：点击可以在线浏览文档，支持 Excel、Word、PPT、PDF 格式浏览，打开后可以下载。

②在上传人栏位：开发负责人是上传人，可以增删改查，其他人只读。只能上传最多三个版本，强控变更数量。

③在项目确认栏位：如果项目过节点，该处显示"是"，否则显示"否"。

④在非关联产品项目确认栏位：部门领导在即时通信软件确认后，显示"是"，否则显示"否"。

2. 三级平台基本的逻辑

(1)可以按照设备开发一键下载某个阶段的文件夹；可以一键下载所有，总文件夹包含各个阶段的子文件夹。

(2)文件全部上传之后，会自动到下一个阶段，当前阶段前的文件修改之后，后面文件需要重新上传，确保不随意上传文档。

(3)每个阶段的文档类型名称不能重叠，业务要确认清楚。

(4)只读人员自动跳出的下拉菜单灰白显示（除了下载本阶段资料）无法操作，只读人员可以操作第一点。

(5)在自动跳出的下拉菜单调取本阶段的知识，进行点检查看，只读人员可以看，推送内容根据类似设备关键字段产生关联。点击失效风险、再发防止直接跳转到项目管理界面里点检，未点检完成，不能到下一个节点。

(6)到结束状态的设备资料对所有人都是只读，不能修改、编辑、删除。

(7)系统强控只能按阶段来提交文件，不能跳跃阶段。

(8)后台约定大运营所需资料类型传递到运营端的 TPM 即可，在结束后才上传。

(9)关联产品项目的 A、B、C、D 阶段和设备开发的阶段 1、2、3 是不一样的,前者是针对产品开发的阶段,后者是仅针对设备开发,阶段 1、2、3 等对应了图 5.5 的上部信息。

至此,第一优先级的设备开发文档管理由这类短小精悍的场景模块搭建而成,实现了大部分的需求,顺带简单处理设计变更。

真正的数字化转型需求要在识别了最高层级的需求后,逐级细化到场景级别,说清楚每一步的逻辑关系,场景可以用 Excel 搭建,也可以使用现有低代码平台迅速搭建。颗粒度到场景级别后,信息部、使用部门、实施方都有明确的需求,尽管后续在项目开发过程中还有更细化的确认,这些确认已经只是操作层级的了,不再是整体架构的反复修改,就如我们买的毛坯商品房,结构已经完全定清楚,后面的方案确认只是装修上的细节微调了。

关于第二优先级的运营端的 TPM,因为有市场上成熟的软件平台,故本节简单阐述。图 5.6 所示的灰色框即为 TPM 模块存在位置,点击该模块,即可进入软件操作界面,具体参阅附录章节附图 1.7。

把该短平快的操作场景和知名设备开发资料管理平台相比,优势极其明显,上述段落已经明确说明。图 5.7 是某知名设备开发资料管理平台界面,是一个纯粹的文件路径管理,加了一个版本控制,是结果的管控,不是过程的管控。广大企业在推行 TPM 时,需要理性参考标杆,不盲目跟随,找到适合自己企业的才是硬道理。

持续改进 CI	结构化工艺 CAPP	问题库 Problem Library	5S及可视化 5S and VC	工时及工时测定 DT and MTM	周报 Weekly Report
工厂布局 Layout	物料供给 Material Feeding	实时绩效管理 RPM	制造执行系统 MES	工装夹具 Fixture	制程失效模式 PFMEA
设备开发文档管理 Equipment Document Management	样品承认体系 PPAP	单点课程 Single point lesson	全员生产维护 TPM	价值流程 VSM	培训与发展 Training and Development
制程变更 PCN	巡查 Gemba Walk	客户关系管理 CRM	设计平台 PLM	人机工程 Ergo	制程稳健 Process Robustness
合理化建议 Idea System	生产线设计 Line Design	及时响应 Short Interval Management	仿真及实验平台 Simulation & Test	快速换模 SMED	年度工业能力审核 Annual Industrialization Audit

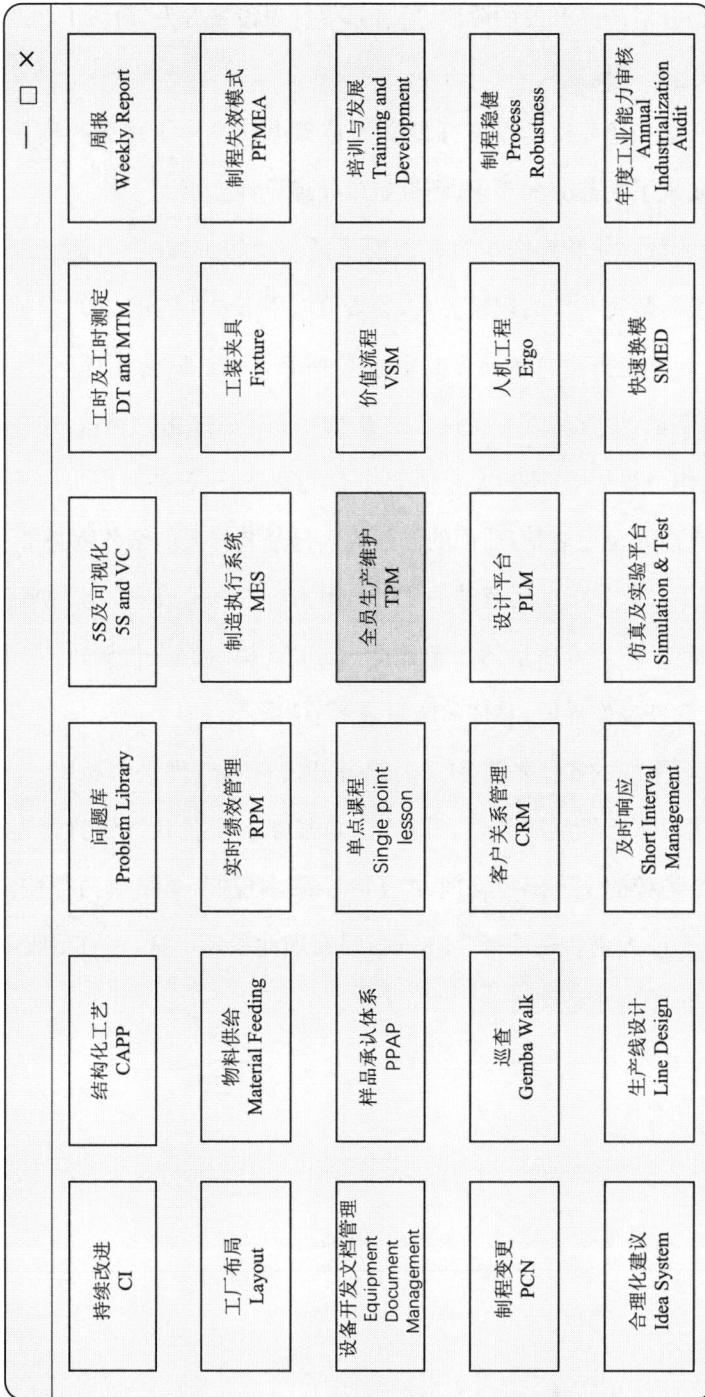

图 5.6 全员生产维护模块存在于卓越工业平台主界面

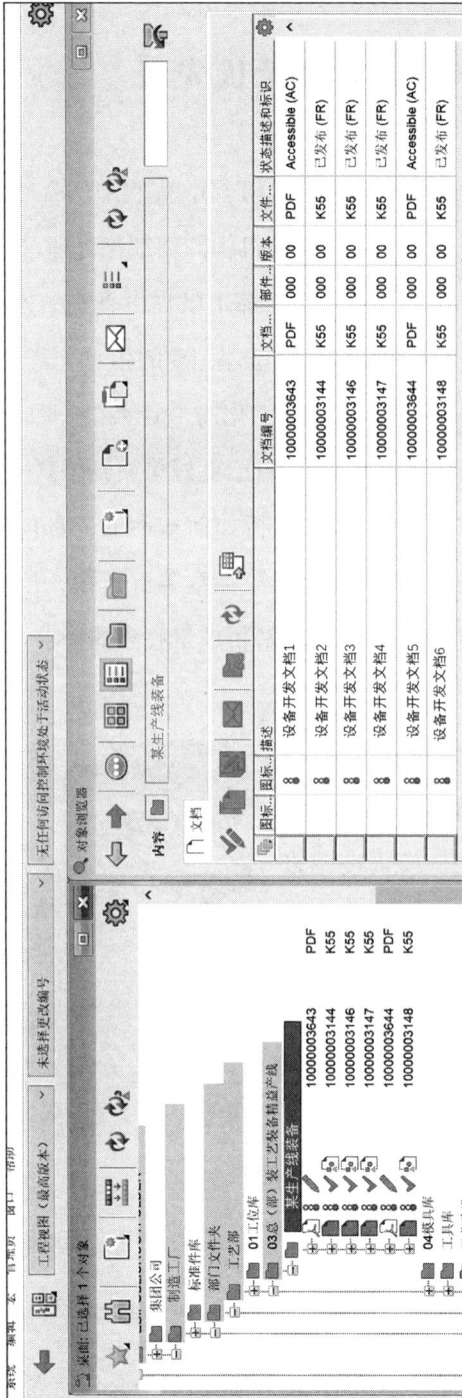

图 5.7　知名设备开发资料管理平台是对结果的管控

第二节　思辨需求的合理性及优先级

研究型企业需要做大量实验,在数字化时代,实验部门必然会提数字化需求,以最大化地利用实验资源,达成实验机构的精细化管理,提升效率。

遗憾的是,鉴于通常情况下,使用部门都难以提出真实的核心的需求这种行业性难题,信息部会得到一版看起来"高大上"的信息化需求,在喜欢喊口号、喜欢做漂亮 PPT 的企业里,这种数字化需求让人第一眼看到就有"不明觉厉"之感,感觉要是达成了这些要求,自己就好像站到了高手圈。

本节专门以实验资源管理为案例,解析如何辨明业务部门数字化需求的真伪,如何排优先级,把所谓"高大上"(第二章第五节第一段落已经叙述了的所谓高端词汇的危害)的数字化需求解析成最朴素的要求。

一、背景及必要性分析

基于企业的快速发展,现有实验中心对产品开发实验需求的支持力度越来越力不从心,存在资源状态不透明、多地资源无法整合、协同使用率低的问题。为整合多地资源、实现资源集中化、透明化的业务管理,实验中心需借助信息化系统,整合多地资源,实现资源集中化、透明化的业务管理,搭建实验资源管理系统。系统初步规划上线范围为 A 工厂、B 工厂、C 工厂。

实验资源管理

图 5.8　逻辑关系不清楚的需求

整体的需求概览如图 5.8 所示,看起来很漂亮,但是没有逻辑关系,纯粹地为了好看而好看,选取了一个"高大上"的PPT模板来包装需求,接下来的分析中,看我们如何让它回归凡尘。

二、子项分析

以下为对子项的逐个仔细分析,需求部门需要回答数字化转型专家的询问。

1. 资源展示看板

(1)现状痛点:

无法清晰透明地展示各类测试资源的使用与空闲情况。

(2)实现目标:

便于资源管理方实现资源集中化、透明化、流程标准化管理。

(3)数字化转型专家询问:

①每一个目标在未来的数字化平台中的KPI指标请先考虑清楚后再提出该子需求。

②仅仅是各类资源的空闲和使用情况并不足以让所需实验高效完成,需要建立典型实验的花费时间,用于计算实验设备的OEE(Overall Equipment Effectiveness,设备综合效率);针对预计要结束的实验,要提前计算出预计多长时间后可以彻底空闲出来,申请方可以看到预计时间以便提前准备好;设备的状态要联动是否可以做实验;实验设备的完好率是KPI指标。

③是否有该业务对应的数字化管理制度,如果没有已经制定并执行到位的数字化管理制度,强行要求实施方在项目期间来实施,实施方一定会毫无目的性地实施。

2. 测试现场集中监控

(1)现状痛点:

①无法快速洞察试验室运行情况,意外情况不能及时发现和处理。

②试验员只能进到试验室内近距离观察设备状态,如发生意外事件,人员来不及撤离。

③试验台架多且区域分布间隔较远,需要大量人员轮班巡视。

(2)实现目标:

实现远程监控性能测试区;远程监控并控制操作台;展示各测试通道实时状态;展示各通道的单号、项目组等信息。

(3)数字化转型专家询问:

①对痛点1的询问:AR手段可以远程实时查看,意外情况的判断的规则要设定,类似预测性维护模式即感受到即将要发生意外就发出报警,如何定义即将要发生意外,难度大。现状痛点和实现目标之间没有逻辑关系。

②对痛点2的询问:不是正确的痛点描述,即使是AR设备,也不能查看到设备的最细节。

③对痛点3的询问:试验人员本来就要第一现场巡查,请解决自身的管理问题。

④实现目标和痛点没有逻辑关系一一对应,断裂的逻辑关系下的需求属于不予考虑的数字化需求。

3. 内部测试业务管理

(1)现状痛点:

目前资源管理主要由资源管理小组成员与委托方通过微信收发预约表,在Excel表中标记实验计划,将排程表放在共享盘指定路径,每日更新一次供委托方查看。该方法沟通效率低,信息传递存在滞后性。

(2)实现目标:

使各类实验资源管理透明化,实验各相关方能够在线实时查看实验中心资源使用及空闲情况,查询实验资源申请结果。

（3）数字化转型专家询问：

请列出哪些维度展示了沟通效率低下,信息传递的滞后性导致了哪些业务进度的延误,到底是怎么滞后,滞后产生了哪些问题,这些问题到底是线下管理的问题还是仅仅用数字化手段展示出来后就可以自行解决？查看空闲情况的回复同第一点资源展示看板。

4. 委外测试业务管理

（1）现状痛点：

①委外业务管理的各环节业务分散未打通,各环节工作人员信息传递效率低。

②委外费用对账依靠人工核对实验时长,数据量大且易出错。

（2）实现目标：

实现委外询价、寻厂、申请定厂、费用对账、进度跟踪、问题记录等环节打通,使各环节工作人员信息共享;自动化费用对账,减少人工工作量,避免出错。

（3）数字化转型专家询问：

①委外测试的业务蓝图是否已有,把跨部门跨阶段的业务蓝图理顺是重要前提,以蓝图来打通分散的业务,不是一上来就上数字化工具。

②对账是否仅仅达成 Excel 自动计算即可,传统的 Excel 表已经可以针对大批量数据进行核对。

5. 工装管理

（1）现状痛点：

目前工装管理通过建立多个 Excel 表进行出入库的登记工作,随着工装数量的逐渐增多,Excel 表所占空间较大,打开及搜索速度慢;不同工厂间的工装规格类型及库存等信息无法在线共享。

（2）实现目标：

建立工装线上管理流程及电子台账、数量预警功能。

(3)数字化转型专家询问：

仅仅从解决共享来讲,传统 Excel 表格就可以设置为共享,权限管理好即可。没有必要专门开发一个在线手工的工具。

6. 问题管理

(1)现状痛点：

内外部投诉现通过微信沟通,追踪解决进度,并线下统计,直至闭环,效率低,且未形成可便于供各方查阅的问题记录。

(2)实现目标：

实现内外部投诉与建议流程管理,形成外部投诉、内部实验异常及对标问题记录。

(3)数字化转型专家询问：

核心问题是问题来源琐碎,在群里被覆盖,每天盯着群,更换的方式用邮件,文档设置为共享即可。使用数字化平台并不能更高效地解决问题,最直接的方式是 SIM(Short Interval Management,及时响应)可以快速解决问题,参考附录附图 1.5。

7. 来料检验和过程检验流程管理

(1)现状痛点：

来料检和过程检流程与研发测试流程未进行区分,流程复杂。

(2)实现目标：

将来料检和过程检流程与研发测试流程分离,简化来料检和过程检流程,提高效率。

(3)数字化转型专家询问：

是否有跨部门跨阶段的业务流转蓝图,理顺业务是重点,再把业务流固化入数字化平台。

三、详细解析

以上,有这么多要求,好像是一一分解了,又好像是错综复杂、你中有我、我中有你,千丝万缕没有头绪,需求部门肯定是没有基于前述的数字化转型实践落地制度来自行梳理自身业务的规范性、合理性,不负责任的信息部工程师会不假思索地把这个需求转给外面的实施方,或者内部的开发人员。

外部的实施方看到这个比较粗的需求,心里是窃喜的,因为需求粗犷,所以操作的空间就非常大,实施方在自己的工具项里面找出几个模块,拼拼凑凑就都达成了要求,对客户宣称所有需求都可以满足,因为所有需求都满足意味着收费高昂。未来验收时一条一条逐个核对,就算不满足能力构建、价值实现、使用者视角某些要求,客户也只能吃哑巴亏。真正损害的还是企业的利益。

内部的开发人员收到了该数字化需求,一定会丈二和尚摸不着头脑:软件开发是要画逻辑树的,这个逻辑树的起点在哪里呢? 每一个子项好像都是重要的必不可少的,到底哪些是高优先级呢? 这个看起来必不可少的需求一定就是用户的真实需求吗? 用户根本没有做可以用数据来衡量的现状调查,软件开发后要是无法计算收益怎么办?

问题太多了,错综复杂没有头绪,才七个需求点分解了一级,当有几十个需求点分解时,混乱的程度会呈指数级上升,在数字化转型专家眼里,此刻就要用到第一性原理来拆分需求。以下为分析。

根据背景和必要性分析,我们可以提炼出该数字化转型需要达成的一句话的效果是:提高实验资源的利用率。基于目标的业务分解我们可以绘制如图 5.9 所示的逻辑树。

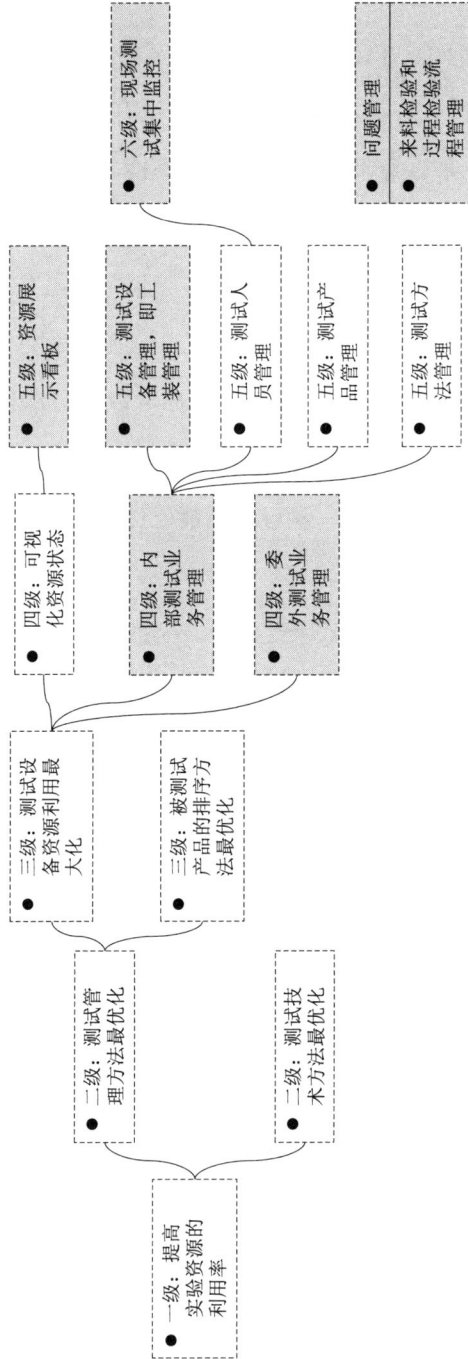

图 5.9 提高实验资源利用率的逻辑树

解析如下:

(1)第一级的需求是提高实验资源利用率,采用子目录列举法分解到第二级是测试管理方法最优化和测试技术方法最优化,是互相不隶属的管理＋技术维度,加起来是一个整体。

(2)数字化转型着眼于管理优化,故第二级的管理方法最优化可以采用子目录列举法分解到实验设备资源利用最大化和被测试产品的排序方法最优化,是互相不隶属的设备＋被测产品维度,加起来是一个整体。

(3)第三级的测试设备利用最大化,又可以采用逻辑框架法拆分为互相不隶属的内部测试业务管理和委外测试业务管理,还有可以看到内外部的实验资源状态展示,加起来是一个整体。到第四级,已经关联上了用户的需求,如图灰色框显示。

(4)第四级的可视化资源状态最直接的方式就是资源展示看板;第四级的内部测试业务管理又可以用子目录列举法拆分为测试设备管理之工装管理、测试人员管理、测试产品管理、测试方法管理,是互相不隶属的人机料法维度,加起来是一个整体。在第五级可以看到用户需求的两项已经关联进入了逻辑树。

(5)第五级的测试人员管理拆分下去就是现场技术集中监控,根据描述,两者可以勉强关联上。

(6)需求清单里的问题管理、来料检验和过程检验流程管理均无法关联到逻辑树里。

业务需求放入逻辑树,做进一步的分析,详见图3.5。

详细的解释如下:

(1)从最顶层一直穿透到最底层的需求是业务真实的核心痛点,信息化部门必须要满足。

（2）在逻辑树里面不能关联起来的，就不是真实的需求，数字化项目可以暂不考虑该要求，即问题管理、来料检验和过程检验流程管理不是真实的需求。

（3）核心痛点之上层级的，属于第二、第三优先级的业务痛点，所以优先级就可以排出来了。

总结，从该案例中，我们充分地利用好第一性原理，绘制逻辑树，可以达成如下功效：

（1）找到用户核心的数字化需求。

（2）在错综复杂的数字化需求中找寻到优先级。

（3）剔除用户提的伪数字化需求。

（4）找到核心和优先需求后，后续开发数字化平台就方向明确，有的放矢，走正道。

当然，该逻辑树也不是全能的，当你把其他分枝仔细往下分解的时候，或许在和用户沟通时，还可以发现新的洞见。

逻辑树层层分解最终需求，每一个子项都是体系化的，思维严谨的，长期练习下，必将提升工程师的数字化思维，希望读者可以常态化地用逻辑树来思考工作中的问题对策，即使读者不是数字化转型的人员，也可以用得到，各行各业的工程师都需要体系化思维。

第三节　特例：比线上管理更高效的线下变更闭环管理

数字化不是万能的，不能为了数字化而数字化，生活中也有好多伪数字化，导致我经常感叹"科技让效率更低下"。当然这肯定是情绪宣泄，宣泄后，静下心来想想，本质上还是软件开发没有想清楚一个朴素的道理：科技以人为本。举一个生活中的例子,有些老人升级套餐,用上了免费赠送的智能手机,换机的一刹那还挺开心,哪知道由于不懂得智能手机的操作方式,一直开着移动流量,导致经常欠费停机。

在制造业,有广泛的误区好像用上了数字化软件平台,就感觉和高科技攀上亲戚了。其实不然,再高级的数字化软件平台,都必须切实地为制造业朴素的质量、安全、设备、效率、出货服务,数字化软件平台同样需要回归本质,否则都是无根之木、无源之水。

本节特地不阐述数字化场景,而是阐述一个典型的线下比线上更有效的管理方式——工程变更闭环。你再怎么数字化,软件作用在这个业务闭环内占比仍然是小的。

时间回拨到我刚毕业时进入的一家著名企业,我负责工程变更,一年要负责几十个工程变更,而且都是高效闭环的。该工程变更的简单描述如图 5.10所示。

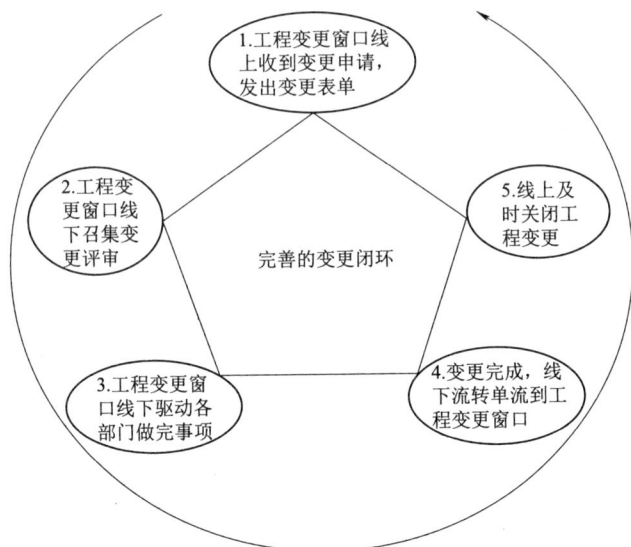

图 5.10　完善的工程变更闭环

当年我这个刚出炉的毛头小伙，一开始就接受了这种强线下、弱线上的变更闭环管理方式，多年来也没有感觉哪里不正常，建立了工程变更天然很容易闭环的常识，直到我对比了市面上那些被企业奉为圭臬的所谓的工程变更闭环管理数字化平台，才发现我一开始就已经站在顶点了，真是没有对比就没有伤害。

我们把图 5.10 再细化一级，会得到更细化的工程变更闭环，如图 5.11 所示。

图 5.11 显示了工程变更真的是极端复杂，这么复杂的工程变更如何达成真正的闭环呢？作者的另一本书《数字化转型底层思维故事》里已经充分阐述思考方式，本书不做赘述，读者可以自行参阅。本书专门说明工程变更无论有没有数字化平台，为什么都难以实现闭环，难道作者平生第一次接触的工程变更管理平台是极端异类？

市面上的 PLM 平台是有工程变更模块的，这些所谓的工程变更模块还是来自世界知名设计软件厂家，但是通常情况下还是很难达成工程变更闭环。仔细思考如下：

（1）来自某知名 ERP 平台里面的工程变更平台只是一个新旧 BOM 切换的模块，冠以工程变更平台，是名不副实的，关键是这种名不副实的平台在大品牌的光环下，竟然还在推广，美其名曰推广先进的管理理念，好多企业迷信大品牌，到最后工程变更即使在线化，还是无法达成闭环，但是又不能质疑这个大品牌的产品，吃了哑巴亏。

（2）工程变更牵涉了企业几乎所有的部门，而发起者是技术部门，即使有变更管理平台，想要以平台来推动各个部门及时完成本部门的事情，一定举步维艰，因为各个部门都有自己职责范围内的事务，各个部门天然抗拒加额外任务，比如生产部就不愿意配合试生产，质量部就不愿意积极做新零部件检验，工艺部天然不愿意更新作业指导书等，大家每天按部就班多舒服。

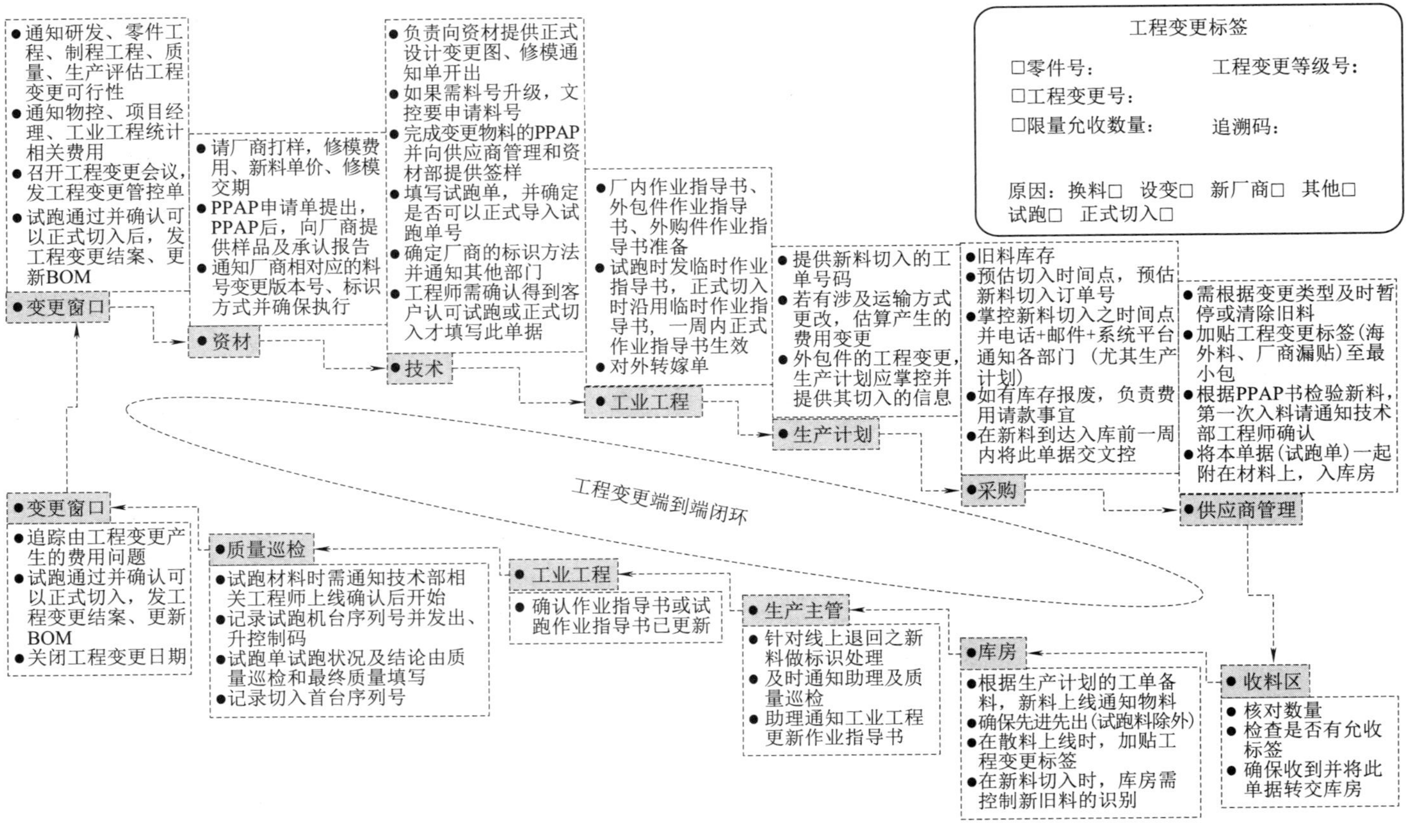

工程变更标签

工程变更等级号：

追溯码：

□零件号：

□工程变更号：

□限量允收数量：

原因：换料□　设变□　新厂商□　其他□
　　　试跑□　正式切入□

供应商管理
- 需根据变更类型及时暂停或清除旧料
- 加贴工程标签（海外小包、厂商漏贴）至最新
- 根据PPAP书检验新料，第一次入料请通知技术部门确认（试跑单）一起
- 将本单据（试跑单）附在材料上，入库房

收货区
- 核对数量
- 检查是否有允收
- 确保收到并将此单据收到并转交库房

采购
- 提供新料码、预估单号
- 若有涉及运输方式的变改，估算产生的费用
- 更改、工程变更应掌控的信息
- 外购件一周前生产计划提供其切入的信息

生产计划
- 新料切入之时同点+哪个件+系统平台（尤其生产计划）
- 掌控新料切入时间点、预估切入时订单号
- 通过电话+邮件通知各部门
- 如有库存报废、负责费用事宜
- 在新料到达入库前一周内将此单据交文控

库房
- 根据生产计划上线通知物料
- 新料先出（试跑料除外）在散料上线时，加贴工程标签
- 在工程变更时，库房需控制新旧料的识别

生产主管
- 针对线上退回之新料做标识处理及时通知助理及质量巡检
- 助理通知工业工程更新新料切入时作业指导书已更新

工业工程
- 确认作业指导书或试跑作业指导书已更新
- 厂内作业指导书、外包件作业指导书、正式切入的试跑准备
- 试跑时发临时作业指导书，正式作业指导书一周内正式生效
- 指导书、试跑作业指导书对外转临时对外转爆单

技术
- 负责向资材提供正式设计变更图、修模通知单
- 如果需要开启工程变更管控单、工业工程变更可行性
- 完成变更申请向供应商签单
- 材料号填写申请提出新料号是否可以正式导入入
- 填写跑单号、确认跑单号
- 并通知厂商相关品及承认或试导正式料号
- 工程师可试跑或试导到客户认可填写此单据

资材
- 请厂商打样、修模费用、新料单价、交期
- PPAP申请单单提出，PPAP后，供样品及承认报告
- 通知厂商相对应的料号、标识变更版本号、变更方式并确保执行

质量巡检
- 试跑材料时需通知技术部门上线后开始关工程师出试跑开关机台开始并发出
- 升控制码试跑状况和台序列号并质量巡检和最终质量
- 记录切入的首台序列号

变更窗口
- 通知研发、零件工程、质量、生产工程、项目经理
- 变更可行性工程评估工程统计
- 通知相关物料，召开工业费用工程变更会议
- 发工程变更管控单
- 试跑通过并确认切入后以正式工程变更结案，更新BOM

变更窗口
- 实际由工程变更时需生成的问题
- 试跑通过并确认切入可以正式工程变更、发出BOM
- 关闭工程变更日期

工程变更端到端闭环

图 5.11　某企业天然复杂的工程变更闭环

（3）第二章第二节第四段落中描述的由于严重的部门墙，导致技术人员要推行工程变更，是一件谁提谁负责的事情，这就极其有问题。技术人员以技术见长，不是管理见长，要技术人员去做极其需要管理能力的工程变更闭环，是一件超越能力范围的事情，导致的后果就是工程变更经常性地卡死在某个部门而技术人员并不会去催促。领导询问的话，就直接反馈卡在某个部门了，然后领导也推动不，就这样经常性地变更停滞，问题就上升到高层，在高层会议上撕扯不已，高层因为生气而罚款，进入了恶性循环。即使某些工程变更是闭环了，若要仔细推敲，会发现技术人员用了各种投机取巧的办法，通过各种糊弄，把变更关闭了。比如本来是一个全流程的各部门变更追踪，硬生生搞成一个精简版，只要两个部门签个字就结束。

（4）为什么作者第一次接触的工程变更可以完美闭环，是因为有专门的工程变更窗口在持续不断地要求各个部门做到位。这个工程变更窗口是一个正规的职位，有 KPI 考核，不是技术人员兼职的，不是谁提谁负责的，而是技术人员提出，各个部门执行，工程变更窗口全方位监督、催促，这个监督、催促的过程不是一个数字化平台冷冰冰地发个消息给执行人员，而是工程变更窗口用自身强大的沟通协调能力去推动执行的，沟通协调能力不是一个数字化平台可以取代的，天然是人在线下占主导。所以也印证了本节的主题，真的有效率比线上高的管理手段，千万不要迷信线上的效率一定就高。

一些不知进取的企业，或者一些想改进但是又无能为力的企业，一方面要工程变更，一方面还要达成闭环，就扭曲异化成了一个简单粗暴的罚款平台，第二章第四节第三段落说的罚款平台就有各种罚款模块，其中就包含了工程变更的罚款模块，走向了另一个极端，美其名曰以结果为导向，殊不知是进入恶性循环了。

举几个工程变更的问题就知道有多么匪夷所思了,如下:

(1)没有及时切换新旧 BOM,导致旧物料要用半年,新物料迟迟不能上线。

(2)没有按照规定的要求变更流程,有偷工减料现象。

(3)打开交付文档,发现内容是滥竽充数。

工程变更是数字化转型中典型的仅需要适当数字化转型的业务,其实还有更多的业务不适合数字化转型。在阅读了本节后,读者一定要仔细思索,企业真的一定要上数字化平台吗? 想不清楚,贸然地跟风上数字化平台,一定会和预期南辕北辙,既达不成提高质量,也达不成降低成本,更达不成提高效率,意义何在呢?

第四节　信息部如何发掘出业务部门的真实需求

在数字化转型的实践中,因为挂了数字化三个字,企业会自然而然地把数字化项目归口到信息部全流程负责,其实按前述数字化转型实践落地制度的定义,数字化项目都应该由业务部门负责,信息部执行,变更评估团负责监督,这才是做闭环事情的正规做法。

遗憾的是,当前数字化转型氛围浮躁,不多的企业会按照正确的思路去做数字化转型,理想很美好,现实很骨感,某些数字化项目还是要由信息部门来立项,然后交由业务部门确认,然后信息部门再来执行。虽然我们明明知道这种方法不对,信息部还是要硬着头皮去给业务部门立数字化项目。

立项之前,信息部肯定是需要做理论联系实际的可行性分析,否则无法说服业务部门接受数字化项目。若一开始不管业务部门未来要不要用,那么到最后，业务部门一定是不会用的。

按照数字化转型实践落地制度的定义就是把优秀的管理思路固化入数字化平台，信息部门不了解用户的管理思路是天然的硬伤，可是信息部门还是要做这个事情，真是在夹缝中求生存，两难之下，有什么破解之道呢？

本节以企业中价值链最前端的研发、仿真、实验为例子，阐述一位不懂业务部门管理思路的信息部人员如何分析出研发的真实需求，打破信息部人员不懂用户业务逻辑的魔咒。读者可以以此为例举一反三。

需求：信息部人员要迅速找到定制化产品研发痛点，以此痛点作为破局切入点。

背景：长期以来信息部的人都是 IT 行业出身，基本不懂业务部门的需求痛点，故一直存在信息部门给业务部门上线的所谓数字化软件平台，业务部门都不屑一顾，弃之如敝屣，迫切需要打破该魔咒。

得到该需求时，一般的信息部人员肯定会第一时间冲到现场调研，这无可厚非，体现了强大的执行力，可是专业的人员是不会像无头苍蝇一样到处找业务部门的人，而是先花上一段时间去考虑用什么方法迅速找到痛点，想清楚方法之后，再去假设求证。我们熟知的顶级咨询公司就用这种方法，当假设求证不通过时，随时调整方向，这是不懂得业务部门管理思路的咨询公司一开始的通行做法。几次过招下来，咨询顾问就会越来越理解业务部门管理逻辑，迅速地成为让人仰视的专家了，图 5.12 展示了这种假设、求证、纠偏的思路。

抛开顶级咨询顾问，信息部人员也可以使用这种办法，先想好调研思路，这种调研思路只要基于常识来开展，信息部懂得一些业务部门的管理逻辑皮毛就可以，不需要花费大量的时间去现场来来回回。一般来讲，就算是基于一些管理逻辑皮毛给出的假设，多数经求证都是正确的。

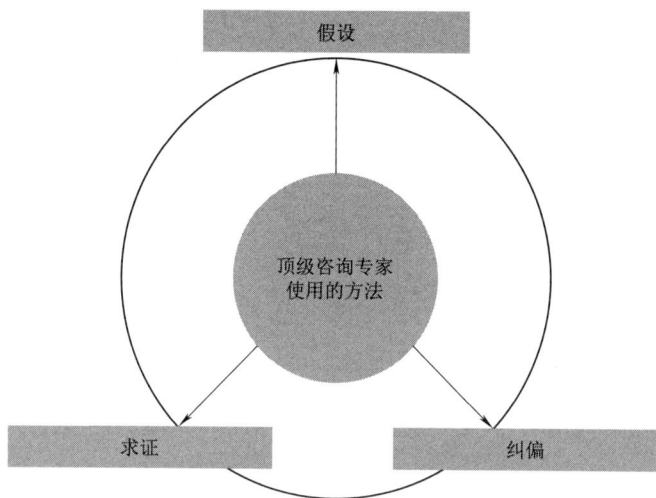

图 5.12　顶级咨询专家克服不懂业务管理思路的方法

思路是这样的:

第一步:常识分解

基于常识,人们都知道研发产品能力是一家公司的核心竞争力之一,其他核心竞争力如运营能力、市场开拓能力、售后能力暂不在讨论之列,因为需求是要着重于研发端。

用演绎法来拆分产品开发能力,注意要坚持子项互相不隶属,子项加起来穷尽所有的原则,可以得到如图 5.13 所示的简易逻辑树。

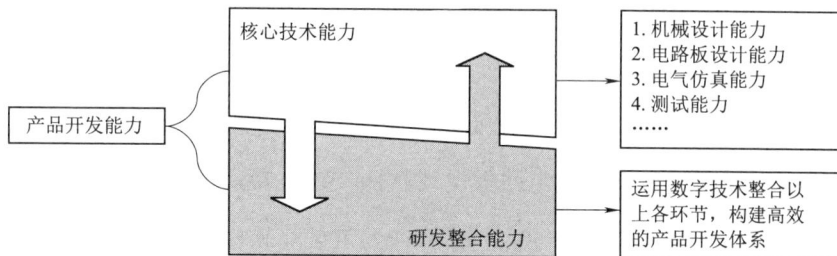

图 5.13　产品开发能力简易逻辑树

解析:

在数字化时代,支持核心技术能力的肯定是各种单独的设计工具,比如机械CAD工具、电路设计工具、模流分析软件、仿真软件等点上的工具。

在数字化时代,研发整合能力就是用管理类软件把各个独立的工具软件整合到一个系统中,研发整合能力和核心技术能力是相辅相成、辩证统一的,当工具类软件无法提升某个点上的效能时,把这个点放置到跨部门管理平台,可能核心的瓶颈并不是该工具软件的效能不足,而是与之协同的上下游效能不足,所以再怎么提高该工具软件的效能,对最终高效出设计结果并无改善效果。如图5.14所示。

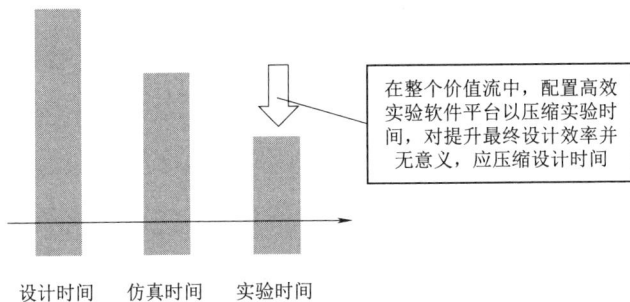

图5.14 工具软件需要放入体系中才能体现真实的效能

第二步:查程序文件

企业使用了哪些单独的数字化软件工具,在信息部都有清单,这是显而易见的事情,那么这些软件工具是否已经足够支持使用部门的工作开展?回答这些问题很简单,找寻到行业标杆工厂做对比即可。比如电气产品肯定有电气结构件设计软件、电路板设计软件、结构仿真软件等,新时代下,不可能还在用画图板绘制设计图。所以,查询工具类软件的能力,归入常识范畴,要是连这些能力都没有,那这个信息部人员不太称职。针对该例子,信息部轻易地得出现有单独工具类软件已经配置足够的结论。

各部门单独的软件工具已经确认完备的情况下，我们自然要去确认这些工具在我们的整个体系中是怎样存在的，如何确认呢？初级的信息部员工会打电话询问各个业务部门，但是通常得不到满意的回答，即使是问到业务部门的管理层，也只会得到模棱两可的回答，因为部门墙在企业里面始终是存在的，每个业务部门的人员不管是基层还是高层，基本只会回答自身范围的问题，涉及跨部门的比较少，就如前述画一个泳道的蓝图就证明了部门墙通常是严重的，要是不严重，也不会天天喊协同了，还要用数字化转型来提升协同。

去询问业务部门是难以行得通的，有没有其他办法呢？这里说到本节重点：看产品开发程序文件。如何查看，有三个基本的原则：

①从最小单元的开发程序看起，基于的常识是"九层之塔，起于垒土"，即局部决定整体性能。

②查看流程文件中的回流线，基于的常识是有回流必有异常。

③查看回流环从起点到回流点在整个流程里的占比，基于的常识是抓主要矛盾。

基于 1 号原则：

信息部人员和使用部门交流后得知产品开发有三个层级，如图 5.15 所示，每一个层级都有相应的开发程序文件，解释如下：

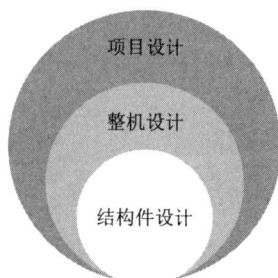

图 5.15　产品开发三层级

结构件设计：是构成最终出货产品的最基层细胞单元，底层元器件的稳定性直接决定了最终产品的性能，是产品设计的核心层。

整机设计：是由各类底层元器件组成的标准化的一台成品，实现了大部分标准的功能，底层元器件的稳定，决定了标准化成品的稳定。

项目设计:在标准化的整机上,加上专门为客户定制的设计,包括机械和电气的专门设计,这些专门设计的元器件不是大批量生产的,联调性能通过即可,然后出货给客户。

基于以上,得出的结论是信息部人员自然是选择查看结构件设计的程序文件,抓住了产品设计的核心。

基于 2 号原则:

信息人员打开该程序,寻找到回流闭环,有一个设计、仿真、测试的铁三角闭环如图 5.16 所示。

基于 3 号原则:

设计、仿真、测试闭环在整个流程中占据的步骤有 7 个,该完整设计流程中总计有 11 个,计算铁三角的占比为 $7/12 \times 100\% = 58.33\%$。

至此,我们可以判定设计、仿真、测试回流闭环是核心中的核心。中间经历的那么多步骤,在实际中肯定是落在各部门执行的,当评审没有通过,需要回流时,证明之前的一切事务是没有达成设计要求的,所以我们假设问题出在该回流闭环。

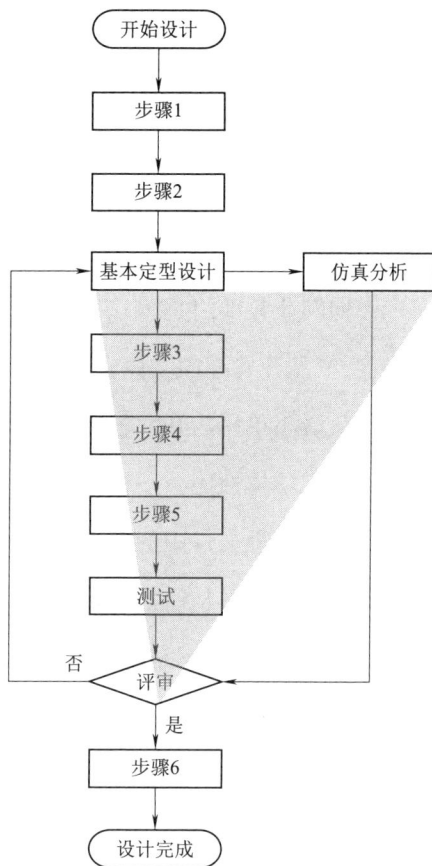

图 5.16 结构设计的回流闭环

第三步:假设求证

参考第四章第三节的调研方法,我们找到使用部门的真实痛点,形成了

调查报告,具体如下:

被调研对象:

张三、李四、王五。

存在的问题(已经基于调研方法有了最细节的一手调研资料):

①缺少一个平台对仿真数据进行有效管理,没有设定协同管理的 KPI, 如图 5.17所示。

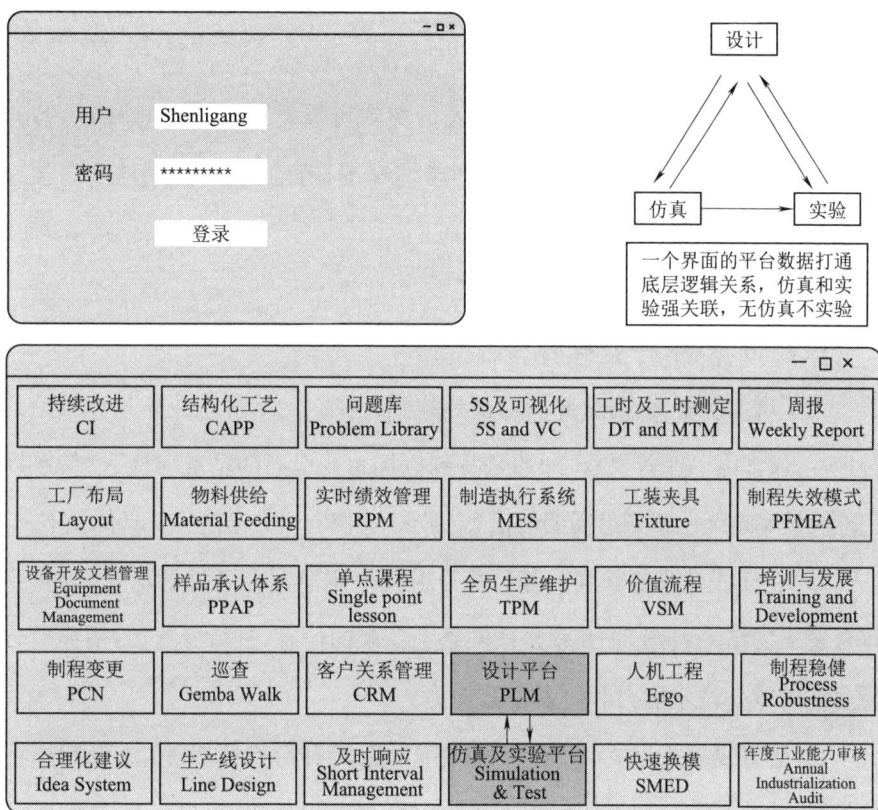

图 5.17　设计和仿真在一个界面的系统平台

②多个平台到处切换浪费效率,需要在一个平台里操作。

③研发难以高效地找到执行测试和仿真的具体人员。

开展改善的不利因素：

①需要绘制设计到仿真到实验的闭环业务蓝图，进而绘制业务数字化蓝图，才能真正打通数据链，该项目归于大型工具＋咨询项目，不是简单项目。

②开创先例，因为市场上只有独立的测试平台和仿真平台，没有集成的。

预计该业务效能级项目作用：

①达成设计同源，从设计输入一次后开始 PDCA（Plan＝计划、Do＝执行、Check＝检查、Action＝改进）循环。

②打通设计、仿真、实验数据链。

至此，基于基本的常识，信息部人员通常可以验证假设的正确性，若假设不正确，即刻进入纠偏模式就好，通常情况下，锻炼多了，出错的概率会越来越小。

第四步：对标行业标杆

为了增加说服力，信息部门需要寻找到行业内的标杆企业来论证结论的合理性，通常由于保密要求，即使是找到标杆企业里面的精准对应人，信息部仍然大概率地无法得到最需要的信息，那么，我们有什么办法呢？具体如下：

(1)在标杆企业的官网上等公开渠道找寻到散布在各地的信息，寻找到符合逻辑的结论。图 5.18 就是从网络上找来的信息，进行分析后，明显地分为前述的核心技术能力和研发整合能力。

(2)想好需要询问的问题后，使用市场上的有偿调研服务，这些费用不能省去。

(3)信息部员工常态化地参加数字化转型沙龙活动，有极大的机会获得真实的信息。

当然，还有更多的手段，在调查过程中，谨记做守法公民。

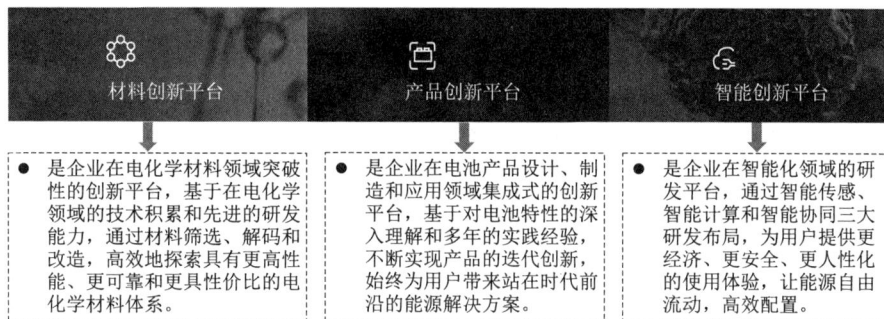

材料创新平台	产品创新平台	智能创新平台
● 是企业在电化学材料领域突破性的创新平台，基于在电化学领域的技术积累和先进的研发能力，通过材料筛选、解码和改造，高效地探索具有更高性能、更可靠和更具性价比的电化学材料体系。	● 是企业在电池产品设计、制造和应用领域集成式的创新平台，基于对电池特性的深入理解和多年的实践经验，不断实现产品的迭代创新，始终为用户带来站在时代前沿的能源解决方案。	● 是企业在智能化领域的研发平台，通过智能传感、智能计算和智能协同三大研发布局，为用户提供更经济、更安全、更人性化的使用体验，让能源自由流动，高效配置。

图 5.18　标杆企业公开信息展示了核心技术能力和研发整合能力

第五步:演绎和归纳

我们用演绎法来找寻需要对标的标准,从产品开发能力演绎出核心技术能力和研发整合能力,核心技术能力走的是工具配备这条数字化路线,工具配备在整个体系中属于研发点工具。

研发整合能力走的是数字化管理路线,该路线的成功代表着把所有的工具连成面,从单兵作战达成了系统作战,充分发挥了协同优势,图 5.19 展示了该案例的演绎和归纳。

基于前面的演绎,我们采用了归纳法找到了研发的核心环节,实际调研发现数字化工具已经配备齐全,存在的显著问题是数据管理协同弱,从理论和实际上论证了假设的可行性,于是迫切需求下一步去找实施方,实施方如何沟通,不是本书的重点,无须赘述。

至此,本节论证,只要在企业里工作的信息部人员,通常会耳濡目染到业务部门的规则,不可能一窍不通的,再结合使用本节阐述的基于常识的分析方法,一样可以从理论和实际上论证数字化需求的合理性,就算一开始有所偏颇,假以时日,一定会达成第一时间就发现业务部门真实需求的能力。

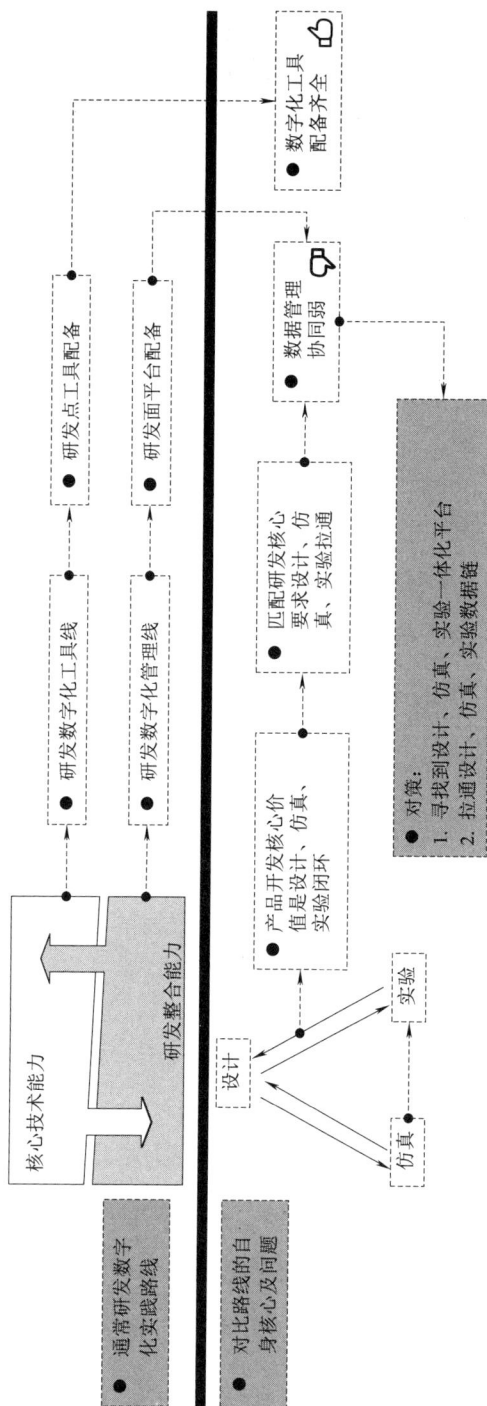

图 5.19　第一性原理的演绎和归纳

第五节　平顺过渡到以终点为目标的项目二期

为什么项目要有一期、二期甚至三期之分,作者也一直在思索这个问题,好像大家就认为数字化转型项目一定要有好几期,没有人怀疑过这是否合理,好像这就是常识。仔细想想,我们为什么不能第一次就把正确的事情做好?我刚刚大学毕业踏上工作岗位时,就被教育了这个道理,难道我错了?

直到我接触了数字化转型,体会到了这类项目的深刻性、复杂性,意识到数字化转型项目不可能毕其功于一役。因为数字化转型顾问对业务的了解不是一瞬间就达成的,而是随着项目的逐渐明朗而逐渐纠偏,故数字化转型项目分多期开发看起来也合情合理,除非咨询顾问是顶级实践大师,否则不可能一次就成功。就算某些企业宣称一次项目就成功实现了数字化转型,也仅仅是宣称而已。

甲方业务部门和信息部门天然不会轻易地承认他们负责立项和执行的数字化转型项目失败,因为涉及职位是否安稳,就如前面的项目管理一期,宁可在二期里面全部推倒重来也不会宣布一期失败。那么,有没有办法在数字化转型二期就把一期的问题全部解决了,实施方也算有惊无险地达成了客户预期的满意度。

本节以数字化工艺场景来说明在一期已经错了的情况下,如何在二期里系统化改正,如何撰写符合逻辑的改进报告,清楚明白地明示解决对策非常重要,不能再把问题拖入三期,在二期就是个终点。

二期需求:数字化平台中的工艺需要真正地承上启下,达成技术定标准、工艺定方法、生产执行、质量监督的闭环。

背景:高层感觉被欺骗了,当时汇报得天花乱坠的结构化工艺缩水成了一个在线手工的工具,即把原来在线下打开 Excel 编辑作业指导书,搬到了网页里编辑。根本没有树立工艺对制造的权威,就算已经在网页里编辑作业指导书了,现场还挂满了纸质文件,还有随意手动更改的痕迹,这个所谓的结构化工艺连个形象工程都谈不上。

在企业高层提出该要求后,信息部人员如临大敌,又不能去辩解,结果都摆在那里了,怎么去辩解呢? 于是赶紧找数字化转型专家救急,对话如下:

信息部人员:专家您好,高层在高管会议上重点批评了这个结构化工艺完全是糊弄,信息部这边的老大挂不住了,下达死命令一定要在二期里解决,您知道的,我们一般有好多期呢,不可能在二期解决所有问题,所以头疼了,专家您看看有何高见?

数字化转型专家:你到底知不知道什么是结构化工艺?

信息部人员一脸蒙:老实说我真不懂,我们信息部只是需求的搬运工,原封不动地把需求交给了实施方了。

数字化转型专家:唉,我还是和你先说下到底什么才是结构化工艺? 你们都搞不清,能做好是奇迹了。

延伸阅读:结构化工艺

在数字化时代,工艺作为承上启下最重要的一环,结合了数字化大势,终于得到了前所未有的重视。在当下,越来越多的企业设立了工艺部,不再由技术部兼职工艺部,要由工艺部开展专业制造方法论的研究。如图 5.20 所示,GB/T 28282—2012 国家标准讲述的就是结构化工艺,该标准在 2012 年就已经发布,在沉寂了十年后,在数字化时代,终于迎来了爆发性增长。

在数字化阶段,工艺到底在什么位置呢? 图 5.21 展示了工艺所处的核心位置。

工艺是生产制造的技术，理所当然归入技术一类，划归 PLM 平台，但是和 PLM 平台中的研发模块又不一样，工艺是和研发一样在 PLM 平台，但是工艺的下游是制造端，上游是研发。图 5.21 中明确地显示了从工艺发源地到后面是如何信息传递，实行数字化工艺也必须遵循此原则。

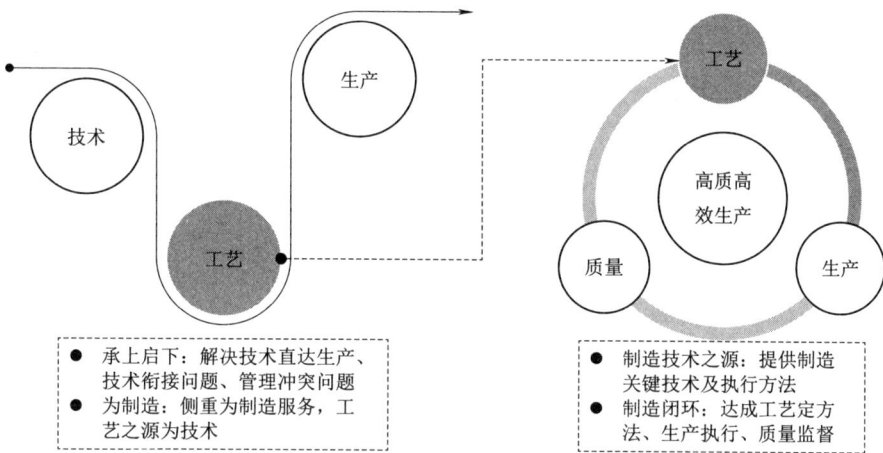

图 5.20　CAPP 的概述

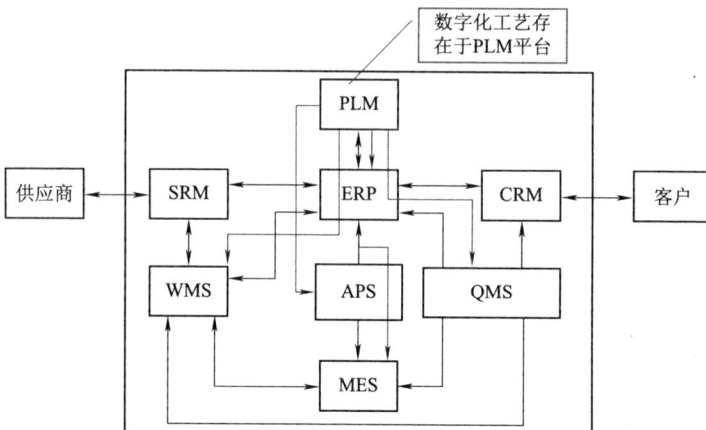

图 5.21　数字化工艺存在的位置

从 PLM 到 ERP，工艺做的主要事情是承接了设计 BOM，输出了制造 BOM。

从 PLM 到 APS,工艺做的主要事情是鉴定了瓶颈工位的工时,创建了约束条件,用于执行高级排程。

从 PLM 到 WMS(Warehouse Management System,仓库管理系统),工艺做的主要事情是建立了物料在工位和仓库的连接,让精益生产实现点对点配料成为可能。

从 PLM 到 MES,工艺做的主要事情是推动了作业指导书实时推送到工位上,指导操作员工做出正确的产品。

从 PLM 到 QMS,工艺做的主要事情是指明了工位的关键质控要求,为后续的质量监督提供了源头。

更详细的传递如图 5.22 所示。

CAPP 从研发源头的形象化展示如图 5.23 所示。

总体来讲,结构化工艺的主要优势如下:

(1)工艺设计结果从线下管理转换到线上管理,从线下的非结构化数据转换为线上结构化数据,结构化数据是计算机可以识别的语言,可用于与其他系统的集成。

(2)承上启下的线上结构化工艺数据对于后端制造参数的管控是强管控,确保了工艺定方法、生产执行、质量监督的高效执行。

(3)通过结构化工艺中的作业工时,为后端准确排产和效率提升提供数据支撑。

(4)在结构化工艺中,物料会绑定到生产线的特定工位,为实现精益拉动生产提供了基础数据。

(5)工装夹具(模具)评审过程从线下管理转换到系统线上管理,系统串联各部门推送任务,驱动设计图纸、模型、试做等任务协同,结果共享。

(6)从原来直接文字化表达的作业指导书,转变成了基于预先在系统中设定好的标准化工艺资源库、知识库,在结构化工艺中进行配置,直接一键输出作业指导书,提高了效率。

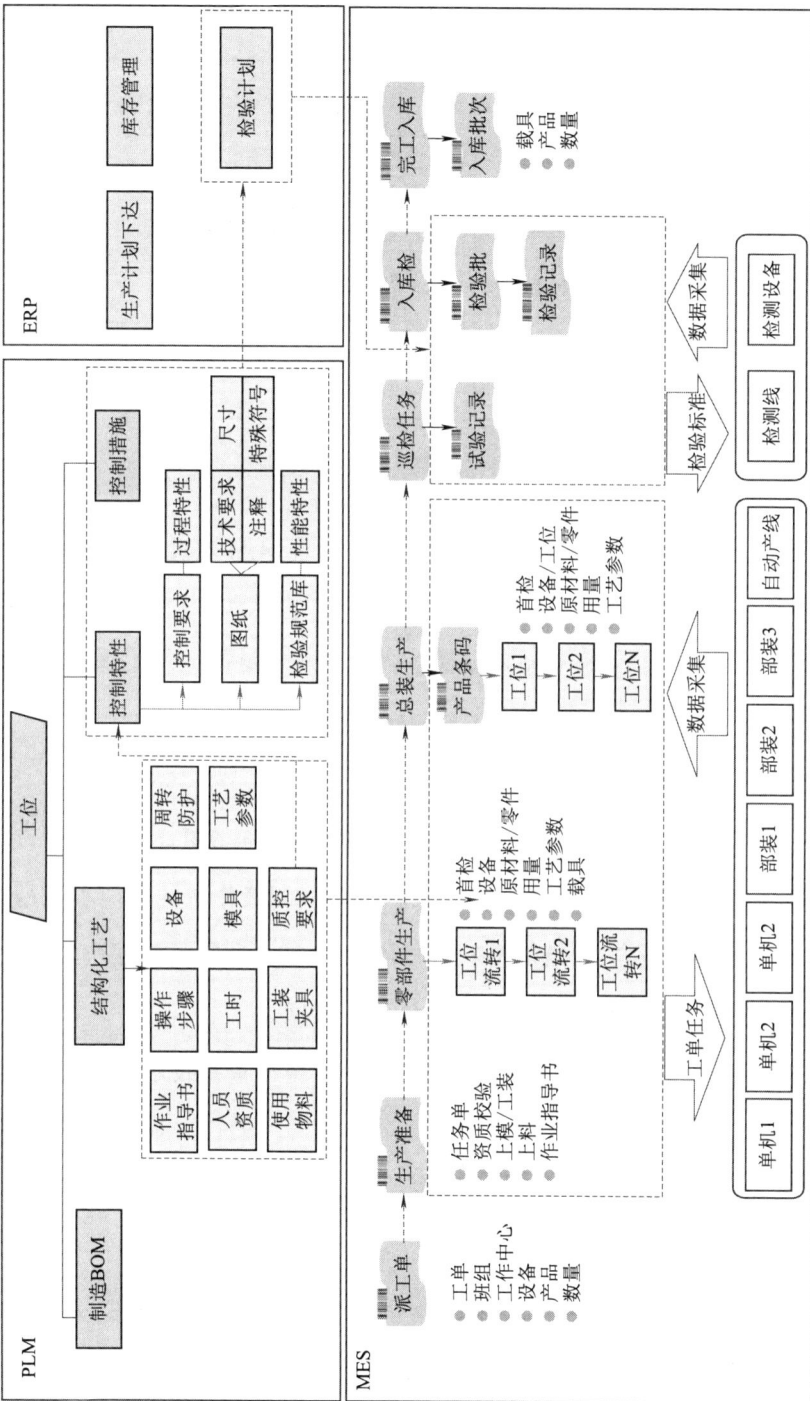

图 5.22 数字制造下工艺的信息传递

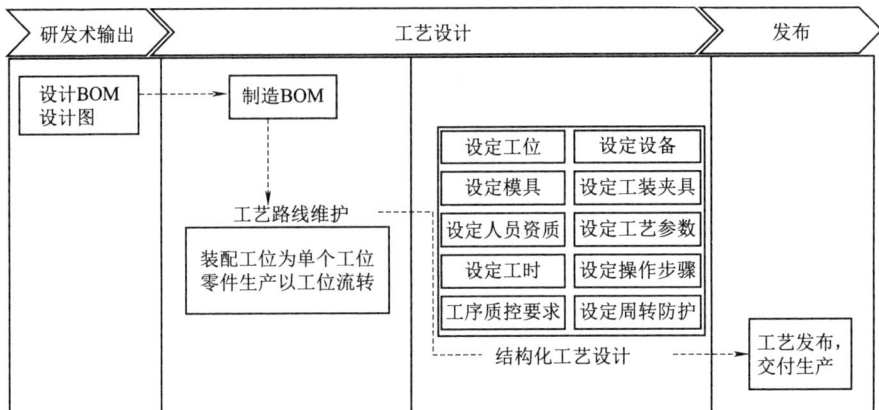

图 5.23　结构化工艺的设计路线

　　为更好理解结构工艺和传统工艺的差异,图 5.24 仔细对比了两者的差异,从信息流转到信息编辑到信息输出,结构化工艺全方位地践行了数字化工艺国家标准,真正地为数字制造提供了结构化数据来源,达成了技术定标准、工艺定方法、生产执行、质量监督的闭环。

　　花一定篇幅讲解标准结构化工艺是有必要的,若期待更详细的解释,请读者自行查看该结构化工艺国家标准或者也可以阅读作者的另一本书《数字化转型底层思维故事》。结构化工艺顾名思义,就是所有的数据全部都是结构化的,在数字化平台中可以上传下达,无缝贯通。

　　从产品技术维度来思考,通常的思维是企业里面最有技术难度的是研发部,研发是企业的大脑,研发后面的各个其他部门的技术难度肯定是逐级递减的,比如制造技术、质量技术等,而且研发还是所有其他技术的源头。

　　从数字化转型维度来思考,研发数字化转型的难度反而是小的,工艺数字化即结构化工艺反而是最难的,如图 5.25 所示。原因分析如下:

传统工艺设计模式	结构化工艺设计模式
研发3D模型设计 研发2D图纸设计 线下提交给下游部门	研发出3D模型设计 研发出2D图纸设计 通过3D模型生成设计BOM
研发和工艺线下提交BOM给技术部门编辑Excel表，导入到ERP	工艺部门依据设计BOM生成制造BOM，添加修改工艺的内容
工艺路线用于工段的成本核算	工艺路线定义了加工一个产品所经过的必须的流程 工艺管理的颗粒度到工位
通过文字描述表达哪个工序加工或装配哪些物料	通过做组件分配，表达哪个工位加工或装配哪些物料
通过文字的描述表达工艺参数 通过文字表达工艺设计中所用到的设备、工装、工时等	通过参数化数据表达工艺参数 通过系统对象表达工艺所涉及的设备、工装、工时等 通过系统接口下发到生产系统
通过文字化的作业指导书表达工艺的相关要求	作业指导书是结构化工艺的报表输出

图 5.24 传统工艺和结构化工艺的对比

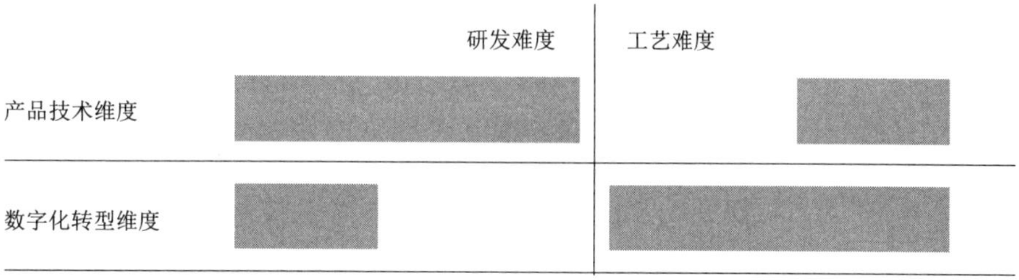

	研发难度	工艺难度
产品技术维度		
数字化转型维度		

图 5.25 结构化工艺是数字化转型中最难的业务

（1）数字化转型的本质是把优秀的管理思路固化入数字化平台，数字化转型转的是管理，技术并不多，而实际上单独的软件工具就已经是显著的技术呈现了。研发又是智力密集型组织，设定各种数字化条条框框来加强管理反而丧失了研发人员的主观能动性，是得不偿失的工作。前述颗粒度极端细化的数字化研发项目管理推行不下去就是典型的例子。

（2）基于第一点，研发的数字化转型更多地着重于文档的管理，如图 5.26 所示。

产品技术最难是常识，于是很多企业走入了误区，理所当然地认为研发数字化转型是最难的，其实不是，分析如下：

图 5.26　某知名数字化平台对研发的
数字化转型更多着重于文档管理

①研发技术资料和项目交付物海量存在，如果把这些交付物全部结构化开发入数字化平台，是大量的工作，而且只要上传了，就要在数字化平台中实现数据流转，否则只是在线手工，没有任何意义。

②每一个交付物的结构化开发工作量就相当于一个稍微简化板的结构化工艺的工作量，当有几百个 Word、Excel 格式的交付物要开发成彻底的结构化，那么数字化项目十年都做不完。

③基于以上两点，从项目管理的维度，要求按时把交付物提交到项目管理平台即可，平台可以强控交付物的类型和数量，当交付物不满足要求的类型和数量时，项目节点不通过即可。至于打开交付物看里面的内容是不是完整、正确，是内部管理者要检查的事情，不管有没有数字化项目，管理者本来就要检查内容，不能认为，上了数字化平台，管理者都不用线下查看工程师的工作了，要知道数字化平台永远不可能取代人的主观能动性。

④在朴素的制造业，把大量交付文档结构化是不现实的，不能把当前大

型 IT 公司的做法移植到制造业,绝对会水土不服。

(3)与研发着重于文档的有效管理相比,一份结构化工艺的难度不是一个量级的,即使仅仅实现在线手工,相应模板的开发工作量和难度已经极其夸张了。

(4)横向对比,结构化工艺有国家标准,所以国内软件开发商可以根据国家标准来开发。

(5)企业重研发轻工艺的现象长期存在,企业里懂工艺的少,更别说懂工艺的咨询顾问了,而在数字化转型的时代,天然把数字化工艺提高到了前所未有的高度,尴尬的是人才跟不上。

以上,论证了结构化工艺在数字化时代是最难实现的模块,千万不要听信了实施方天花乱坠的介绍,就上这个平台,勇气可嘉,但是没有知识底蕴来支撑,到头来竹篮打水一场空。

回到主题,既然已经发现了一期结构化工艺没有做到位,信息部如何在二期里力挽狂澜以至于不再有三期,回归正道呢? 在有国家标准而无参照标杆的情况下,我们要如何从技术和体系上说明二期的合理性、必要性呢? 参考的步骤如下:

一、切实的现状调研

不能像前述的在调研用户需求时只是让用户说,数字化转型专家都不要说话,这种情况下,用户的局限性一定会导致需求说不清楚。因为现代企业制度把企业管理分割成了各个部门,结构化工艺落在工艺部,若仅仅调研工艺部,工艺工程师只会基于自身的认证局限给出一些操作层面的改进,不会也不愿意去思考他们现有的业务本身是否有问题。

基于结构化工艺的国家标准,工艺强关联的部门是研发、质量、生产,那么就必须要去调研这些强关联部门对结构化工艺的诉求。这种自身和周围都要调研的做法,匹配了第一性原理的拆分法的逻辑框架法之内外部法。

切实调研是如此重要,能为企业发掘出真实的数字化需求,二期已经没有退路,一定要在二期里解决所有的问题。调研期间,要有充分的逻辑思辨能力来审视需求的合理性(如本章第二节的思辨方法),以如下一个场景来展示:

数字化转型专家:你们的作业指导书为什么要分为设备操作作业指导书和人员操作作业指导书呢?难道你们的设备操作不是针对产品的?

工艺人员:我们的设备操作作业指导书是通行的操作要求,只要是在这台设备上操作,都要用这通行的操作要求,所以要分开。

数字化转型专家:这个设备上有多种产品在生产,做 A 产品时设备要一种操作方式,以设定 A 产品特定的参数;做 B 产品时设备要另一种操作方式,以设定 B 产品的参数,两种产品的设备机械调节、参数设定都不一样,你怎么可以说是通行的操作要求呢?难道 B 产品可以用 A 产品的机械调节和参数设定?

工艺人员:特定产品还是要基于通行的操作要求来进行部分修改。

数字化转型专家:那基于通行的操作要求来修改的部分体现在哪里了呢?

工艺人员:这个不在员工操作作业指导书里面,好像也不应该在通行操作说明里,这里不对劲了。

数字化转型专家:所以,你们根本不应该把设备操作作业指导书割裂开来,写作业指导书是针对产品的,为了生产产品而操作设备的步骤理所当然地要含在整个作业指导书里。

工艺人员：你说的是，表面上看起来分得细，一份作业指导书拆解成了四个类型的作业指导书，我们除了设备操作指导书和人员操作作业指导书，还有清洁作业指导书、参数作业指导书，实际上这四类都是为特定产品服务的，不是通用的，反而拆分后不连贯了，少了特定产品的特定说明，所以并不能无限制拆分。

数字化转型专家：那你们到底为什么要拆成这四种作业指导书呢？你再想想。

工艺人员：哦，我们工艺部写作业指导书就分四个科，就是专门对应了这四种作业指导书。

数字化转型专家：怪不得，为了匹配你们四个科室，你们把本来一个整体的作业指导书，硬生生地拆分成了四份，这是你们管理上的不合理导致的怪象。

以上对话场景用了制造领域常用的问题分析手法如互换性分析、5Why、归纳法等，负责数字化转型的人员同样要使用这种通行的办法来提问，以期发现真实的管理问题。

针对该具体业务，从数字化的角度来调研，需要有以下维度：

1. 从数据拉通的角度

与标准图对比的结果是：

(1)整份作业指导书不含工时。

(2)工序是虚的，没有和实际物理工位对应起来，未来无法达成实际的配料到工位。

(3)CAPP有特性即关键要点，MES端存在这个功能但是没有打通，要达成关键点可以发送到自动化设备，该设备可以提取关键点的实时数据做

SPC(Statistical Process Control,统计过程控制)管控；发送到人工操作工位时，操作员工自检完成后才能流到下一个工位。

(4)达成了承接了设计 BOM,输出了制造 BOM。

(5)CAPP 没有打通到 QMS 端。

2. 从制造要素维度

按照国家标准 CAPP 的分解维度,现有 CAPP 输出的报表作业指导书信息不全,欠缺对生产的指导意义,工艺定方法、生产执行、质量监督闭环不够。如图 5.27 所示。

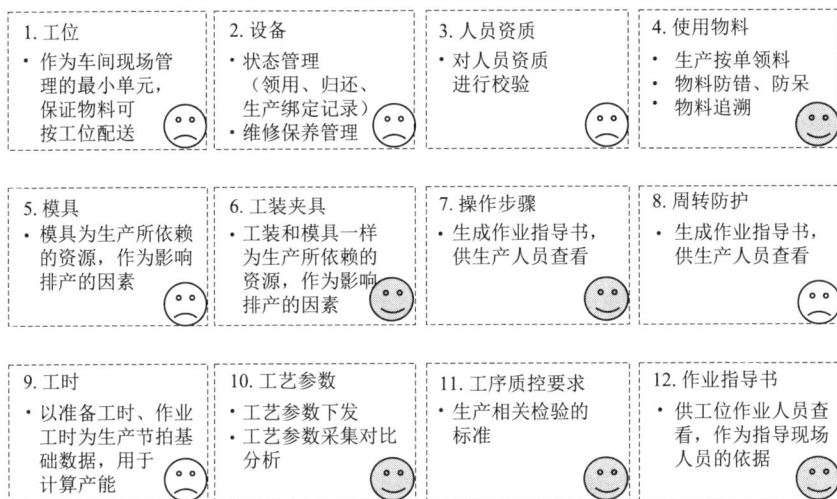

图 5.27 现有 CAPP 和国家标准对比后的不足

3. 从可视化、可指导性维度

现有 CAPP 输出的作业指导书和先进 CAPP 输出的作业指导书(见图 5.28)有明显差异:

先进方以图片描述每个过程,可视化程度高,对于生产一线有更高的指导价值。

当前 CAPP 和先进的相反,能用文字表达就不用图片表达。

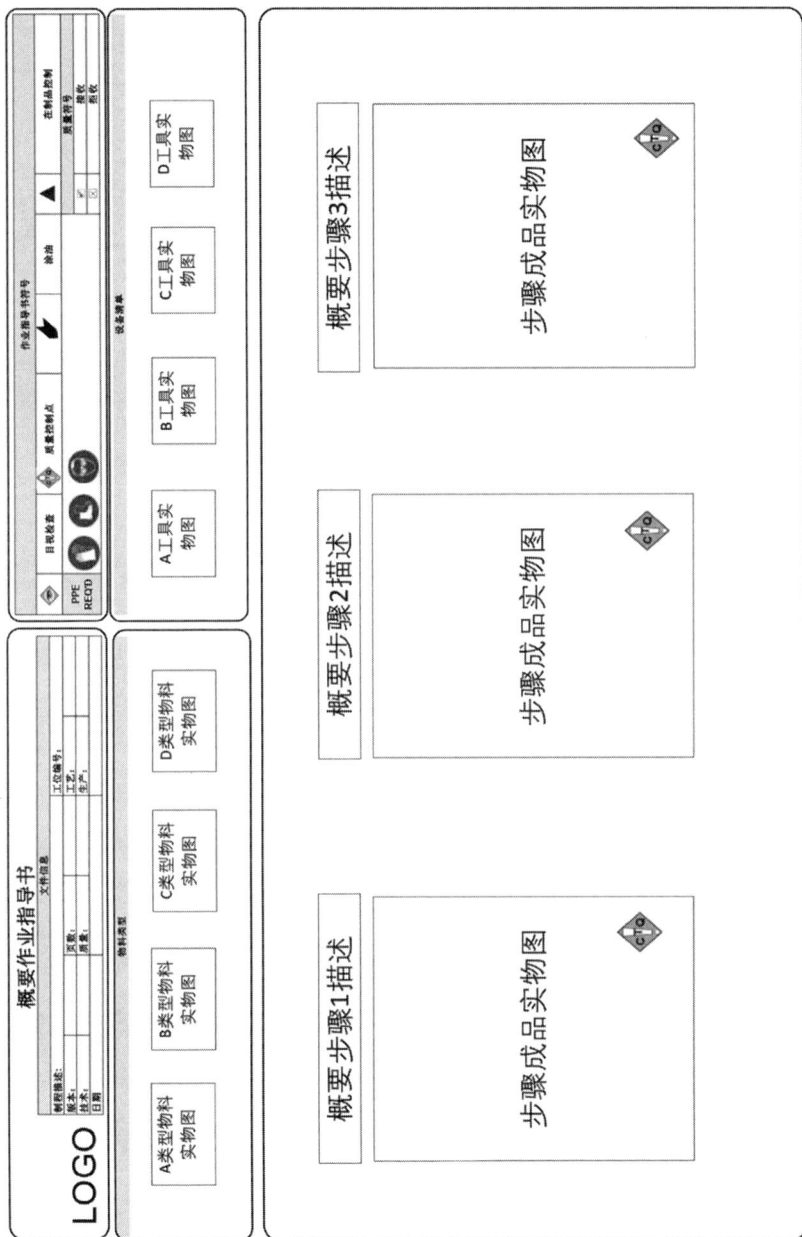

图 5.28 领先 CAPP 输出的图形化作业指导书

即使是设备自动化工位,仍然需要编制作业指导书,内容是设备的操作、关键参数等,作业指导书是针对产品而不是操作员。

4. 从作业指导书统一维度

如前述,不能硬生生地分割成四类。

5. 从管理维度 KPI

通常一份好的作业指导书有完善的 KPI,即使没有数字化平台来支撑,仍然需要。在第四章第一节里面已经仔细阐述了在数字化平台里的 KPI 取数方法,本节不做赘述。

二、调研总结

1. 不成熟的工艺体系

(1)现有 CAPP 制造要素不全,比如工位、设备、人员资质、模具、周转防护、工时等缺失。

(2)业务部门对 CAPP 业务理解不够,对 CAPP 国家标准不熟悉。

(3)主业务逻辑并没有走通,即技术定标准、工艺定方法、生产执行、质量监督。

(4)结构化工艺是彻底的传统工艺变革,传统工艺都没有完善的情况下,结构化工艺效果大打折扣。

2. 数字化需求颗粒度不够

业务部门对结构化工艺到底要做到什么程度缺乏明确的体系化认知,无能力提出细化到模板级别的需求,模板是否优秀缺乏梳理,结构化数据内部互联考虑不全。

3. 端到端打通不够

现有 CAPP 更大程度上实现了在线编辑作业指导书,归于在线手工类,且以文字叙述而非图片叙述。

4. 缺少实现结构化工艺的精髓

精髓:把优秀的作业指导书反向拆解进入数字化平台,实现数据的承上启下,如图 5.29 所示。

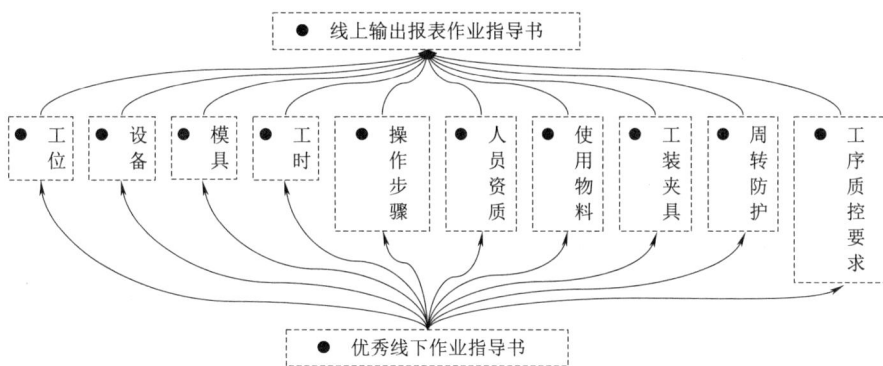

图 5.29　结构化工艺的基石:优秀线下作业指导书

三、解决对策

基于国家标准要求最终一键报表输出作业指导书,根据前述第一性原理,结论先行,回到一开始提的二期需求,我们可以设定一个更加精准的洞见:提升结构化工艺对产品制造的指导作用。

如何提升? 有什么步骤? 从哪里是突破口? 如下是回答,图 5.30 是形象化展示。

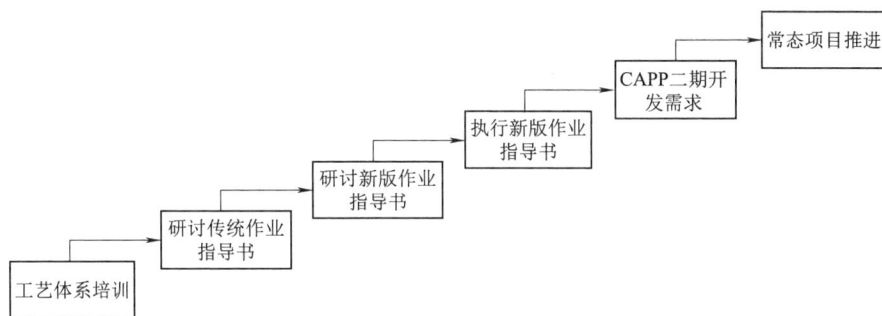

图 5.30　达成真正 CAPP 的必经之路

1. 工艺体系培训

(1)参加含 CAPP 的国家级权威工艺体系培训。

(2)形成工艺人员对权威工艺体系的敬畏。

2. 研讨传统作业指导书

(1)现场调研传统作业指导书对现场的不适用点。

(2)传统作业指导书的非结构化识别。

3. 研讨新版作业指导书

(1)按照工艺体系试制作新版作业指导书。

(2)以图片表达作为编制作业指导书的原则,尽量避免文字表达。

(3)匹配流程+离散的制造方式设定跳一跳够得着的目标。

(4)非结构化转结构化的识别。

4. 执行新版作业指导书

(1)以制度形式固化新版作业指导书。

(2)各工厂都已经认可新版作业指导书并经评估可以执行到位。

(3)新版作业指导书对生产执行、质量监督产生了真实的影响。

5. CAPP 二期开发需求

(1)未来必要的 KPI 取数。

(2)使用者视角的需求。

(3)模板的定义及互联。

6. 常态项目推进

(1)由变革评估团队保证不偏航。

(2)由业务部门立项并按阶段汇报项目进展和价值。

四、预期的收益及风险

预期的收益如图 5.31 所示,详细解释如下:

(1)建立真正落地的符合国家标准的初级工艺体系,达成工艺指导实践、能被实践验证的良性互动。

（2）建立工艺体系的数字化评估标准。

（3）数字化平台不产生直接经济效益，但一定是提高核心竞争力。

（4）真正达成结构化数据来自技术端，工艺定方法、生产执行、质量监督，匹配了工艺国家标准。

（5）由于结构化工艺是数字化

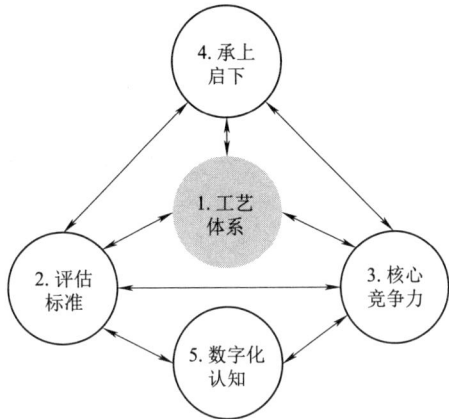

图 5.31　结构化工艺二期的收益

转型中彻底结构化的业务，不是传文件或传文件＋类型，因此将极大提升员工数字化认知能力。

在汇报二期提升项目时，风险如下：

仅工艺部做完了生产技术这个源头的结构化，没有有效的机制或 KPI 来监督质量，到底有没有监督，生产到底有没有执行，仍然是不落地的。数字化平台并不能完全引导人的主观能动性。

五、总结

一个完整的二期提升项目要展示和一期的充分连接，不能割裂，就算是一期只是一个在线手工，其实也已经在线上建立了大量的基础数据，不建议在汇报时彻底推翻，否则是全新项目了。简明扼要的总结如图 5.32 所示。

以上，CAPP 是数字化转型中彻底结构化的业务，是难度最高的一项业务。CAPP 是整个数字制造中枢，波及范围极其广泛，包括质量、工艺、生产、研发、计划、仓库等部门，即使在数字化项目期间，各业务部门想要在数字化平台里建部门墙，都建不起来，就如本节一开始的问题，在系统里面建了一个在线手工平台，很容易被高层发现，不像后台 ERP 隐藏得深，于是必然会有二期的提升。

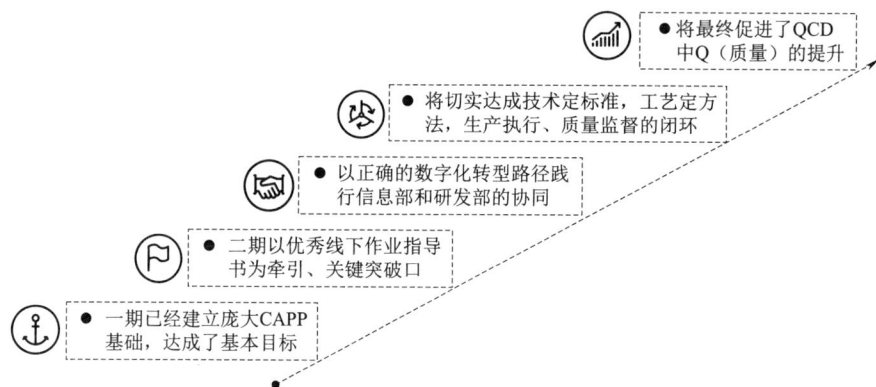

- 将最终促进了QCD中Q（质量）的提升
- 将切实达成技术定标准，工艺定方法，生产执行、质量监督的闭环
- 以正确的数字化转型路径践行信息部和研发部的协同
- 二期以优秀线下作业指导书为牵引、关键突破口
- 一期已经建立庞大CAPP基础，达成了基本目标

图 5.32　与一期无缝连接的二期 CAPP 项目

虽然希望第一次就把正确的事情做好，在数字化项目中，这只是一个美好的愿望，真实执行下来，必定有一期、二期、三期甚至更多。业务部门和信息部门在执行二期时，必须在二期就解决了一期的问题，不要再有三期。真要进入了第三期，那么本次职场周期也快到头了。

本节阐述了数字化转型中最难的结构化工艺如何拨乱反正，精通 IT 和 OT 的数字化转型专家说明了如何调研，如何给出结论，如何拆解需求，如何体系化说明收益和风险等。广大读者可以学习这种思路来真正地解决一期的问题，不要把问题无限制地往后拖延，要提升自身的数字化转型能力。当然，若是一个完全不懂业务逻辑的人，还是要先了解了基本业务逻辑才能开启您的调研之旅。

第六节　一线的关键战术场景解析

鉴于数字化转型项目的复杂性、深刻性、广泛性，数字化转型专家整理了多年来的一些关键细节注意点（不仅限），分享制造行业数字化转型方法论,以期待正本清源,树立正确的做事方法。

(1)工艺改进不能用设计变更来覆盖。

解析:在项目实施中顾问为保项目进度,经常会让关键用户在系统中强行把某个业务流和另外一个业务流统一,某些业务流可以统一,但是工艺改进是不能统一的,比如工艺改进中把原先一块铜牌的加工余量从5mm改为2mm,这种改进对应产品图纸是不会变化的,设计变更是针对有产品结构变化的变更,两种的变更路线是不一样的,除非工艺发出的变更需要设计配合改变,这个工艺变更才能用设计变更来覆盖。

(2)技术部要负责设计BOM中的材料、辅料的用量和数量,工艺添加工位,这是做制造BOM,工艺路线的先进方式。

解析:在追求数字化的路途中要参考先进企业的做法,前端在设计平台中就已经细化到材料、辅料的用量和数量,而很多企业设计人员不明白,美其名曰是工艺要做的事情,要改变这种思路,设计是需要懂制造的,一个不懂制造的设计人员是不合格的,从前端就做完善,后端将一路通畅。

(3)不能把本来就不需要的流程固化在数字化系统里面。

解析:把不良流程固化在系统里面,等于把错误的做法合法化,背离了数字化提质降本增效的初衷。

(4)蓝图一定是跨部门的,一个泳道的蓝图毫无意义,数字化平台不能阻断了部门内部线下交流。

解析:数字化项目里面,各个部门喜欢关起门来画自己的流程,不和其他部门交流,自己部门一个泳道的流程画了非常多,但是实际上基本没有作用,数字化就是要打破部门隔阂,故数字化项目负责人看到一个泳道的流程要坚决去除,宁可看起来跨部门的流程少,也不要无用的一个泳道流程一大堆,都是滥竽充数的。

(5)有蓝图,必定要有系统工作流而且是跨部门的工作流,避免不负责任的部门只画一个泳道的蓝图。

解析:在系统实现前画蓝图阶段画了大量无效的一个泳道的蓝图,那么系统中的工作流也将是部门内部的工作流,部门内部工作流多反而跨部门的少,本末倒置了,丧失了数字化要解决跨部门沟通不畅的初衷。

(6)数字化转型项目中,蓝图原则上上下都接流程,当该蓝图在系统中执行结束,系统要自动创建下一个流程而不要手动创建,数字化管理互联织成一张流程大网,这种方式必将达成蓝图精简。

解析:割裂的蓝图没有意义,使用这种方法,倒逼蓝图绘制者仔细审视自己的蓝图到底上下接哪个流程,画了太多无效流程的话,会导致死循环,在一个流程大网里出不来。因此精简蓝图非常重要,再向前推导识别核心业务是极其重要的。

(7)权限设定不仅仅是保护图纸不外泄,在数字化项目中要设定蓝图中跨部门权限。

解析:保护图纸不外泄是最基本的权限设定,是默认的,不是要商讨的。蓝图跨部门,那么相应部门的人要有权限进到蓝图规定他要做的事务里面去,这些权限是审核权限还是查看权限要鉴定清楚。

(8)蓝图规定的任务能在线上就要在线上实现,画出的蓝图全是线下无意义,蓝图的流转要在数字化系统中形象展示成和蓝图一样的流转线路,线上点击即可进入。

解析:顾问天然希望画出来的蓝图全部是线下的,这样看起来有很多蓝图,实际顾问的事情极其稀少,在最少的工作量下拿同样的项目酬劳是理想的状态。甲方一定要能线上就不要线下,否则不叫数字化项目。实施方在系统中蓝图的展示要和形象化的蓝图流转线条一样,这是 21 世纪初就已经实现的功能,若实施方现在都不能实现,证明真实水平是不思进取,甲方不能被实施方的名气和规模压制住自己理性的思考。

(9)实施顾问审核数据准确性时不能只审核格式,要审核逻辑关系。比如工序和工位的对应关系要核对一个工序落到多个工位而不是一个工位落到多个工序,不能以设备编号代替工位编号。

解析:顾问有义务教会关键用户数据的逻辑关系,如果关键用户都不知所以然,是顾问不负责任。

(10)数字看板要展示的是问题,有负责人、截止日期,从基层到高层都需要,不是生产的产量、产出率等。

解析:在数字化期间要明确看板是用来解决现场问题的,不是用来作装饰的。

(11)生产效率是工时之比不是产出率,若仅仅展示产出率,意味着该公司管理粗放,实行了伪数字化。

解析:在数字化开启前,要先思考自己的工时是否准确,把工时做准确了再上数字化或者做到相对准确或者已经决定用计时制取代计件制,后续在项目实施期间改进。

(12)图纸号必需要等于物料号,杜绝一物多码,不做此事是典型的技术部不作为。

解析:参考先进企业,均是此做法。图纸号不等于物料号,在数字化系统中会产生大量的垃圾号,一物多码会导致精益配送的混乱。

(13)数字化系统中必须要有零部件版本,释放量产以当前 PPAP 的版本为准,摒弃转阶段的称谓,要求系统中有版本信息。

解析:以财务起家的 ERP 的标准功能是没有物料版本信息的,要在数字化项目期间专门开发,没有版本控制,物料试跑的时候都不知道新旧物料,根本无法有效监督试跑过程。转阶段是几十年前的老做法,因为不做 PPAP,几十年前还没有 PPAP。

(14)缺料不上线是基本的要求,若数字化转型还允许缺料上线,该项目无意义,涉及精益拉动要精确计算看板和配料制物料,结合硬件安灯取料。

解析:固化缺料可以上线是数字化的耻辱。

(15)部门墙非常严重的公司,提数字化需求时,要跨部门提需求,比如技术提质量的要求,工艺提生产的要求,这些要求是长期的痛点,然后集合起来,形成真实的业务需求。

解析:通常大家一起互相指责后就是数字化需求,让各个部门写各自的要求,这是行不通的。

(16)不能把极端事务当成普遍化,否则项目做不下去,例如不能把缺料当作常态。

解析:很多不想执行数字化项目的人一定会用这种方式来阻碍数字化项目的推进,通常解决的方式是问他们这种极端的事情一年发生几例。

(17)没有工艺部或工程部的公司,或者没有系统性做过工艺研究的公司,不要数字化转型,否则一定会把不良流程固化入系统。

解析:数字制造工艺先行,数字制造基本就是工艺的数字化,一个没有研究过制造方法论的公司实施数字化,只能实施成表面文章,内核不会有任何改变,当然做好数字化表面文章用来接更多的订单是例外。

(18)数字化项目之后的 KPI 提取在项目开始之前就要考虑完成,比如设备的按时保养率、提前预警率、改善完成率等,不能做了数字化项目后没有 KPI,KPI 一定是要结合数字化项目从系统中抓取,不能线下。

解析:要求从线上抓取 KPI 时,必将倒逼部门不能制定无效的蓝图。

(19)在后端制造端实施三维作业指导书对于操作员工基本无意义,若实施方推荐三维作业指导书,这是不合格的实施方。若需三维,现场录像,再在视频上标注要点。

解析:制造业现场无须三维作业指导书,因为作业员要看实物才最方便,CAPP 专家不建议用三维动画来做作业指导书。

(20)数字化不是万能的,警惕数字化上线后,公司绕开数字化还是能够运转,上线后,管理思维要跟上。

解析:数字化平台再好也是辅助工具,设定好规则,平台就照此运行,不会出现"1=2"的事情,而人还是能够成功绕开平台,故工具一定要由管理者来监督,抓取 KPI 是好的手段,尽管除了企业主,所有人都不喜欢 KPI。

(21)要考察实施方的工业逻辑,不能仅听汇报,若不达标,坚决不采用。甲方的工业逻辑专家理想状况是自己培养,若缺失,采用第三方工业逻辑专家的服务是明智的选择。

解析:很少企业有自己的工业逻辑专家,没有工业逻辑专家的企业,建议专门请精通底层制造运行逻辑专家来鉴定实施方的能力,这个费用不能省,能帮企业极大地规避项目失败风险。

(22)蓝图规定要提交的材料在系统中实现是要强控而不是可选,这是常识,没有必要常识和非必要常识之分,常识就是要执行。不得诡辩说蓝图上没有说是强控,那就系统不强控。小心实施方诡辩说只提供材料上传入口,至于是否提交是甲方管理层面的事,该说法违背了数字化系统的初衷就是要把优秀的管理思路固化入系统。若实在不要强控,说明理由,签审到总工。

解析:甲方在实施之前要向实施方强调蓝图规定的材料是常识性要去强控。

(23)数字化项目不能实施成一个仅仅上传文档的平台,最低级的是平台只提供了上传文档入口不控制类型,只要有文档就行,上传仅凭员工自觉;稍好的是平台控制了上传文档的类型,少这些类型业务不能结束;高级的是控制了文档的类型,且文档是结构化的,比如 PPAP 结构化,作业指导书结构化,最终可以一键输出。

解析:关键用户,部门负责人一定要和顾问鉴定清楚需要结构化的文档,理想的情况是在请了第三方的实施方能力鉴定机构后,由鉴定机构的专家定义清楚结构化的文档。

(24)警惕信息部和生产部沟通失败,说工艺指导生产天经地义,把沟通不下去的难题推到工艺部。一定要看工艺部是不是在生产部的跨部门蓝图里面。若不在,即驳回。

解析: 工艺指导生产没有错,只是工艺指导生产的边界要在一开始核心事务鉴定时就要商讨清楚。

(25)蓝图规定的跨部门要提交的资料,不能协作部门说不熟悉系统操作,而让主负责部门人员收集了资料上传,这种拢在一起的方式丧失了数字化管理的初衷,即把跨部门管理思路固化在系统。要严格按照蓝图开通协作部门权限,让协作部门自行上传资料,信息部后台就可以监控到协作部门是否按时完成工作。

解析: 要坚持只有在分工明确的情况下才能更好地合作,不能在数字化项目中打着团结合作的名义盲目糅合事情。

(26)不能上了数字化平台而丧失了常识,不要把本来就不应该存在的错误拿出来讨论其存在的合理性,坚持常识极其重要。

解析: 建议在数字化项目开始前,高层管理者要给企业员工上坚持常识的课程,否则在数字化项目期间经常会被带偏节奏。

(27)没有建好制造BOM,计划无法下单。数字化转型中工艺制造BOM完整是计划下单的前提之一。

解析: 是基本的常识,就如去超市购物,没有付钱是不能拿走商品的。

(28)对于标准产品,同一时间不能出现一件物料既可以外购又可以自制的现象。

解析: 这是数字化转型需要坚持的原则,否则会导致物料的入料、检验、精益配送等极其混乱。

其实在实施现场,还有更多匪夷所思的细节问题,甲方需要在项目中坚持朴素的常识,知道数字化转型是要达成信息传递高效、扁平化的,最终要实现提质降本增效。基于这些最初的目标,以始为终,经常扪心自问:讨论这些奇怪的问题对我的目标有帮助吗?

附录

制造业先进工业平台的部分逻辑借鉴

古语说"工欲善其事,必先利其器",这个器,在我看来分两种:一是实物工具;二是方法论。一个高级的工匠在有了实物利器后必然不会贸然地下手,而是充分构思工作的前后顺序,从哪里下第一刀最合理,如何防止功亏一篑的错误发生等,这个三思而后行,谋定而后动的行为就是方法论这个"器"。在本书的结尾,展示卓越工业平台这个器,如附图 1.1 所示。用以抛砖引玉,有需要的人员可以借鉴该逻辑开发适用于企业的平台。

完全自主知识产权的卓越工业平台用于卓越研发和制造,该平台用于技术管理,以便使技术管理以数据来衡量。该平台优势阐述如下:

(1)卓越工业平台 AIP(Apex Industrialization Platform)整合了 CRM 客户关系管理、PLM 产品设计管理、MOM(Manufacturing Operation Management)制造运营管理,真正达成从接收订单到出货客户整个过程数字化管理。

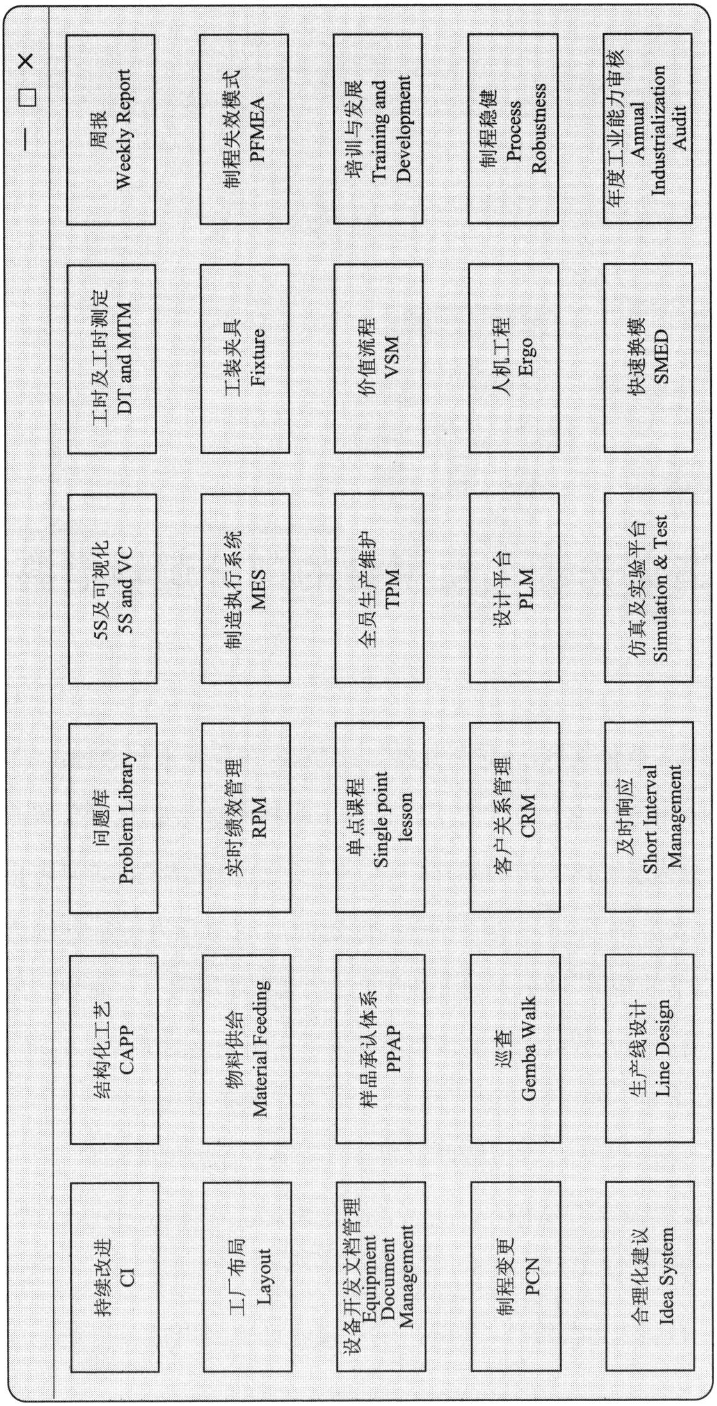

附图 1.1　卓越工业平台主界面

（2）使用数据库软件，底层数据同源、模块互联等。

（3）在公共内网平台上统一管理，各级经理根据权限查看进度，最高层可以根据权限查看到最基层员工的工作状态，实现信息传递的扁平化。

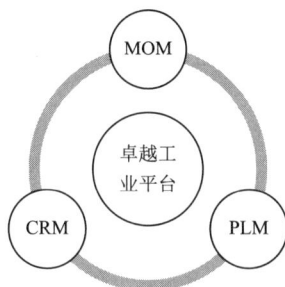

附图1.2　整合企业运营全链条的卓越工业平台

（4）暂时属于行业唯一，基本上只能内部自己开发，软件需求方必须要有体系化的工业能力才能提出软件达成的效果，否则无法开发，而市场上拥有体系化工业能力的人才很少。

（5）该软件属于技能人才的工作互联，针对人的技能和管理，相比市场上设备互联的工业云，该平台更体现以人为本，技能人才本质上属于最高端装备。

（6）内置学习模块：可在线学习评估效果；有专业工艺学习资料；有技术学习资料可以上传以共享；下载需要付出自身激励点数；自身激励点数由部门经理根据员工绩效发放电子激励点数。

实时绩效管理平台的优势：

（1）前部章节已经叙述的核心事务鉴定联动到软件中分类。

（2）按照核心事务类型在软件中分类。

（3）每月底设定下月的事务类型和比例。

（4）事务类型和比例关联员工绩效工资。

（5）根据当前时刻完成的事务类型和比例，员工时刻知晓当前时刻的个人绩效分数。

（6）任何事务的关闭必须提供有图有真相的证据。

（7）除了系统自动派任务外，支持员工自我创建任务。

（8）实现了事务查看的扁平化，高级管理层可以看到最基层工程师的工作状态和当前绩效。

（9）员工的绩效根据直属上级所派任务的按时完成率、达成率、平均得分而计算出，大量减少了人为主观分数。

（10）驱动员工自我鞭策，努力完成工作日志规定的任务。

（11）绩效分数由平台自动生成，月底自动把绩效考核发送给人事行政部。

现场管理平台的优势：

基于国家标准现场工艺管理和制造业现场管理的特色，该软件模块打造了制造业领先的现场管理平台：

（1）把现场管理的扣分标准固化在软件里，现场管理的每一个不合格项均有对应的扣分项。

（2）"有图有真相"地驱动改善前后对比。

（3）建立了班组现场管理的数字化衡量标准，是月度绩效考核的参考。

（4）制造单位每个班组都有每周现场管理分数，显示了排行榜。

（5）真正实践了扁平化、数字化管理，各级管理层根据权限可以查看到制造单位当周的现场管理排行榜，用于各级管理层对后进单位进行重点关注。

及时响应平台的优势如下：

为保证快速及有效地解决跨部门的事务，打破部门隔阂，打造高效合作团队，该软件模块是有效的跨部门事务追踪平台，属于对于工程师级别事务驱动的制造业领先平台：

（1）对于需要快速解决的问题，实现了跨部门派任务并追踪。

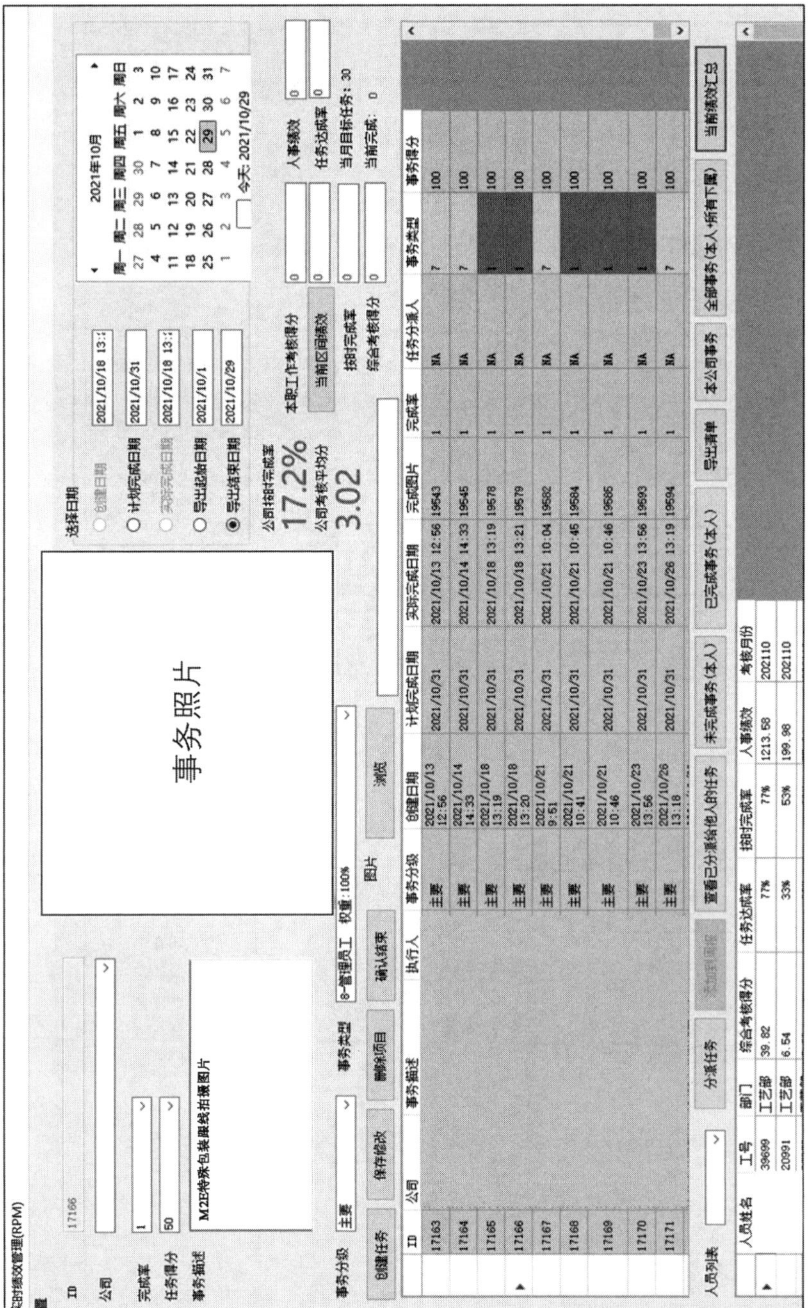

附图 1.3　实时绩效管理平台

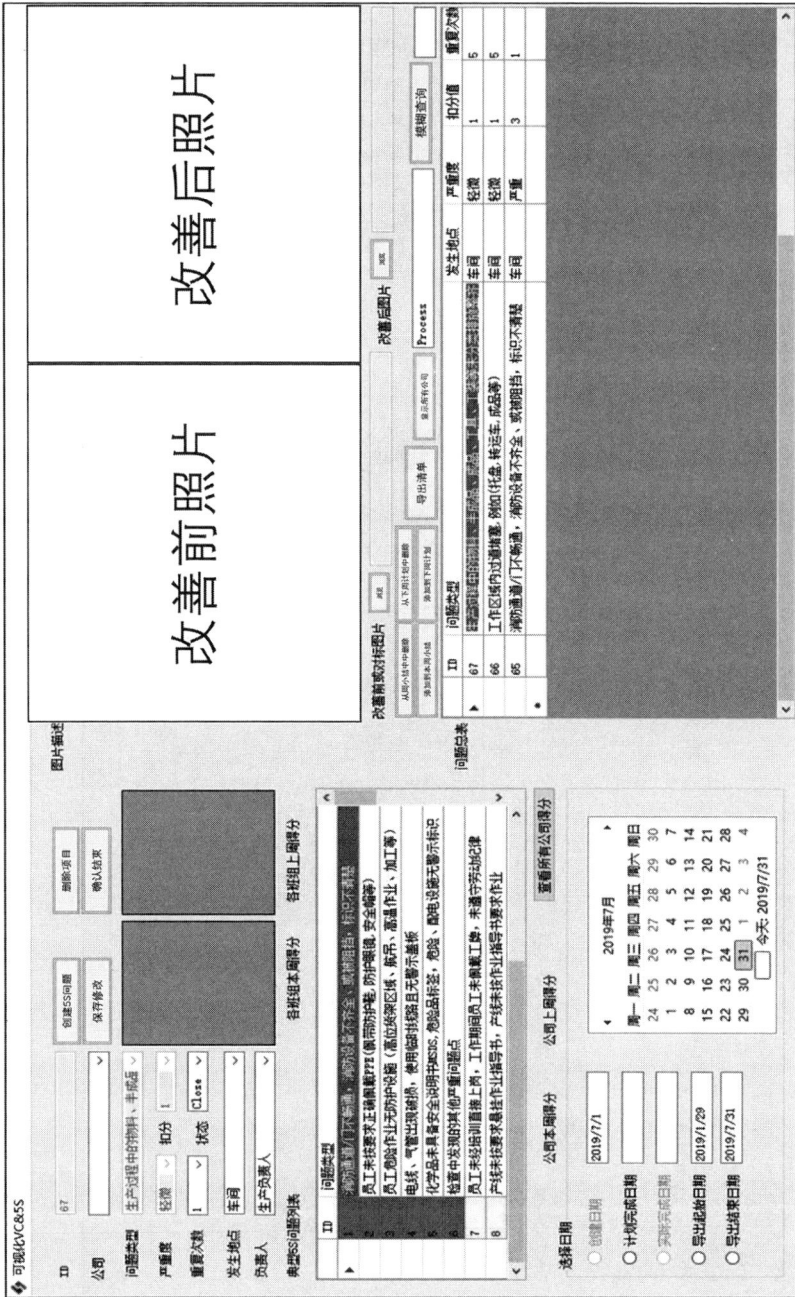

附图 1.4 现场管理平台

（2）被派任务的负责人需要在规定的时间内提交短期对策和长期对策，若没有按规定时间提交，软件会逐级发警示邮件直到最高管理层，并持续不断邮件催促。

（3）驱动真实地解决问题，找到问题的根源，事务的对策需要派任务者确认合理才可以点击关闭。

（4）有图有真相地展示事务，形成疑难问题库。

（5）以体系化的思维来解决问题，贯彻任何一个问题背后都是流程和体系的缺失，软件开发成长期对策需要质量体系工程师来确认是否体系上也进行了改善。

（6）派任务者对被派任务者的事务处理结果需要给出满意度分数，联动到被派任务者的绩效考核。

持续改进平台的优势：

基于国家标准工艺优化方法论和先进制造业特色，该软件模块是跳一跳够得着的持续改善体系：

（1）软件驱动每个工程师级别员工每三周需要有一个接地气的改善，改善无论大小都值得奖励。

（2）改善的绩效联动到员工实时绩效管理平台。

（3）有图有真相地展示了前后改善对比。

（4）有初步的财务收益评估，是员工年度调薪的参考之一。

（5）把工业工程专业的改善方法论固化入软件平台，改善有的放矢。

（6）是改善氛围的平台，带动各个部门参与改善。

全员生产维护平台的优势：

基于设备维护国家标准、先进企业的设备管理体系，该软件模块被成功打造成了制造业一流的智能化设备维护体系：

问题详细描述照片

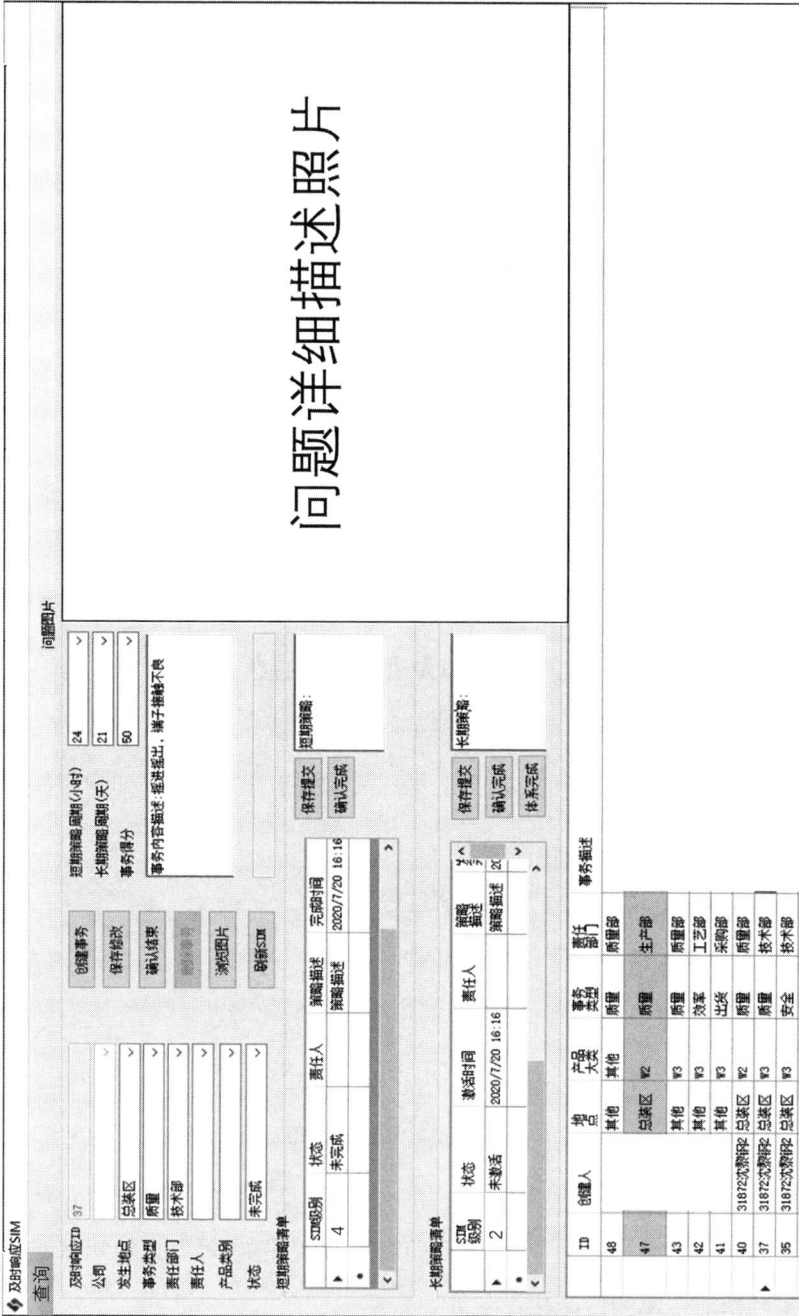

附图 1.5　工程师级别处理事务的及时响应平台

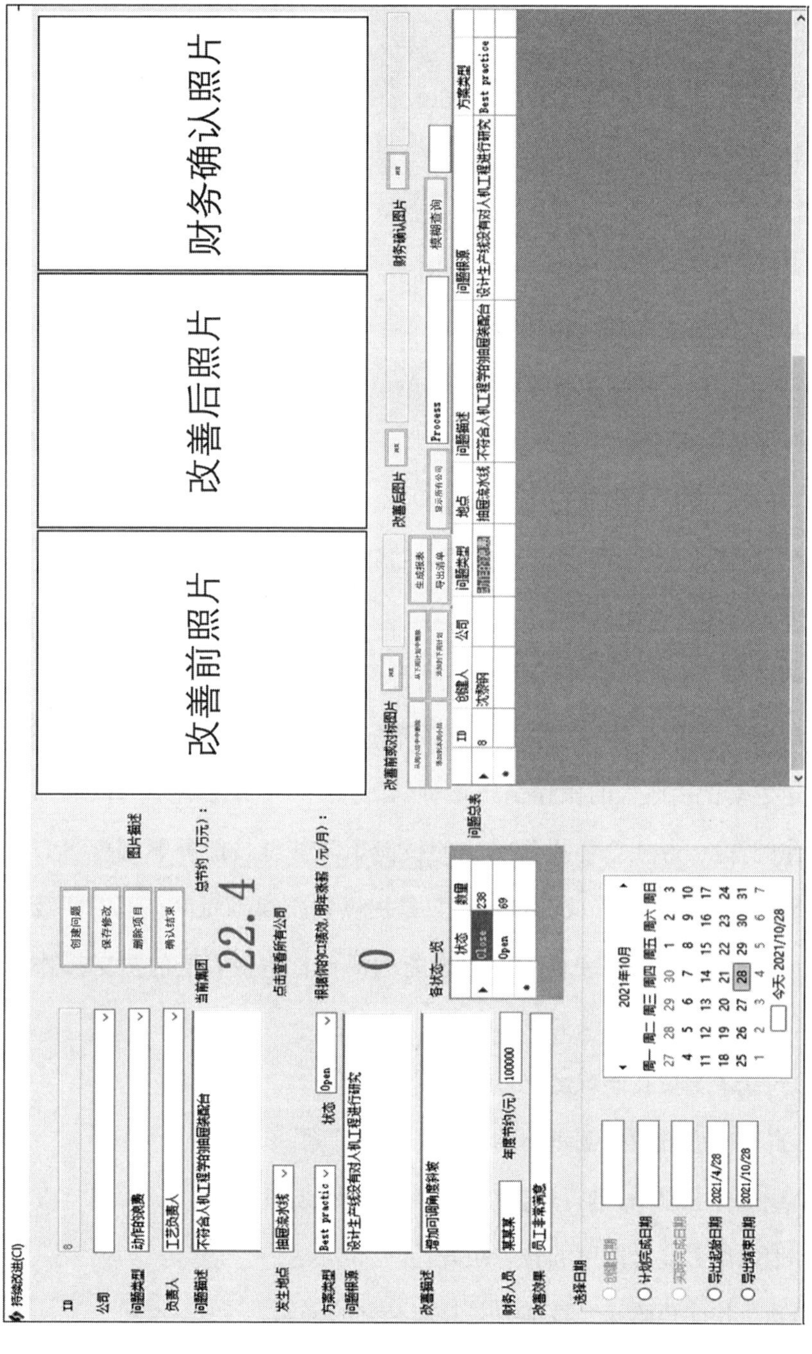

持续改进(CI)
改善前照片
改善后照片
财务确认照片
当前集团
总节约（万元）:
22.4
点击查看所有公司
0
各状态一览
问题总表

附图 1.6　持续改进平台

(1)基于财务部设备台账的设备管理状态可视化展示,定岗到设备维护人员,有设备的完好率显示。

(2)基于设备说明书的保养要求,在设备管理体系中预先创建保养需求,该平台常态化按周自动创建保养需求,驱动设备维护人员进行设备维护。

(3)打造了设备的备品备件库,防止紧急状态下关键备品不足。

(4)打造了设备的维修履历平台,用于后续计算平均故障间隔、平均故障修复时间、维修责任到人联动绩效。

(5)真正实践了扁平化数字化管理,单位各级领导根据权限可以查看到任何一台设备的当前状况。

(6)有整个单位每周的设备保养完成率,有制造单位每周的设备保养排行榜,用于各级管理层对后进单位的设备进行重点关注。

培训与发展平台的优势:

工业平台之培训与发展模块充分践行培训方法论,真正地完成了工艺部提供培训及审核、生产部接受培训及审核、质量部监督培训及审核效果的闭环。达成真正接地气的操作员工培训,让每个操作员工清楚明白地知晓自身工作的重点,形成全体操作员工的技能矩阵甚至技能补贴幅度。而某些先进平台所谓的资质库或 HR 模块只是提供资质编码而没有下一层级的资质培训结构化,是浮于表面的。本智能化平台直达最底层的员工操作培训,和绩效挂钩。具体效果如下:

(1)建立了工位技能难度、员工技能评级。

(2)自动生成颗粒度到每周的培训与审核计划。

(3)践行分立原则,进行工艺培训、生产接受、质量监督。

(4)生成员工能上能下的技能矩阵。

(5)达成技能矩阵综合技能分是技能补贴的来源。

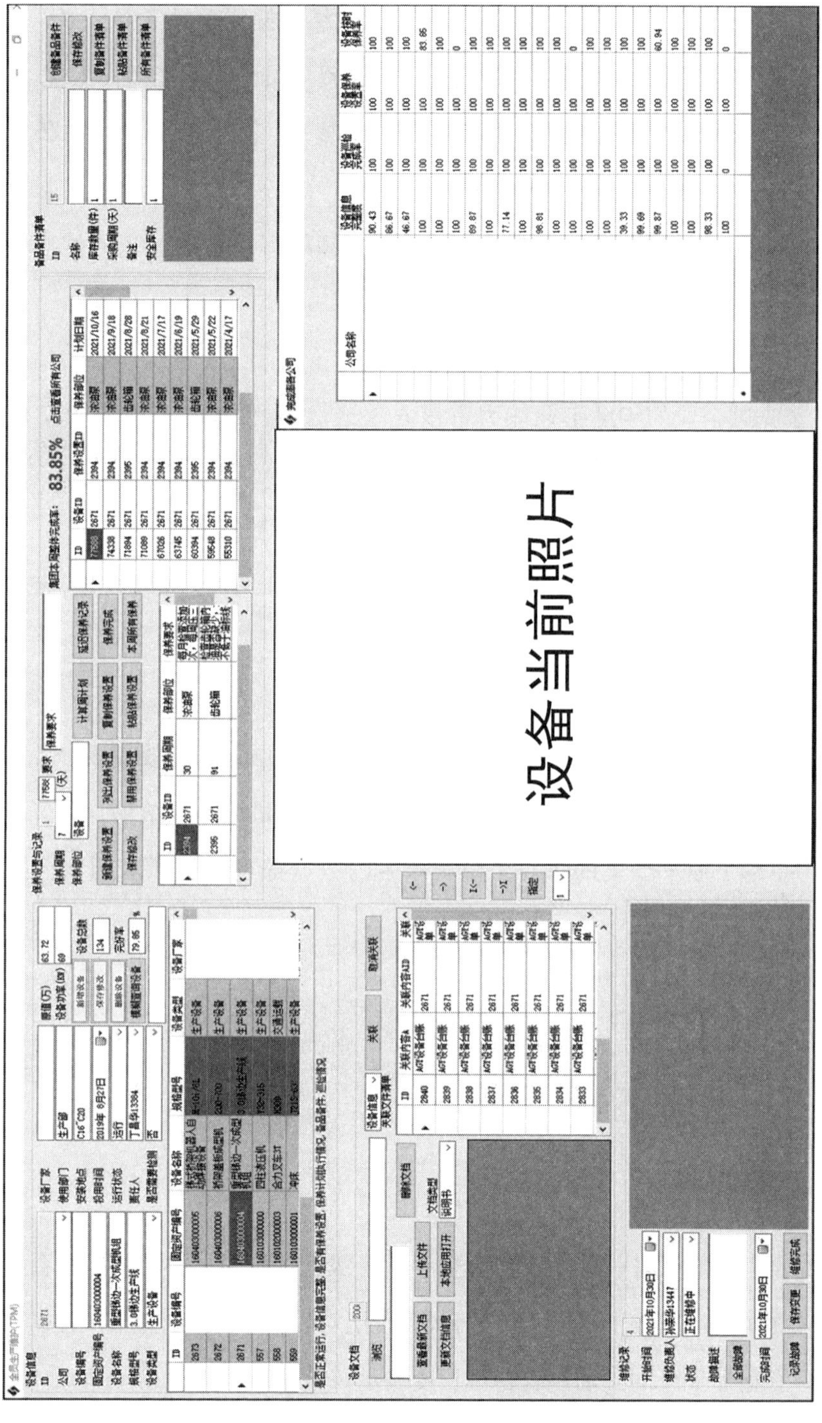

附图 1.7　全员生产维护平台

(6)自动驱动工艺对操作员工的培训和工艺绩效挂钩。

(7)自动生成员工资质卡,和 MES 关联,无资质员工将不能操作工位。

(8)有 KPI 展示每周的按时培训率、按时审核率、多技能率、员工关联工位率。

(9)完全践行了扁平化的管理理念,最高层领导可以看到最基层员工的技能和能力等。在制造业里属于领先水平。

年度工业能力审核专家平台的优势:

基于先进企业的年度工业能力审核方法论,该软件模块打造了数字化的工业能力评价体系,功能如下:

(1)践行 PDCA 流程,年度审核达成了 C=check 检查要求。

(2)以数字来衡量业务能力的高低,分为概念级 1 分,基本级 2 分,标准级 3 分,高级 4 分,专家级 5 分。

(3)创建了具体的、科学的、可执行的审核条款。

(4)以分项审核分和总计审核分来给予各级管理层年度绩效考核参考。

(5)设定审核团队成员各自的权重以达成公平的最终审核结果。

(6)卓越工业平台里的每一个模块产生的数据都可以被抓取到该模块进行计算。

制程稳健平台的优势:

基于国家标准工艺优化方法论和先进企业特色,该软件模块是跳一跳够得着的制程稳健审核体系:

(1)用于常态化审核产品制程是否稳定。

(2)"有图有真相"地展示改善前后对比。

(3)真正实践了扁平化数字化管理,企业各级管理层根据权限可以查看到制造单位当前制程稳健排行榜,用于各级管理层对后进单位进行重点关注。

(4)有整个工厂的当前制程稳健程度展示。

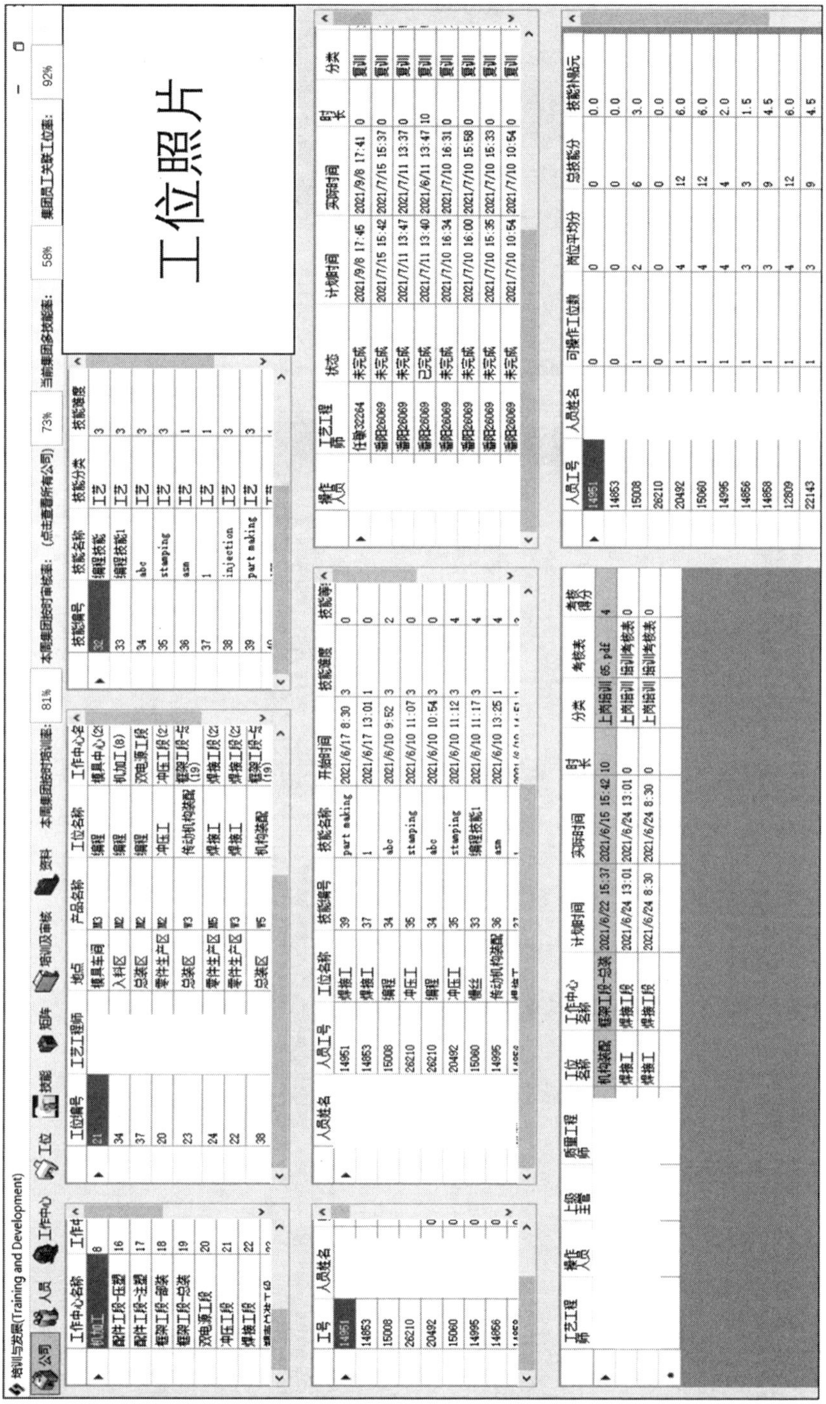

培训与发展（Training and Development）

人员　工位　工作中心　工艺工程师　技能　培训及审核　资料

本周集团内的培训率：81%　　本周集团内的培训率：73%　　当前培训完成率：56%　　集团员工关联工位率：92%

当前集团多技能率：

工位照片

附图 1.8　培训与发展建立员工矩阵

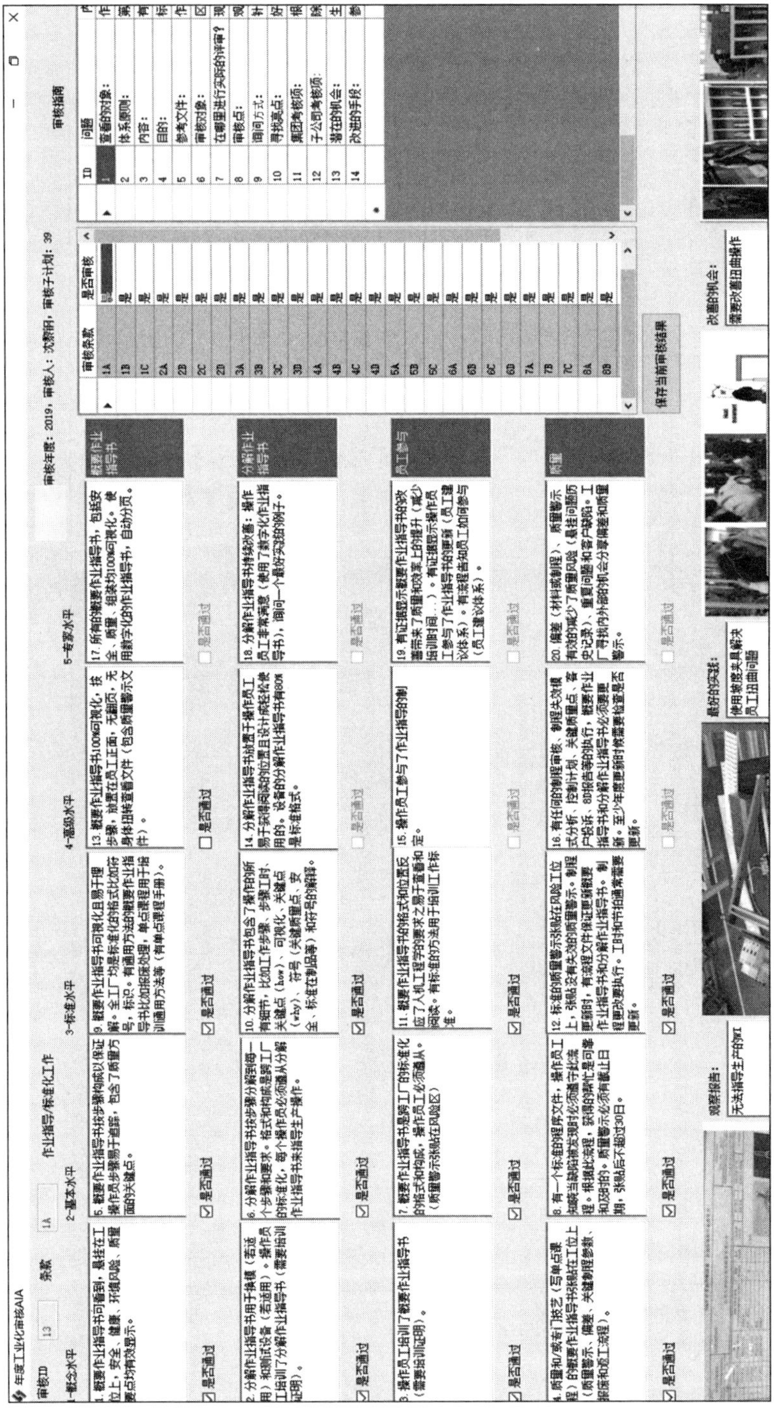

附图 1.9　年度工业能力审核专家平台

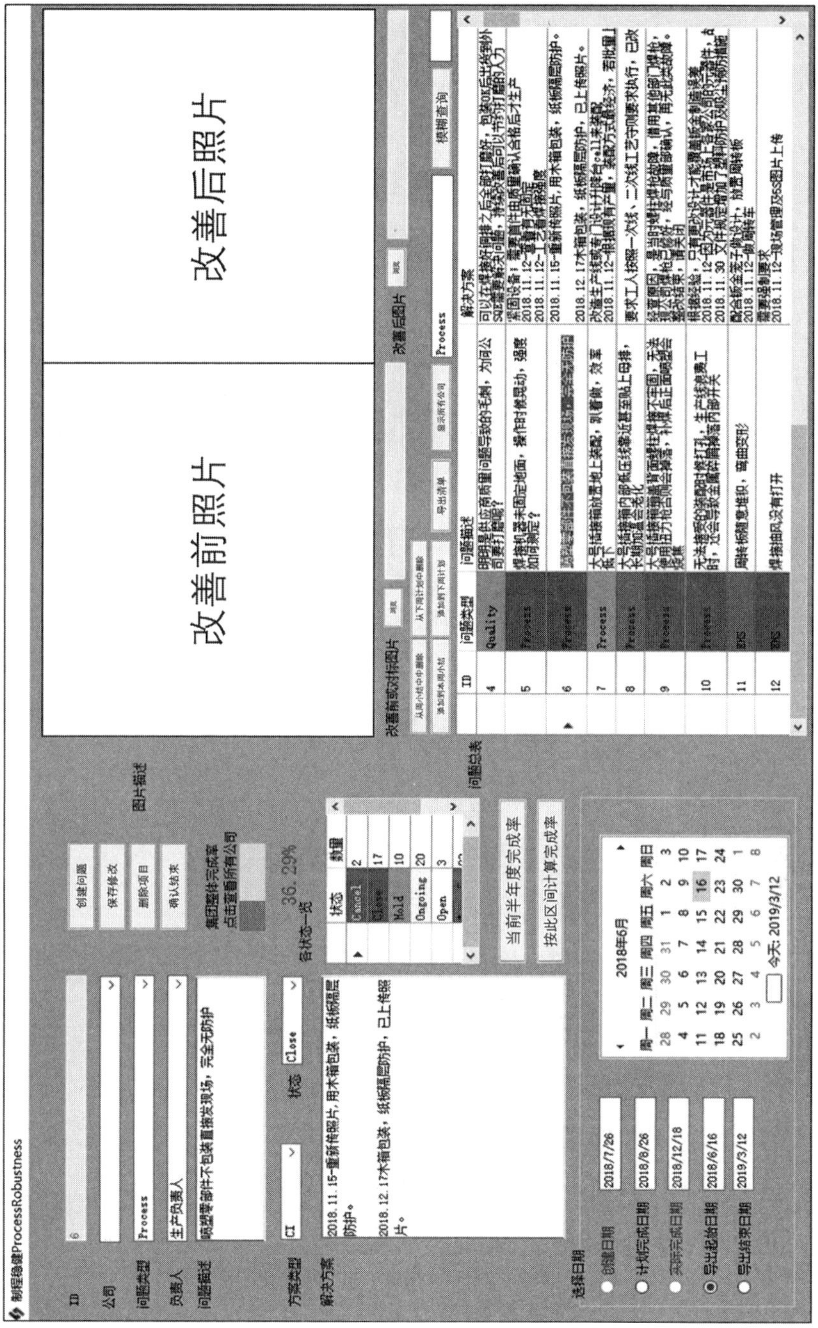

附图 1.10　制程稳健平台

（5）软件设定制程稳健审核每半年一次，设定审核事项必须在半年之内完成，若没有完成，会转移到下一个半年度，驱动最终完成。

（6）该软件培养了审核人员必须要有深厚的工业能力基础才能审核各制造单位。

客户关系平台的优势：

属于短小精悍型 CRM，支持了销售额几十亿级别企业的市场开发，具体功能如下：

（1）各类商机录入，有效管理。

（2）简单直接的商机查询。

（3）投资分析。

（4）高效管理市场人员。

（5）基于数据分析取数各类 KPI，比如丢单率。

产品全生命周期管理平台的优势：

属于短小精悍型 PLM，包含了设计信息管理 PDM，支持了销售额几十亿级别的企业的研发，具体功能如下：

（1）对项目管理最直接的节点驱动。

（2）定制化设计所需研发资料的全方位陪伴。

（3）有设计工程师能力鉴定图谱。

（4）保护设计图纸不外泄，配置水印设定并禁止截屏。

（5）支持设计图纸一键传达制造 MES 端。

（6）在线签审、高效模糊查询、权限设定等。